마음으로 학급 관리하기

-청소년 교육을 위한 안내-

마음으로 학급 관리하기

-청소년 교육을 위한 안내-

Managing Your Classroom with Heart:
A Guide for Nurturing Adolescent Learners

Katy Ridnouer 지음

김미숙 옮김

Managing Your Classroom with Heart:
A Guide for Nurturing Adolescent Learners

Katy Ridnouer

Korean language edition published by PAK HAK SA, Copyright © 2010
Korean translation rights arranged with Association for Supervision and Curriculum Development, Alexandria, through AGENCY ONE, SEOUL KOREA

격려와 배려의 근원이 되었던
Terry MaCaffery를 위하여,
많은 영감을 준 Mike, Marilyn,
아주 많은 경험들에 있어서
매일의 선생님이 되어 주었던
Will McCaffery에게

역자 서문

우리는 자신의 인생에 있어서 가장 중요한 시기에 학교라는 환경에서 무수히 많은 선생님을 만나게 된다. 나의 학창시절의 기억에는 따뜻한 선생님, 재미있는 선생님, 수업을 잘하는 선생님, 엄격한 선생님 등 다양하게 분류되는 선생님들이 있었다. 특히 오랫동안 기억에 남고 나의 인생에 많은 영향을 끼쳤던 선생님들은 중·고등학교 시절에 만난 선생님들이다. 어느덧 세월이 흘러 나도 선생님의 무리에 합류하여 전문성을 함양하고자 하는 욕구가 강한 학생들을 대학에서 가르친 지도 벌써 10여 년이 다 되어 간다.

이렇게 선생님으로서 나의 역할에 익숙해질 무렵, 불현듯 "내가 잘하고 있는 것인가?", "나의 제자들에게 좋은 영향을 미치고 있는가?", "나처럼 선생님이 될 나의 제자들이 선생님으로서의 자질을 나에게서 바르게 배우고 있나?" 등과 같은 의문들이 꼬리를 물고 일어나기 시작하였다. 정확히 그때 나는 이 책을 만나게 되었다.

우리나라와 문화나 환경이 다른 미국의 사례였지만, 이 책에 기술된 구체적인 사례들은 답답하던 나의 마음을 해결해 주기 충분하였다. 아니, 이미 알고 있는 것들이었는데 우선순위에서 밀려나서 많은 시간 동안 잊고 있었던 것들이라고 말해야 정확할는지도 모르겠다. 그래서

이 책을 나처럼 교편을 잡고 있는 많은 선생님, 특히 막 부임한 선생님이나 혹은 부임하여 오래된 선생님들이 함께 공유하면 좋겠다는 생각을 하게 되었다.

우리나라의 교육 현장에는 아직 획일적이고 권위주의적인 학교교육의 형태가 많이 남아 있고, 교육과정은 너무나 완고한 틀을 가지고 있다. 그러한 환경에서 생활하는 선생님들은 이미 길들여져 있어 새로운 도전과 변화를 두려워한다. 그러나 최근 학교교육의 상대성과 다양성에 대한 시대적 요청에 따라 선생님들이 위기의식을 가지게 되었고, 의식 있는 선생님들은 변화의 필요성을 강조하고 실천에 앞장서기도 한다. 일반적으로 우리들은 큰 변화를 매우 두려워한다. 그러나 작은 변화는 큰 변화보다는 덜 두려워하고 시도하려는 도전 의지를 갖게 된다. 이러한 우리의 일상적 습관에 적절하게도 Katy Ridnouer는 자신의 경험과 사례를 통하여 아주 작은 부분에 이르기까지 대응 방법에 관한 정보를 제공함으로써 변화에 쉽게 도전할 수 있는 동기부여를 하고 있다. 그녀는 이러한 세심한 배려로 행정체계의 틀 안에서 운영되는 교실이 아니라 마음을 담아 운영하는 교실로 변화하길 바라고 있다.

교실에 포함되어 있는 학생들은 너무나 다양한 가정문화와 습관, 그리고 서로 다른 이유들로 학업을 위해 학교에 등교하고 학교생활을 한다. 그러나 특정 체제 안에서 이탈하거나, 학업에 실패하였을 때 선생님들은 그 학생들을 그렇게 만든 이유를 살펴보지도 않고 행정적 관리체제를 적용하는 경우가 많다. 다시 말하자면 진심으로 그 학생의 상황을 세심히 살펴보는 시간이 매우 적을 때가 많다. Katy Ridnouer는 교실 운영에 영향을 미치지 않을 것 같은 많은 요인들이 교실 운영에 영향을 미치고 있다고 주장하고 있고, 또 많은 학생들이 인격적 존중아래 자신의 상황을 이해해 줄 수 있는 선생님을 원하고 있다고 강조한다. 그래서 그녀는 그에 대한 실천적 사례를 이 책을 통하여 구체적으로 제시하고 있다.

Katy Ridnouer의 이러한 사례를 읽으면서 그동안 잊고 있었던, 그리고 어떤 학생이 학업에 실패했을 때 그 학생의 탓이라고 단정지었던 나의 태도를 반성할 수 있었다. 나는 관심이 사람의 마음을 돌리고, 칭찬은 사람의 행동을 변화하게 한다는 기본적인 진리를 잊었던 것이다.

나는 직업으로 선생님을 선택한 사람들이 특별하다고 생각한다. 왜냐하면 선생님은 언어적 의사소통을 할 수 있게 된 학생들, 이동이 자유로운 학생들, 혹은 어떤 장애로 적응생활이 어려운 학생들까지 학령기가 되어 학교에서 만나는 가장 중요한 사람이고, 선생님들은 이들에게 사회생활을 적응하는 데 필요한 많은 것을 가르치기 때문이다. 이런 것들은 대부분 학교에 입학하기 전에 몰랐던 것들이다. 그래서 나는 선생님을 인간에게 새로운 생명을 불어넣는 자로 이야기하곤 한다. 어찌 새로운 생명을 불어넣어 세상을 살아갈 힘을 부여하는 것이 행정적, 그리고 체제라는 틀로만 가능하겠는가? 이런 행위에는 그들을 진정 사랑하고 위하며, 그들이 무엇을 필요로 하는지 늘 귀를 기울여도 모자랄 때가 많다는 것에는 많은 선생님들이 동의할 것이다. 다만 선생님들은 어떻게 마음을 기울여야 하는지 그 방법을 모를 때도 있고, 어떤 경우에는 그저 습관처럼 행해지는 가르치는 일에 마음을 빼먹을 때도 있다. 또한 과도한 업무로 이를 미처 실행하지 못하는 경우도 있을 것이다.

Katy Ridnouer는 이런 모든 이유들로 핑계대지 않으며 학생들의 성장을 위하여 선생님으로서 진정 해야 할 역할의 책임성을 강조하며 그 방법을 제시하고 있다. 그녀의 이러한 제시들은 이 책을 번역하는 동안에도 나로 하여금 교사로서의 태도와 자질, 그리고 방법을 변화시켰다. 따라서 이 책은 교육현장에 계신 많은 선생님들, 그리고 선생님이라는 직업을 가지길 원하는 많은 대학생들에게 선생님으로서 살아가는 길에 대하여 많은 생각을 하게 할 것이다.

끝으로 이 책이 나오기까지 많은 개인적인 어려움에도 늘 눈동자처럼 지켜주시고 지혜를 허락하신 하나님께 감사드리며, 선생님으로 살아

간다는 것은 매우 힘든 일이나 반면에 매우 의미 있는 일로서, 이 일들을 교육현장에서 묵묵히 하고 있는 많은 선생님들에게 깊은 감사를 드린다. 또한 선생님으로서 마음을 다하여 교실 운영을 하기 위해 이 책이 꼭 필요하다는 나의 주장에 판매부수를 생각하지 않고 선뜻 출판에 응해 주신 박학사의 구본하 사장님, 그리고 여러 가지 이유로 원고가 자주 늦어짐에도 배려해 준 편집실에도 감사를 드린다.

2010년 1월

안서골 연구실에서 김미숙

차 례

제 3 장 균형 잡힌 배려와 질서

제 4 장 일상적 반항 다루기

제 7 장 당신에게 던져진 사소한 일들

제 8 장 기대와 책임

서론

미국에서는 교육 수요에 맞게 적절히 교사들을 배출해 내고 있지만, 교사의 감소율은 다른 어떤 전문직보다 높다. 교육과 미국 미래를 위한 국가위원회(National Commission for Teaching and America's Future)의 보고서는 새롭게 임용되는 교사들 중 3분의 1 정도가 몇 해 안 되어 교직을 떠나는 것으로 보고하고 있다.* 나 또한 그중 한 명이었다.

교직에 몸담은 지 2년이 되던 해에, 나는 환경이 열악한 학교의 8학년들을 상대로 언어학을 가르치고 있었다. 나는 소외감, 불편함, 무기력감을 느끼면서 힘겹게 버티고 있었다. 부모님과 만나고, 동료들과 머리를 맞대고 궁리하며, 경영진과 여러 문제들에 대해 토의하였다. 그러나 아무것도 변하지 않았다. 그 해의 끝자락에, 나는 교직을 떠나 조용히

* Fulton, K., Yoon, I., & Lee, C. (2005, August). *Induction into learning communities*. Washington, DC: National Commission for Teaching and America's Future. Available: 2100 M Street, NW, Washington, DC 20037. http://www.nctaf.org.

서적 판매상으로서의 길을 걷기로 결심했다.

그러나 6개월 정도의 시간 동안 나는 교직을 택한 것은 잘한 선택이었다고 내 스스로를 납득시키게 되었다. 그러자 내 학급에 희망이 생겼다. 8학년 학생들 앞에서 문법 수업을 할 때, 나는 그들의 얼굴에서 하고자 하는 마음을 보았다. 그랬다. 나 자신은 변하지 않으면서 다른 이들이 변하기만 바라는 내 자신을 그제야 깨달았던 것이다. 나는 말썽꾸러기 아이들이 기쁘게 수업을 받기를 원하고 있었지만, 그렇게 할 수 있도록 아무것도 하지 않았던 것이다. 성취도가 낮은 아이들이 잠재력을 발휘하기를 바랐지만, 그렇게 되도록 도움을 준 것이 없었다. 나는 의욕적인 아이에게도 계속 그 의욕적인 태도를 유지하길 기대했지만, 그렇게 할 수 있도록 도와준 것은 결국 아무것도 없었다. 나는 눈을 떴고, 가르치는 일로 돌아가 뒤돌아보지 않고 매진하였다.

나는 스스로 교사가 나의 천직이라고 믿으며, 예술이 예술가에게 기쁨을 주듯, 멋진 경기가 운동선수에게 희열을 느끼게 하듯, 의사가 정확한 진단을 내릴 때 보람을 느끼듯 나에게 보상을 줄 것이라고 생각한다. 학생들이 개념과 씨름하고 소재에 대한 새로운 이해와 그들 자신에 대한 존중을 배우고 떠날 수 있다면, 내가 그들에게 투자한 긴 시간은 아깝지 않을 것이다.

나는 다시 교실로 돌아왔지만, 다른 많은 이들은 그렇게 하지 않는다. 그리고 5년차 이하 교사들의 반 이상이 교실을 떠나게 되면, 그 경험의 손실로 인해 학교에서뿐만 아니라 사회적인 손해가 된다. 교사가 학생들을 직접 가르치면서 얻게 되는 실무적 경험에 의한 기법들을 잃어버리는 것이다. 또한 다양한 배경의 학생들과 부딪히며 생기는 식견, 아이들의 삶을 변화시키려 노력하던 누군가의 열정마저도 잃게 된다.

교사의 감소율을 낮추기 위해서는 무엇을 해야 하는가? 교사들이 교실을 떠나지 않게 하려면 어떻게 해야 하는가? 가르치는 행위 자체로 교사의 길을 걷겠다고 처음 결심하였을 때 우리가 소망하였던 보상이 될 수 있도록 하기 위해서는 어떤 것이 필요한가? 이 책은 이러한 질문들에 대한 나의 경험에 토대된 답변을 적은 것이다. 나는 교직을 사랑하지만 크게 좌절하여 교실을 떠나 버린 많은 교사들과 일해 보았다. 자신에게 짐이 지워지고 날마다 실패에 맞닥뜨리는 것이 얼마나 두려운 일인지 나도 알고 있다.

이 책의 이야기에 등장하는 아이들은 무료 또는 할인 급식을 받는 어려운 학생들이 전체 학생에서 40%나 차지하고 있는 어느 도시의 고등학교 학생들이다. 이에 비해 15%의 학생들만이 백인이고 유복한 가정의 자녀들이다. 이러한 불균형은 내가 교수법에 대한 접근 방식을 바꾸어야겠다고 결심할 수밖에 없는 절박한 환경이 되었다.

오늘날 교사로서의 나의 좌우명은 '4개의 벽으로 둘러싸인 교실을 배움의 공동체로 만들자'이다. 나는 배움 공동체(learning community)를 '인종, 재산, 종교, 그리고 성취도의 차이에 관계없이 배우려는 의지를 가진 자들이 서로를 도와주는 사람들의 모임'이라고 정의한다. 배움 공동체는 호기심, 고차원적 사고, 대인관계 기술의 향상, 교사와 학생의 자신감을 불러일으킨다. 나는 배움 공동체를 만드는 데 가장 중요한 열쇠는 바로 **학급을 마음으로 관리하기**라는 것을 알아냈다. 그렇게 함으로써 나는 비로소 진정으로 학급을 생각하고 배려할 수 있게 되었다. 이는 학생들과의 상호작용, 교수 계획, 좌석 배정, 징계, 점수, 그리고 그 이상의 것들에 영향을 미친다. 학생들을 관심사의 최우선 순위로 삼으면 그들 스스로 학교 안에서나 밖에서나 최선의 노력을 하게 만드는 배움 공동체가 형성된다.

나는 교실로 돌아왔을 때 내 직업에 대한 나 자신의 생각을 바꾸었다. 지휘자나 명령하는 사람이 되려고 하기보다는 중재자(facilitator)가 되기로 하였다. 어떤 일을 할 때 학생들에 대해 깊게 생각하지 않게 만들고, 윗사람이 시키는 대로만 하도록 하는 것이 '지시, 명령'을 하는 사람이라면, 중재자의 역할은 학생들을 이해하는 데 도움이 되는 길을 제시해 주고 학생들이 학습 목표를 달성하는 데 도움을 줄 수 있는 방법, 그리고 최종적으로 그들의 인생을 좋은 방향으로 이끄는 방법을 알려주는 것이다. 나는 중재자가 되기 위해 나를 괴롭게 만드는 학생들의 행동에 반응하는 방식을 바꾸어야만 했다. 나는 학생들이 세상에 대해 나와는 다른 시각을 가지고 있다는 것을 받아들여야만 했고, 그 차이가 긍정적인 것이라는 것 또한 받아들여야 했다.

가장 중요한 것은, 이전에는 내가 하지 못했던 '진정으로 학생들을 배려하기'를 해야 했다는 것이다. 물론 이전에도 나는 학생들에게 친절하게 대했고, 그들이 성공하기를 바랐지만, 진정으로 마음을 쓰는 선생님이었다고 말할 수는 없다. 솔직히 말하면, 그들에게 마음 쓰는 것이 위험한 일이라고 생각했다. 학생들이 그들에 대한 나의 배려를 무시하거나 보답하지 않으면 내 감정이 상하게 될까 두려워했다. 내 학생의 사적인 일에 휘말려 학업 지도에 소홀해지지는 않을까 걱정하였다. 윗사람들이 나를 '물렁한' 교사로 보지는 않을지 전전긍긍하였다. 그러나 교사인생 2라운드에서 나는 위험을 무릅쓰기로 하였고, 내 학생들을 진정으로 마음을 다하여 돌보고 가르치기로 하였다. 나는 그로 인해 더 행복한 교사, 더 나은 교사, 더 풍족한 사람이 되었다. 나의 가장 큰 소망은 내 마음 안에 학생들을 받아들임으로써 그들의 인생이 좀 더 풍성해졌으면 하는 것이다. 그리고 이 책을 읽는 당신과 당신의 학생들의 인생도 그들에 대한 당신의 진정한 이해와 배려로 좀 더 풍성해졌으면 하는 바람이다.

학생들은 배울 만한 사람과 그렇지 못한 사람을 구분할 수 있다. 내가 교단에 복귀한 첫해의 마지막에, 나는 학생들에게 익명으로 설문지를 작성하게 하여 가장 이로운 교사와 학생 간의 상호작용이 무엇일지를 파악하는 작업을 시작하였다. 그 설문조사는 매년 실시하는 연례행사가 되었고, 거기에 쓰인 설문지는 **〈그림 1〉**과 같다.

설문지의 첫 번째 질문은 그들이 싫어하는 교사에게서 학생들이 배울 수 있느냐는 것이다. 매년, 거의 대부분의 학생들이 '아니요'라고 답하였다. 설문지의 두 번째 질문은 학생들이 싫어하는 선생님이 왜 싫은지를 말해 보라는 것이었다. 아래의 내용은 그 질문에 대한 답변 중 몇 개를 발췌한 것이다.

- "내가 얼마나 노력하든, 그 선생님의 수업에서 나는 언제나 열등생이었어요."
- "굼뜨고, 우둔하고, 문제아 같아요."
- "조금 무력감을 느꼈어요. 나는 그 일을 어떻게 하는지 전혀 몰랐으니까요."
- "그 선생님에게는 아무런 감정도 없어요. 그 과목에도 관심 없고, 그 선생님도 신경 안 써요."
- "그 선생님의 수업은 저에게는 너무 어려운 것처럼 느껴져요."
- "내가 무엇을 원하든, 무엇이 되고 싶든 상관없이 각각 다른 상황과 성취도를 통해 나를 평가한다는 게 종종 기분이 나빠요."
- "그 선생님은 마치 내가 거기에 있지도 않은 것처럼 느껴지게 해요. 내가 가진 바보 같은 질문에 답변해 줄 시간조차 없어 보여요."
- "그 선생님은 나를 패배자처럼 느끼게 해요. 나는 교실에 들어가는 것이 얼마나 많이 창피했었는지 기억할 수도 없어요. 선생님에게

〈그림 1〉 설문지

1. 당신은 당신이 싫어하는 교사에게서 배울 수 있는가? 그렇게 생각하는/생각하지 않는 이유는 무엇인가?

2. 당신이 싫어하는 교사가 당신 자신을 어떻게 느껴지게 했는가?

3. 당신이 싫어하는 교사를 묘사해 보시오. (이름은 밝히지 마세요!)

4. 당신은 좋아하는 교사에게서 배울 수 있는가? 그렇게 생각하는/생각하지 않는 이유는 무엇인가?

5. 당신이 좋아하는 교사가 당신 자신에 대해 어떻게 느껴지게 했는가?

6. 당신이 좋아하는 교사를 묘사해 보시오.

는 내가 문젯거리도 되지 않았던 것 같아요."

보다시피 이 답변들은 적대감, 자괴감, 분노, 치욕감, 불안으로 가득 차 있다. 단 하나의 긍정적 답변은 교사보다는 자신을 우선적으로 생각하는 학생에게서 나온 것이다.

다음 질문은 학생들에게 그들이 싫어하는 교사를 묘사해 보라는 것이었다. 몇 가지의 전형적인 답변들은 다음과 같다.

- "그 선생님은 아무 도움도 주지 않고, 학급을 통제하지도 못하고, 사람을 쫓아내는 데는 빨라요."
- "그 선생님은 우리가 수업을 이해하지 못할 때는 마치 도와줄 시간조차 없는 것처럼 행동해요."
- "그 선생님은 마치 잘하고 있다는 듯이 학생을 격려하면서 친해지려고 하지만, 실제로는 잘하고 있는 것이 아니에요."
- "그 선생님은 흑인 학생을 좋아하지 않는 것 같아요."
- "괴팍하고, 까다롭고, 항상 많은 숙제를 주고, 투덜대고, 우리에게 관심이 없고, 우리의 감정이나 미래에 대해서는 조금도 신경 쓰지 않아요."
- "그 선생님은 학생들이 어려워한다는 것을 알고 있지만, 도와주려고 하지는 않아요."
- "학생을 모욕하거나 자기들보다 학생을 낮추려고 해요. 의견을 자유롭게 말하도록 해 주지 않아요. 많은 과제를 주지만, 정작 그것들을 채점하지는 않아요."

이러한 교사들은 그들의 성격의 부정적인 면을 보여 주는 사람들이다. 최소한 하루 48분, 일주일에 5번, 1년에 180일—이 시간은 그들의 학업을 지도하는 교사들에 대한 의견을 정리하는 데는 충분한 시간이다—을 그들과 마주하는 학생들에게는 부정적인 기억으로 남아 있는 교사들이라고 할 수 있겠다. 몇몇 학생들은 '그 선생님을 싫어하는 것'을 억지로 참기로 결심하기도 하였다. 모든 교사들이 학생들을 가르치는 데 있어 가장 중요한 것이라고 인정하는 교과 수업에 초점을 맞추는 대신, 이 아이들은 그 선생님을 따라 가는 방법을 배우는 것에 집중하고 있었다. 학생들이 싫어하는 교사들은 학생들이 이런 방식으로 자신들을 보는 것, 특히 자신들에 대한 학생들의 부정적인 인식 때문에 수업 내용을 정확하게 전달하지 못하는 것을 달가워하지 않을 것이다.

설문조사의 질문 중에는 학생들에게 그들이 좋아하는 교사에 대해 적어 보라는 것도 있었다. 이 질문의 답변 또한 유사한 것들이 많았다.

- "그 선생님은 정말 자신의 일과 학생들을 좋아한다는 것을 느낄 수 있어요."
- "그 선생님은 나를 뒤에서 든든하게 후원해 주고 배우고 싶게 만들어요."
- "그 선생님은 조용하고, 멋지고, 천문학을 좋아해요."
- "그 선생님은 지식을 나와 공유해요."
- "그 선생님은 차근차근 나를 이끌어 주고 배우는 것을 재미있게 만들어 줘요."
- "그 선생님은 내가 할 수 있고 무언가를 이룰 수 있다는 자신감을 심어 줘요. 내가 잘하고 있다고 말해 주고 앞으로 내가 할 수 있을 거라고 말해 줘요."
- "그 선생님은 내가 배우길 원하고 좋은 점수를 받기를 원해요. 농담도 적절한 시기에만 하죠."

- "그 선생님은 학생들이 수업을 즐길 수 있도록 만들어 줘요."
- "내가 가장 좋아하는 선생님들은 재미있고 학생들의 분위기에 어색해 하지 않고 잘 호응해 주는 선생님이에요. 그러면서도 수업은 성공적으로 진행되죠."

그렇다. 이 학생들의 답변에서 눈에 띄는 특징은 바로 '보살핌'과 연관되어 있다는 것이다. 학생들은 그들을 돌보아 주고 신경 써 주는 선생님을 좋아한다. 그리고 그런 감정은 배우는 사람으로서의 학생들의 태도에 배어 나오게 되며, 결국 수업에까지 영향을 미친다.

다음으로, 설문조사에서 그들이 좋아하는 교사가 그들 자신에 대해 어떻게 느끼도록 만드는지에 대해 적어 보라는 질문을 하였다. 답변을 살펴보자.

- "내가 똑똑하고 영리한 것처럼 느껴져요."
- "말을 듣고, 주의를 기울이고, 노력만 하면 그 일을 할 수 있을 것 같아요."
- "내가 대단한 사람이 된 것처럼 느껴졌어요."
- "내가 그 과정을 배우고 있다는 것이 기뻤어요."
- "무엇이든 할 수 있을 것처럼 느껴졌어요."
- "자신감을 얻었어요."
- "그 선생님은 내가 실수를 할 때, 그 실수로부터 교훈을 얻는다면 좋은 것이라는 말을 해 주셔서 나를 기분 좋게 만들어 줬어요."

이 학생들의 말에서 나타나는 자존감은 성공을 하는 데 필요한 다리 역할을 한다. 자기 자신을 믿게 되었을 때, 학생들은 공부가 좀 더 쉽다는 것을 알게 되었다.

몇 년간의 설문조사를 통한 학생들의 답에서 학생들을 있는 그대로 받아들이고, 학생들이 성장할 수 있도록 지원을 하고, 체계를 세우며 그들을 열심히 돌보아 주고 있다는 것을 그들이 확신할 수 있도록 만드는 것이 중요하다는 것을 느꼈다. 우리가 모든 학생들을 각각의 인격체로서 가르친다면 그들은 좀 더 자신감을 가지고 그들이 누구이며, 그들의 인생에서 원하는 것이 무엇인지에 대한 답을 얻기가 쉬워질 것이다. 신진 과학자, 무용가, 저널리스트, 사업가, 음악가, 경영자들은 미래의 꿈을 이루기 위해 그들을 돌보아 주고 꿈을 이룰 수 있도록 도와줄 수 있는 누군가와 꿈을 나누어야 한다. 수학 교사일지라도 어떤 학생이 예술과 창작에 재능이 있다면 그 재능을 알아보고 '미래의 예술가'라고 부를 수 있고, 예술제에 대한 정보를 그 학생에게 줄 수도 있다. 모든 학생들을 배려하고 돌봄으로써 우리는 학생들의 개인적, 직업적 성공의 가능성을 크게 높일 수 있을 것이다.

학생들을 정성껏 돌보는 것이 교사의 경력에도 얼마나 도움이 되는지 나는 직접 보았다. 감정적으로 한 아이에게 다가가서 친해지는 것이 그 아이의 학업 지도에도 도움이 된다는 것이다. 이 책 전체에 걸쳐 내가 설명해 놓은 여러 접근법을 시도해 본다면, 당신은 전처럼 학생들을 '다루는' 것에 집중하기보다는 그들을 격려하고 고무하는 자신을 발견하게 될 것이다. 나의 이러한 안내가 독자 여러분 개인에게나 학교에 크게 도움이 되었으면 하는 것이 나의 바람이다. 이 책을 시작점으로 삼아라. 당신이 최종적으로 이루는 성과는 당신 자신에게 달려 있다.

제 1 장

돌봄이라는 선택

인생을 사는 데는 두 가지 방법이 있다. 하나는 기적을 믿지 않고 사는 것이고, 다른 하나는 모든 것을 기적처럼 여기며 사는 것이다.

—앨버트 아인슈타인(Albert Einstein)

청소년들을 가르치는 것은 힘든 일이다. 지적인 대화와 조용하고 면학 분위기로 가득 찬 교실에 대한 기대로 교사의 길에 들어선 이들은 그것들을 현실화시키기 위해서는 매우 많은 노력, 설득, 그리고 응원이 뒤따라야 한다는 것을 깨닫게 된다.

우리는 교사가 된다는 것이 단순히 교과를 가르치는 것 이상을 요구한다는 것을 알고 있다. 우리의 직업은 우리가 가르치도록 배정받은 집단을 교육시키는 것이며, 그 학생들로 하여금 배우는 방법과 그들 자신에 대해 알아 가는 방법을 가르치는 것이다. 교과 과정을 생각하기에 앞서, 우리는 우리의 학생들과 연결 통로를 만들고 학생들이 교실 안에서 신체적으로나 심적으로 안전하다고 느낄 수 있는 환경을 만들어 주어야 한다. 우리가 학생들을 이렇게 보호해 줄 것이라고 그들을 납득시켜야 하며, 그들의 지적 능력이 최적의 상태가 될 수 있도록 물리적으로 편안한 상태를 만들어 주어야 한다.

이러한 연결 작업에는 세대차이, 경제적 차이, 가치관의 차이, 태도의 차이를 비롯한 많은 장애물들이 있을 수 있다. 전문가로서 우리는 이러한 장애물들을 인식하고, 그에 맞게 계획을 세우고, 처리해야 한다. 우리가 이러한 간격을 좁히고 학생들과 연결점을 만들게 되면, 즉 우리가 학급을 마음으로 관리하게 되면 우리는 우리가 되고 싶어 하는 교사상에 좀 더 가까이 다가가게 되고, 학급은 우리가 원하는 모습이 되어 갈 것이다. 우리가 그들을 진정으로 생각하고 있다는 것, 그들과 함께한다는 것을 학생들이 알게 되면 그들은 어떤 문법도 배울 것이고 어떤 책이라도 읽을 것이다.

돌보지 않는 교실 살펴보기

> **자신을 믿어라. 당신이 지각하는 것들은 보통 당신이 믿고 싶어 하는 것보다 훨씬 정확하다.**
>
> **—클라우디아 블랙(Claudia Black)**

매일 점심 시간, 홀 선생님은 "도저히 그 애들을 참아 줄 수가 없어요. 자신들이 귀엽다고 생각하지만, 아니거든요. 조금도요."라고 불평한다.

그녀는 넷째 주의 2학년 영어 수업을 이런 식으로 두려워하게 될 줄은 생각지도 못했다. 그녀는 그녀의 학생 중 한 명인 제임스에게 교실

통제의 주도권을 쉽사리 빼앗긴다. 제임스는 주의력결핍 과잉행동장애(ADHD)를 가지고 있는 문제 가정의 자녀지만 무척 똑똑하다. 홀 선생님은 '제임스를 조용하게 만들 방법'이 없다고 불평한다. 반의 나머지 아이들이 전날의 읽기 수업에 대해 토론하고 있을 때, 제임스는 자꾸 자신의 사적인 이야기를 꺼내어 수업을 방해하였다.

오늘도 크게 다르지 않았다.

"어제 우리는 『진주』라는 책을 읽어 보았죠."라고 홀 선생님이 말을 꺼내며 수업을 시작한다. "큰 기쁨이 될 것 같았던 일이, 이제는 가족을 엉망진창으로 만들게 될 것 같군요. 우리는…"

"홀 선생님, 저는 이 소설이 제 생활하고 많이 닮아 있다고 생각했어요."라고 말하며 제임스가 홀 선생님의 말을 끊는다.

"그래, 놀랍진 않구나, 제임스." 홀 선생님이 대답한다. "하지만 지금은 그것에 대해서 이야기할 시간이 없단다."

"아, 잠깐이면 돼요."라고 제임스가 제안한다.

홀 선생님은 마음이 약해졌고, 제임스는 이야기를 시작한다.

"그 이야기에서 키노가 어떻게 아내를 때리는지 알고 계시죠? 음, 우리 아빠가 엄마를 때려서 엄마는 변호사와 상담하고 난 후 이혼하고 싶대요. 또 그렇게 하는 게 별거 수당도 더 많이 들어올 거라고 생각하고 있어요. 어, 그래서 저는 아빠한테 엄마가 계획하고 있는 걸 말했죠. 그랬더니 아빠는 더 많이 화가 나서, 엄마한테 법대로 모든 재산의 반밖에 못 가져갈 거라고 그랬어요. 내가 전화로 아빠랑 어디서 살고 싶은지를 이야기하는 걸 듣더니 이제는 엄마가 저한테 화를 냈어요. 난 내가 아빠랑 살지 않으면 아빠가 날 때릴 거라고 농담을 했죠. 아빠는 그 농담을 재미있어 했는데, 엄마는 안 그랬어요. 그래서 난 엄마가 진정될 때까지는 아빠랑 같이 있을 거예요. 이상하죠?"

"그래, 이상하구나." 홀 선생님이 맞장구친다. 그녀는 목소리에 짜증이 묻어나지 않도록 조심한다. "하지만, 제임스? 나는 그 이야기가 이 책과 무슨 연관이 있는지를 모르겠구나. 이제 수업으로 돌아가자, 알겠지?"

그때 신시아가 손을 들었다.

"그래, 신시아. 무슨 할 말이 있니?"

"홀 선생님, 제임스한테 일어난 일이 저한테도 일어났어요."

"안 돼, 신시아, 우리는 정말 이럴…"

"잠깐이면 돼요!" 신시아가 조르면서 이야기를 시작했다.

몇몇 학생들은 수업을 받지 않아서 기뻐했지만, 다른 아이들은 홀 선생님이 점점 화가 나고 있다는 것을 알 수 있었다. 신시아의 이야기가 끝날 때까지 홀 선생님은 더 이상 참아 줄 수가 없었다. "신시아, 지금 넌 너희 할머니의 폐에 대해서 우리에게 말해 주려고 수업 시간을 5분이나 낭비한 거니? 왜 이게 우리와 상관이 있는 거지? 이 책과 관계가 있니? 다음에 따로 시간을 정해서 이야기하는 게 좋겠구나."

"방금 그렇게 했는데요." 신시아가 말했다.

"선생님에게 그렇게 무례하게 말하지 말거라!"

"선생님이 저를 존중하니 않으니까, 저도 선생님을 존중하지 않는 것뿐이에요."

홀 선생님은 깊이 한숨을 쉰다. 그녀는 눈을 문지르고, 아이들이 질문("말리는 데 얼마나 걸려요?", "왜 한 번도 파마를 안 하세요?", "염색한 거 아니에요?")의 대상으로 삼기를 좋아하는 머리카락을 손가락으로 쓸어 올린다. 그녀는 이런 질문들을 떠올리며 생각한다. **성가셔, 성가셔, 성가셔.** 그러고는 그녀는 이렇게 말한다. "알다시피, 이 반은 우등반이란다."

그녀는 이제 거의 모든 학생의 주목을 받고 있다. 하지만 제임스는 예외다. "화장실 좀 갈게요."라고 말하며 제임스가 또다시 그녀의 말을 끊는다.

"'다녀와도 되나요?'라고 해야겠지. 그래, 다녀와." 홀 선생님은 피곤해하며 대답한다. "내 책상에 있는 외출증을 가져가."

제임스는 책상 위로 뛰어올라서 한 소녀의 머리를 짚고 넘어 빙글빙글 돌며 교실을 나간다. 아이들은 폭소를 터뜨렸고, 홀 선생님은 무척 화가 났다.

"그래, 이게 너희가 원하는 거야? 25분 후면 끝날 수업 시간을 못 참고 뛰어다니는 바보 같은 애를 보고 웃음이 나와? 이제 너희가 알아서 해. **조용히**, 이 말은 아무 소리도 내지 말란 뜻이야. 조용히 95페이지까지 읽고 진주가 그 가족에게 내려야만 하는 결정에 어떤 영향을 끼칠지 적어서 선생님에게 제출해. 잉크로 적어서 세 문단으로 정리하고 수업 시간이 끝날 때까지 내야 해. 평론 점수에 반영할 거야."

"홀 선생님, 25분 안에 15페이지 분량을 읽고 평론을 적어서 내라는 건가요? 말도 안 돼요!" 토미가 외친다. 반 아이들도 맞장구치며 중얼거린다. 이것은 홀 선생님을 완전히 폭발하게 했다.

"그만! 토미, 교실 밖으로 나가. 난 이렇게 존중이란 걸 모르는 너희가 지긋지긋하구나. 너희에게 존중이란 걸 가르치려면 어떻게 해야 하지? 아, 됐어. 너희는 10학년이야. 행동하는 방법을 아는 나이잖아."

토미는 움직이지 않았다.

"토미, 나가!" 홀 선생님이 명령한다.

"내가 왜요? 난 그냥 모든 사람이 생각하는 걸 말했을 뿐인데요." 토미가 대꾸한다.

"후우, 그래…" 그녀는 말하고 나서 눈을 돌리고 "자리에 앉아 과제를 해." 라고 말하였다.

"책이 없어요." 린다가 말한다.

"저도요." 메리도 덩달아 말한다.

"아, 맞다. 우리 엄마가 주방 카운터에 내 책 놔뒀는데."라고 로니가 중얼거렸다.

"너희들 내가 여분의 책이 없다는 거 알고 있잖아. 책을 가져오지 않으면 어떻게 책을 읽지?" 화난 상태로, 속삭이는 소리와 글 적는 소리를 애써 무시하며, 홀 선생님은 학생들을 두 명씩 짝지어 앉혔다. 교실은 작은 웅성거림으로 가득 찼다. 세 명의 학생만이 실제로 과제를 하고 있을 뿐이었다.

홀 선생님은 교실 뒤에 있는 책상으로 갔다. 그녀가 책상 의자에 앉자마자 제임스가 걸어 들어오며 말했다. "선생님, 어떤 사람이…"

홀 선생님은 "쉬잇! 앉아서 과제를 하도록 해."라고 말하며 제임스의 말을 끊는다.

"무슨 과제요?"라고 묻는다. "아, 누구 외출증 필요한 사람?"

"제임스, 외출증을 사용하게 해 줄지 말지를 결정하는 건 네가 아니라 나야." 홀 선생님이 말한다.

"저 필요해요, 홀 선생님. 집에 전화해야 돼요. 급한 일이에요." 톤다가 별로 설득력 없이 말한다.

홀 선생님은 톤다에게 외출증을 건네주고 제임스에게 말한다. "95페이지까지 읽고 진주가 그 가족에게 내린 결정이 어떤 영향을 미칠지에 관해 세 문단으로 평론을 적어서 제출해."

"우리, 소리 내서 읽는 거 아니었어요? 제발요. 누구 크게 소리 내서 읽고 싶은 사람 없어?" 제임스가 주위를 둘러보며 동의를 구한다.

"그래요, 홀 선생님. 우리는 우리 스스로 이걸 읽을 수가 없을 거예요." 라티샤가 끼어든다.

홀 선생님은 "너희들 정말 딱하구나."라고 말하면서, 마음을 누그러뜨렸다. "좋아. 크게 읽어 보자. 제임스, 80페이지부터 읽어봐."

"하지만 전 벌써 85페이지 읽고 있는데요. 불공평해요." 진지하게 과제를 하고 있었던 스티븐이 말한다.

"넌 다른 아이들하고 다시 같이 읽던지 아니면 읽던 부분부터 혼자서 읽어도 돼." 홀 선생님이 대답한다.

스티븐은 얼굴을 찌푸린 채 그의 수학책을 앞에 놓고 수학 숙제를 시작한다.

나머지 학생들은 책 쪽으로 몸을 구부리고 제임스를 따라 읽는 척한다. 홀 선생님은 아이들이 잘 모를 것 같은 단어를 풀이해 주지 않았고, 아이들이 소설을 얼마나 잘 이해하며 읽고 있는지 알아보기 위한 질문도 하지 않았다. 그녀는 그녀의 책에서 눈을 떼지 않았다. 제임스는 계속 읽어 내려 갔다.

결국, 종이 울린다. "평론은 숙제다!" 홀 선생님은 종소리가 울리자 소리친다.

가르침이라는 연결 통로로서의 돌봄

우리가 위험을 무릅쓰지 못하는 것은 그것이 어렵기 때문이 아니라 우리가 시도를 하지 않기 때문이다.

—세네카(Seneca)

홀 선생님은 이 학생들이 사실은 '우수한' 학생들이라는 것을 알고 있지만, 아이들이 그들의 생활과 소설의 이야기를 연결시키려 했을 때 그녀는 실망하게 되었다. 그녀는 그들의 사생활을 나누는 것의 가치를 깨닫지 못했다. 진정으로 학생을 돌보는 교사는 주의를 산만하게 하는 행동이 종종 학생들의 욕구와 개인의 상황에 대하여 많은 것을 알려 준다는 것을 깨닫는다. 이 경우, 홀 선생님은 학생들이 준 정보를 활용하여 수업 계획을 풍성하게 하고 학급의 단합을 다지는 데 사용할 수도 있었을 것이다. 제임스는 처음 수업을 방해한 학생이다. 홀 선생님은 제임스의 생활에 많은 문제가 있다는 것을 안다. 그녀는 제임스가 자신의 가정 상황에 대해 말하는 것을 들었지만, 그 이야기의 뒤에 숨어 있는 제임스의 욕구를 이해하려 하지 않았다. 그의 이야기를 주의 깊게 들음으로써, 그녀는 제임스가 사용하는 수업 시간이 소중하다는 것을 말해야 했다. 그러나 그녀는 그의 이야기를 수업과 연결시키기 위해 아무것도 하지 않았다.

홀 선생님은 그의 말을 들어 주고 그가 그 이야기를 하는 이유를 알아차릴 수도 있었다. 만약 그녀가 제임스의 문제를 해결하기 위해 시간을 할애했다면, 상황은 다음과 같이 흘러갔을 것이다.

홀 선생님: 제임스, 네 말을 들어 보니 넌 어머니와 아버지 둘 중 하

나를 선택해야 하는 상황에서 갈등하고 있구나.

제임스: 네, 참 힘들어요. 아세요? 전 외아들이에요. 의논할 형도 누나도 없어요.

홀 선생님: 그래, 네 생활에서 너의 가정 상황을 대강은 알 수 있단다. 그래서 너는 키노가 그의 아내를 때리는 장면을 읽었을 때 너희 어머니를 생각했구나….

제임스: 네, 정말 그 장면은 제 상황과 비슷하다고 생각했어요. 제게 일어나고 있는 일들이 제가 읽고 있는 이야기에도 나오니까요. 이상한가요?

홀 선생님: 여러분, 어떻게 생각해요? 자신의 생활과 여러분이 읽는 것을 연결시키는 것이 이상한 것인가요?

이 시나리오에서 홀 선생님은 제임스와 연결되었고, 그의 행동을 수업과 관련된 주제로 탈바꿈시켰다. "인생과 문학이 어떻게 섞이는가?"라는 질문은 학생들에게는 어려운 개념이 될 수 있지만, 제임스라는 분명한 예를 보여 줌으로써 좋은 설명이 되었다. 제임스의 말에 대한 홀 선생님의 호의적인 반응은 수업을 듣는 다른 아이들의 마음도 열게 했을 것이고, 그 주제에 대한 토론에 참여하고자 하는 마음도 불러일으켰을 것이다.

이런 방식의 접근은 신시아에게도 적용될 수 있었다. 신시아는 그녀의 할머니의 인생과 소설의 주인공의 인생이 유사하다는 것을 느끼고 있었지만, 그것을 충분히 말로 표현하지 못하였다. 홀 선생님은 신시아의 이야기와 소설의 내용이 잠재적으로 연결될 수 있다는 것을 알고 있었는가? 홀 선생님은 신시아가 그런 연결을 만들어 낼 수 있도록 도와주었는가? 아니다. 홀 선생님은 신시아가 수업과 그녀의 이야기를 연결시키지 못했기 때문에 화가 났다. 여기서 또 다른, 훨씬 긍정적인 홀 선생님의 반응을 제시해 보기로 한다.

홀 선생님: 너희 할머니께서는 어릴 때의 어려움에도 굴하지 않았던 정말 강한 분이라는 걸 나도 알 것 같구나. 하지만 키노가 어떻게 너희 할머니와 비슷한지는 알기 힘들 것 같은데.

신시아: 우리 할머니는 정말 긴 시간 동안 힘든 삶을 사셨는데, 담배 때문에 건강이 더 안 좋아지셨어요.

홀 선생님: 담배?

신시아: 그래요! 산소 탱크가 없으면 아무 데도 못 가셔요. 그것 때문에 아무도 일자리를 주지 않아요. 그래서 20년 동안 정부에서 주는 생활 보조비를 받아 생활하고 계세요.

홀 선생님: 그래서 할머니의 삶과 키노의 삶이 어떻게 닮아 있다는 거지?

신시아: 글쎄요, 우리 할머니가 그랬듯이 키노의 삶도 썩 좋지 못했지만, 그녀는 최소한 숨은 쉴 수 있었지요. 키노는 그의 아내를 사랑했어요. 아내를 때리지 않았죠. 아, 제 말은, 그러니까 진주가 나타나고 모든 걸 망치기 전까지는 말이에요.

홀 선생님: 너희 할머니의 인생에서 어떤 점이 『진주』하고 유사하다고 생각하지?

신시아: 담배요. 담배가 그녀의 인생을 망쳤고, 진주가 키노의 인생을 망쳤죠. 우리 할머니는 담배를 피우는 것이 매력적으로 보이고 부유한 남자들을 매혹시킬 수 있다고 생각했어요. 그녀는 배우기보다는 스스로를 치장하는 데 시간을 더 많이 썼죠. 하지만 백마 탄 기사님은 오지 않았고, 폐암만이 찾아왔을 뿐

이에요.

홀 선생님: 이제야 나는 너와 그 책의 내용을 연결 지을 수 있겠구나. 키노는 너희 할머니가 담배 때문에 인생을 망치신 것처럼 진주에 이끌려 제대로 판단을 하지 못했지. 자, 『진주』에서와 같은 일이 우리 인생에서도 일어날까? 이 질문에 대한 답은 우리 학생들이 할 수 있어요.

이 가상 시나리오에서 신시아는 감정적으로나 이성적으로 인정을 받았다. 그리고 다른 아이들도 소설 속의 상황과 비슷한 실생활의 예를 접하게 되어 이야기에 좀 더 쉽게 접근할 수 있게 되었으므로 도움을 얻게 되었다.

이 학급의 두 번째 문제점은 분위기를 주도하는 이가 선생님이 아닌 **학생**이라는 것이다. 요즘 학생들은 예상치 못한 행동을 하거나 이야기의 주제를 바꿈으로써 수업의 방향을 교묘하게 조작하는 방법을 알고 있다. 그리고 그들은 선생님을 주제에서 벗어나게 하여 다시 수업의 본질로 돌아오는 것을 어렵게 만들곤 한다. 홀 선생님은 이런 덫에 걸린 것이다. 아마도 위에서 제시한 예와 같은 수업 진행은 제임스를 화장실에 갈 필요도 없게 만들었을 것이다. 제임스는 교실이 따분해지자 나가는 방법을 찾았다. 그러자 홀 선생님은 소용돌이 속에 남겨졌고, 너무 화가 난 나머지 제임스가 그녀의 말을 끊기 전에 무엇을 하고 있었는지 생각해 낼 수도 없었다.

학생들이 그러한 행동을 할 때, 우리는 그들이 무엇을 바라고 하는 행동인지를 알아야 하며, 그러한 노력은 바로 교실 분위기를 제어하게 할 것이다. 학생들은 그들의 환경을 자기들 마음대로 제어하고 싶어 한다. 이는 절대적인 종류의 제어권이 아닌, 합리적이고 논리적인 사고로 얻을 수 있는 어느 정도의 관리 제어권(managed control)을 말하는 것이다. 선생님이 학급을 제대로 제어하지 못한다면, 학급은 스스로 제어를 하게 된다. 홀 선생님은 이 점을 알 필요가 있었다. 그녀는 수업을 잠시 멈추고 상황을 제대로 파악했어야 했다. **그 아이는 제임스지. 그는 항상 화장실에 가도 되냐고 물어보지만, 나는 내가 지금 하는 말을 끝까지 해야 해.** 그녀는 그렇게 생각하고 나서 제임스를 쳐다보고 집게손가락을 들어 기다리라는 의사표시를 하고, 제임스의 말을 들었지만 선생님의 말이 끝날 때까지 기다리라고 말했어야 한다. 이렇게 함으로써 나머지 아이들에게도 선생님이 말할 때 방해해서는 안 되고, 선생님이 주도권을 가지고 있다는 메시지를 보낼 수 있다. 이는 조용한 학급 분위기를 유지하게 하면서 학생들이 선생님의 말을 듣고자 하는 자세를 만드는 데 도움이 된다. 홀 선생님이 이야기를 끝내고 제임스에게 화장실에 가도 된다고 말하게 되면, 제임스 역시 스스로 진정할 시간을 이미 가졌기 때문에 아마도 그는 나가지 않았을 것이다. 만약 예상과 달리 제임스가 교실 밖으로 나갔다면, 홀 선생님은 제임스가 교실로 돌아온 후에 개인적으로 면담을 하자고 말할 수 있을 것이다. 이는 제임스의 행동이 해서는 안 되는 행동이라는 것을 말해 주는 동시에, 그를 존중한다는 것을 보여 줄 수 있는 것이다. 또한 학급의 다른 아이들에게도 선생님이 이러한 행동을 허용치 않는다는 것을 보여 준 것이다.

좀 더 노력하였다면 홀 선생님은 자세히 아이들을 살핌으로써 다른 아이들의 수업과 관계없는 행동들을 막을 수 있었다. 읽기 과제를 내어 준 후, 그녀는 학생들에게 책을 구해 오도록 잠깐의 여유를 줌으로써 안정시킬 수 있었지만, 그녀는 당장의 수업을 위해 조용히 하라고 명령만 했다. 아이들이 과제를 할 때, 홀 선생님은 교실을 돌아다니며 낙서를 하거나, 옆자리의 아이와 이야기를 하고, 다른 과목의 숙제를 하는 등의 수업과 관계없는 행동을 제지할 수도 있었다. 또한 다른 짓을 하고 있는 학생의 어깨에 손을 올리거나, 계속 그 아이와 눈을 맞춤—창피를 주지 않고 행동을 바로 잡기 위한—으로써 수업과 관계없는 행동을 제지할 수도 있었다. 그러면 학생들은 협력으로 선생님에게 그들의 감사를 표했을 것이다. 홀 선생님은 조용히 학생들을 따라 책을 읽을 수도 있었고, 학생들에게 시선을 줌으로써 학생들과 언제든지 소통할 수 있도록 할 수도 있었다. 이러한 관찰은 또한 학생들에게 이 과제의 중요성을 알려 주는 것이기도 하다. 그리고 만약 제임스가 다시 시끄럽게 한다면, 홀 선생님은 간단히 그를 밖으로 불러내어 잠시 대화 상대가 되어 줄 수도 있다. 이때 문은 살짝 열어 두고 교실 안의 아이들을 체크하면서 제임스의 사생활을 보호할 수 있도록 해야 한다.

제임스는 그의 행동에 대해 선생님이 어떻게 느끼는지를 알 필요가 있었다. 학생들은 종종 다른 사람을 불편하게 만든다는 사실조차 모를 때가 많다. 거기에 대한 가상의 대화는 다음과 같다.

홀 선생님: 제임스, 네가 내 수업에서 한 행동은 내가 원하는 행동과는 거리가 있더구나.

제임스: 무슨 말씀이세요?

홀 선생님: 내 말은, 나는 너에게 나나 다른 사람이 말하는 걸 끊지 말라고 했지만, 난 항상 네가 내 말을 끊는 것을 무시하지 못했지. 내가 그렇게 했더라면, 네가 선생님이 말하는 걸 방해하고 있다는 걸 스스로 알게 되었을 텐데 말이야. 아마도 넌 말하기 전에 한 번 더 생각하고 말하는 법을 배워야 할 것 같고, 할 말이 있을 때는 먼저 손을 들고 말하렴.

제임스: 그런 식으로는 생각하지 못했어요.

홀 선생님: 나도 너무 너의 잘못된 행동에 관대했던 것 같구나. 그렇지 않았다면 네가 교실을 들락날락하는 행동까지 하진 않았을 텐데.

제임스: 어, 제 잘못이네요. 전 항상 그렇게 하잖아요.

홀 선생님: 네가 그렇게 할 때 아이들이 모두 공부에 집중하는 대신 너의 행동을 보고 웃으니까 선생님은 기분이 나빠진단다.

제임스: 그렇군요. 기분 상하게 할 의도는 아니었어요. 전 그냥 웃기려고 한 일일 뿐이에요. 아시죠?

홀 선생님: 물론 알지. 그리고 그건 정상이야. 하지만, 내가 교실을 나가도 좋다는 허락을 했을 때는 조용하고 얌전하게 나가 주었으면 좋겠구나.

제임스: 노력할게요. 하지만 잊어버릴지도 모르니 선생님이 지적해 주세요.

홀 선생님: 그래, 알았어. 자, 이제 교실로 돌아가자.

이 대화에서 홀 선생님은 제임스가 정상적인 학생이고, 단지 그에게 그의 행동을 차분히 할 필요가 있을 뿐이라는 것을 확인시켜 주었다. 또한 제임스에게는 홀 선생님을 따분한 시나 읽어 대고 제임스가 교실 분위기를 주도하는 것에 대해 화를 내는 사람이 아닌, 한 인간으로서 대할 수 있는 기회가 되었다. 다른 학생들은 제임스가 조용하게 걸어 들어오는 것과 홀 선생님의 평온한 얼굴을 보게 된다. 이렇게 되면 쇼는 막을 내리고 모든 것이 괜찮아질 것이다. 이제 학생들은 다른 것은 하지 않을 것이고 숙제에 집중하게 될 것이다.

반성을 위한 질문

1. 당신의 학생들에게 당신이 그들을 진정으로 돌보고 있다는 것을 보여 주기 위해 무엇을 할 수 있는가?
2. 학생이 어떤 행동을 할 때 화가 나는가?
3. 화가 나는 행동에 대해 당신은 어떤 부정적인 감정 반응을 보이는가?
4. 부정적인 감정 반응을 긍정적인 것으로 바꾸기 위해 화가 나는 행동들을 어떻게 재구성할 수 있겠는가?
5. 이러한 재구성은 학생들이 수업을 이해하는 데 얼마나 도움이 될 수 있을 것인가?

제 2 장

학생들과의 상호작용

세상의 인류가 지금까지 한 일 중 가장 위대한 것은 무언가를 보는 것이다. 무엇인가를 선명하게 본다는 것은 시이자, 예언이며, 종교이고, 그것들이 모두 하나가 된 것이다.

—존 러스킨(John Ruskin)

대부분의 사람들이 '좋은' 교사는 교실에서 감정적이지 않고, 결코 그들의 사생활이 수업에 영향을 끼치지 않게 하며, 확실하지 않은 문제나 답을 알지 못하는 상황에 처하지 않을 것이라고 생각한다. 이러한 정의는 비현실적이고 비인간적이다. 10개월 동안의 교사 계약과 채점부를 채워 나가는 것에 오류를 범할 수 있다는 사실을 부정할 수 없다. 우리는 현실적이고 솔직한 방법으로 학생들과 상호작용하기 위해 그런 고정관념들을 없앨 필요가 있다.

'솔직해지는 것'은 수업 성취도나 대인관계에 긍정적 영향을 미친다. 내가 나의 감정들을 학생들과 나누면 학생들은 나를 하나의 인간으로 보고 나와 가까워지게 된다. 그들은 선생님이 완벽하지 않다는 것과 그들의 결점 때문에 자신들을 벌하지 않을 것이라는 알기 때문에 학생들은 좀 더 '위험'을 무릅쓰고 발표를 하는 데 적극적이 되고, 셰익스피어의 작품을 잘못 읽더라도 부끄러워하지 않게 될 것이다.

우리가 때때로 가르치는 학생과 함께 생각과 감정을 공유하는 것은 학생들이 그들의 감정에 있어서 지적 성숙을 보여 줄 수 있는 기회이다. 나는 어느 날인가 학교의 간부들과 마찰이 있어 기분이 좋지 않을 때 학생들이 "좋은 아침"이라는 인사를 건네 주는 것이 평소보다 특히 고맙게 느껴질 때도 있었다. 학생들도 내가 평소보다 기분이 좋지 않다는 것을 알아채고 이를 충분히 이해해 주려 했다. 또 한번은 수준이 다른 세 반의 아이들과 세 가지의 다른 문학 작품을 읽는 중에 소설 하나에 대해 자세히 설명할 시간이 부족했을 때가 있었는데, 그때 나는 학생들에게 이런 것을 숨기지 않았다. 대신에 나는 학생들에게 다른 수업에서 어떻게 하였는지를 이야기하고, 내가 시간 내에 설명할 수 있는 내용을 초과해서 말한 것 같다고 솔직히 말했다. 학생들은 그 상황을 충분히 이해했고, 몇몇 학생은 그 소설에 대해 적극적으로 자신들의 의견을 내놓았다. 특정 부분을 읽어야 알 수 있는 내용 전반에 대한 이해도 학생들 스스로 할 수 있게 되었다.

물론 나는 교사가 자신의 모든 감정 상태, 외부의 일, 교사의 지식 부족 등을 항상 말해야 한다는 것은 아니다. 하지만 학생들, 특히 십대들은 민감하다는 것을 명심하라. 당신이 긴장하면 아이들도 그것을 알아차리며 종종 날카로운 말을 던진다. "선생님 무슨 문제가 있나요?", "진정하세요, 선생님.", "리드누어 선생님, 잘 모르시겠어요? 그러면 제가 어떻게 해야 할까요?"

이런 질문에 대한 답변으로 몇 가지 예를 제시했다.

- "아니, 아무것도 아니야. 그리고 뭔가 잘못됐다고 하더라도, 너희가 신경 쓸 문제는 아니란다."
- "내가 진정해야 한다고? 난 아무렇지도 않단다. 네가 말하는 것을 멈추어야 할 것 같은데."
- "언제부터 그렇게 선생님에게 무례하게 대하는 것이 용납되었지?"

이러한 대답들은 모두 솔직한 인간적인 반응들이다. 그렇지만 진짜 어려운 일은 그 상황에서 빠져나오는 것과 그 충돌의 순간에 대해 인식하는 것인데, 이는 바로 학생들과의 연결점을 찾는 방법이 된다. 이렇게 하는 것에는 많은 어른들도 아직 이루지 못한 어느 정도 수준의 원숙함과 자각이 필요하다. 이러한 수준은 단순히 교사 자격증에 의해 판단될 수 있는 것 이상이다. 우리는 후세의 가치관과 생각을 올바르게 만들어야 할 책임이 있는 전문가로서 우리 자신에게 솔직해야 하고, 우리 학생들을 위해 이러한 성숙함과 자각을 갖추어야 할 것이다.

한 학급은 마치 배와 같다. 누군가가 지휘해야 하지만, 선원들을 말로 괴롭히고 공공연히 욕설을 해대는 선장은 결국 자신의 등 뒤를 조심해야만 할 것이다. 나는 내 학급에서 그런 상황을 만들고 싶지 않다. 많은 학생들이 나를 존경하게 만들고 싶다. 내가 그들이 했으면 하는 일을 그들이 할 것이라고 믿고 싶고, 내가 부재중일 때 대신 들어온 선생님의 말을 90퍼센트 정도는 따라 줄 것이라고 믿을 수 있게 되길 바란다. 이런 존경과 믿음은 저절로 오는 것이 아니며, 하루 이틀에 이루어지는 것도 아니다. 내가 어른이라고 해서, 내가 '최선을 알고', '존경을 받을 만한' 선생님이 저절로 되는 것도 아니다. 시간을 들여 차근차근 틀을 세우고 시험해 보면서 고쳐 나가야 하는 것이다.

학생들과의 상호작용에 대한 네 가지 지침

> **내부의 혼란을 없애고 그로부터 질서를 세우는 것만 해도 얼마나 큰 재능인가!**
>
> —**캐서린 패터슨**(Katherine Paterson)

어떻게 해야 공부를 가르치고 바람직한 행동의 본을 보일 수 있는 진정한 의미의 좋은 교실을 만들 수 있을까? 나는 나의 학생들과 상호작용하는 데 중심적 원칙으로 삼고 있는 네 가지 지침을 가지고 있다. 이 지침들은 학생들과의 소통을 쉽게 하고, 진정으로 학생을 보살피는 것을 가능하게 해 주며, 학급 관리에 있어 원숙하고 전문적인 방법을 당신에게 안내해 줄 것이다.

지침 1: 학생들이 허튼소리를 하지 못하도록 하라

허튼소리는 들으면 바로 알아차릴 수 있다. 학생들이 숙제를 왜 하지 않았는지, 왜 늦게 제출했는지, 왜 숙제의 기한을 연장해 주어야 하는지 등에 대해 구구절절이 늘어놓는 변명 등과 같은 것이 바로 허튼소리라 할 수 있다. 이런 허튼소리를 용납해 주는 교사는 스스로 무너지거나 이런 것들에 흔들려 중심을 잡지 못하게 된다. 그런 교사들은 이런 변명들을 하는 학생을 멈추게 하려는 목적으로, 또는 학생이 이런 변명을 마침내 멈추었을 때의 안도감으로 '다음에'라는 말로 학생들이 그냥 넘어갈 수 있게 해 준다. 학생들이 이러한 성공을 경험하게 되면 다음에도 기회가 될 때마다 똑같은 일을 반복한다. 그리고 이러한 것을 목격한 다른 학생들 역시 이를 따라 한다. 그런 교사들은 결국 학급이 혼란스러워지는 것을 보고 있을 수밖에 없을 것이다.

학생이 규칙을 무시하고 그냥 슬쩍 넘어가려고 허튼소리를 할 경우 나는 다음과 같은 방법을 추천한다. 일단 말하도록 내버려 둔 다음, 말을 멈추면 학생의 얼굴을 똑바로 쳐다보고 눈을 응시한다. 그럼에도 불구하고 다시 허튼소리를 한다면 눈을 똑바로 쳐다보고 손을 들어 제지한다. 그리고 규칙을 반복적으로 설명해 주고 마지막에 "더 할 말이 있으면, 수업이 끝난 후에 개인적으로 이야기하자."라고 말한다. 반복이 핵심이며 이때 구체적인 규칙을 언급해야 한다. "숙제를 늦게 제출하면 10점 감점이다.", "지각했을 때 사유증이 없으면 감점된다.", "마감일이 지났다.", "숙제 제출이 늦었을 때는 한 단계 낮은 점수를 받게 된다."

지침 2: 문제에 집중하라

학생이 말대꾸를 하거나, 예의를 갖추지 않고 말하거나, 수업을 방해하면 화가 나기 쉽다. 우리는 종종, 진짜 문제를 지적하기보다는 우리의 감정에 휘둘려 그 문제를 대하는 경우가 많다. 이는 정말로 수업을 제대로 진행되지 못하게 만드는 호통이나 고함으로 이어질 수 있다. 또 엉뚱하게도 그 문제를 시작한 학생이 교실의 규칙을 따르지 않으려고 할 수도 있다.

만약 타당한 것이라면, 그 학생의 불만을 그가 말했던 내용으로 되풀이해서 말해 봄으로써 인정한다. 그와 다른 학생들에게 당신이 교수계획대로 수업을 진행하고 있음을 확인시킨다. 그 학생이 계속해서 불만을 말한다면 그를 밖으로 불러내어 개인적으로 대화를 해 본다. 학생들의 불손함은 교사와 관계가 없는 그들의 개인적인 문제에서 비롯되는 경우가 생각보다 많다.

지침 3: 큰 틀을 보라

이 지침은 교사들이 미묘한 차이를 보이는 다양한 상황에 직면하였을 때 개인의 전문적 판단을 따르라는 것을 상기시키기 위한 것이다. 교사들은 특정 상황에서 개인으로서의 아이들을 대하므로 어떤 행동에 대해 딱 잘라 판단해 버리는 것은 해결책이 될 수 없다. 제이드의 불손한 행동은 배고픔으로 인한 과민 때문일 것이고, 라몬의 불손한 행동은 그저 당신을 놀리고 싶어서일 수도 있다. 이 두 아이에 대한 당신의 최초의 반응은 모두 같겠지만(교실 밖으로 불러내어 개인적으로 면담하는 것), 각 개인의 행동에 대한 진짜 원인을 밝히는 것은 당신에게 달려 있다. "괜찮니? 네가 한 행동은 불필요하고 유익하지 않은 행동이었어. 혹시 너를 괴롭게 만드는 일이 있다면 선생님이 최대한 도와줄게. 말해 보렴." 이라고 말해 봄으로써 간단하게 밝혀낼 수도 있다. 바꾸어 말하면, 처벌이 필요할지 약간의 훈계를 하거나 시간을 두고 관찰을 해 보아야 할지를 판단하는 것 또한 당신의 몫이다. 이러한 행동들은 당신이 아이들을 돌본다는 것을 보여 주게 될 것이다. 그리고 아이들도 그것을 알아채게 된다.

지침 4: 당신의 가치관을 굽히지 말라

모든 교사들은 자신만의 가치관을 가지고 있고 이런 가치관을 학급에 전달하게 된다. 이런 과정에서 수많은 가치관들로부터 도전을 받게 되고, 이로 인해 실제 수업을 하고, 질서를 유지하고, 시험 점수를 매기고, 규칙을 잘 지키게 하고, 학교의 목표를 충실하게 이행하고, 또한 어떤 경우에는 이러한 가치들을 학생들과 나누는 데 있어 어려움을 겪게 된다. 이는 힘들고 위험한 일이 될 수도 있다.

그래서 여기에 나의 가치관들을 제시한다: 나는 모든 사람은 훌륭하다고 생각한다. 정직을 소중하게 여기며 열정과 재능에 가치를 둔다. 제이크를 그저 '나쁜 아이', '가망이 없는 아이'로 기록해 버리고, 그에게 접근하여 배우도록 돕는 것은 쓸데없는 일이라고 치부해 버리는 것, 실제보다 내가 더 많이 아는 듯이 학생들을 속이는 것, 학생들이 어떤 문제에 접근하는 방식을 정해진 방식으로 제한해 버린 채 진정으로 참신한 방법과 일반적이지 않은 관점을 탐색하는 데 드는 수고를 아끼는 것이 우리에게 더 쉬운 방법이 될 수도 있다. 하지만 나는 내 가치관을 존중하기 때문에 쉬운 방법을 택하지 않는다. 개성을 키우고, 정직함과 열정, 재능을 키우는 방법으로 학급을 관리한다. 그리고 학생들에게 이런 것들에 관련된 주제를 가진 문학 작품을 읽게 한다.

당신은 무슨 가치를 중히 여기는가? 당신에게 중요한 가치를 생각해 보고 그것을 반영하는 학급을 설계해 봄으로써 그것을 관철시켜라.

- 어쩌면 당신은 다른 사람에 대한 배려를 중히 여길 수도 있다. 자선 프로젝트를 마련함으로써 그런 가치를 전달할 수 있다. 주어진 기간 안에 학생들이 끝낼 만한 숫자의 수학 문제들을 풀겠다는 다짐을 받고 어떤 목적을 위해 모금을 하는 'math-a-thon(역주: 미국에서 소아암 치료를 담당하는 가장 큰 병원인 세인트 주드에 기부하는 방법으로 수학 문제를 풀어 정답을 맞힐 때마다 일정 금액을 기부할 수 있게 하는 방법을 나타내는 용어임)' 같은 것 말이다. 어떤 학생은 시간이 부족하다고 주장할 수도 있고, 이런 프로젝트에 참가할 수 없는 사정이 있을 수도 있다. 그런 학생은 다른 작업으로 그 개념에만 초점을 맞추어 가르칠 수도 있다.
- 당신은 협동(teamwork)에 중점을 둘 수도 있다. 협동의 요소들에

대해 토론함으로써 협동의 기술을 학생들에게 가르치고 그들이 직접 연습하도록 하라. 어떤 학생은 학생들 간의 복잡한 사회적 상호작용으로 인한 다툼으로 망설이게 될 수도 있다.

- 당신은 아름다움에 가치를 둘 수도 있다. 당신의 학생들이 "미(美)란 무엇인가?"라는 질문을 주제로 작품을 만드는 예술제를 기획해 보라. 어떤 학생은 그의 작품을 달가워하지 않거나 손상시킬까 봐 교실을 꾸미는 것을 꺼릴 수도 있다.

당신의 가치관을 관철하는 것은 어려운 것이 사실이다. 나는 내 학생들이 졸업을 하더라도 그들의 흥미를 돋울 만한 것들을 하나씩은 가지기를 원했기 때문에 나의 첫 담당 학급을 꽃, 물고기, 풍경, 아름다운 것들이 담긴 그림들로 장식하였다. 교장 선생님은 무시하는 태도로, "멋진 그림들이군요."라며 비꼬았다(돌아보면, 아마도 다른 것보다 벽에 둘러 놓았던 테이프가 특히 마음에 들지 않았던 것 같다). 아무튼 나는 교장 선생님이 싫어하실까 두려워서 그 장식들을 모두 치워 버릴까 생각도 했었다. 하지만 나는 그것들을 그대로 두었고, 그것들이 주는 많은 문학적 영감들과 마음의 대화를 즐길 수 있었다.

당신이 중요하게 여기는 가치를 찾아냄으로써, 당신은 자신의 교사 생활이 제대로 돌아가지 않는 이유를 바로 발견하게 될 것이다. 직접 모범을 보임으로써 당신의 가치관을 학생들과 공유하라. 계속 그렇게 한다면 당신의 학급과 당신의 교사 생활, 당신의 학생들은 더욱 윤택해질 것이다. 그리고 어쩌면, 당신의 가치관에 대해 돌아보는 것은 처음에 당신이 교직에 몸담고자 했던 이유도 상기시켜 줄 것이다.

행동에 대한 지침

나는 일부러 나서서 아이들에게 이 지침들을 이야기하지는 않는다. 나는 사람들이 말로 하는 것보다는 행동으로 보여 주는 것을 더 신뢰함을 알고 있다.

다음의 예에서 그러한 사실을 알 수 있다. 데릭은 내가 다른 세 가지 일을 하는 동안에도 나에게 부탁을 해대는 학생이었다. 어느 날 아침에, 데릭은 급한 일인 듯 나에게 뛰어와서는 "켈리 코치님이 저를 보자고 하세요! 중요한 일이에요. 지금 가지 않으면 오늘 밤에 경기를 하지 못할 거예요."라고 하였다. 당시의 상황은 종이 울리고 있었고, 학생들은 이야기하고, 교장 선생님은 교내 방송을 하고 있었으며, 다른 학생은 왜 숙제를 하지 않았는지에 대해 나에게 열심히 설명하는 중이었다.

당신이라면 이 상황을 어떻게 처리했을 것인가? 그냥 "가 봐."라고 말하고 싶은 유혹을 받을 것이다. 하지만 이렇게 하는 것은 그에게 책임을 떠넘기는 것이 되며, 내가 속아 넘어간 듯한 느낌을 받을 수도 있을 것이다. 이러한 술책은 일 년 내내 부딪히게 되는 것이다.

그런 식(결과를 알 수 없는 쉬운 방법)으로 하는 대신 나는 내 지침에 기대를 걸었다. 나는 "데릭, 넌 선생님이 네 질문에 답할 수 있을 때까지 기다려야 해."라고 말했다(**지침 1: 학생들이 허튼소리를 하지 못하도록 하라**). 이는 그에게 내가 미리 정해 놓은 규칙을 따른다는 것과 그를 무시하지 않는다는 것을 말해 주는 동시에 나에게 화가 나지 않도록 하기 위함이다. 또한 이것은 한 번에 다가오는 부담을 나누어서 처리할 수 있게 시간을 벌 수 있도록 하는 이점도 있다.

난 평소와 같이 수업을 시작했고, 잠깐 틈을 내어 데릭에게 가서 개인적으로 대화를 했다. "이제 너의 이야기를 들을 시간이 생겼구나. 무슨 일인지 말해 보렴."

"제가 말씀드렸다시피, 저는 켈리 코치님을 만나야 해요."라고 데릭이 조바심을 내며 대답했다.

나는 "코치님이 너에게 외출증을 주셨니?"라고 물었다(**지침 2: 문제에 집중하라**).

"아니요, 하지만 받아 올 수 있어요."

"데릭, 너도 알다시피 외출증 없이는 수업 중에 나갈 수 없단다. 미안하구나. 넌 못 가."

일주일쯤 지난 뒤, 데릭은 다시 이 일을 시도하였다. 그는 또 켈리 코치와 급히 만나야 한다며 교실로 들어왔다. 또다시, 나는 내가 그의 말을 들었음을 알리고, 그에게 앉으라고 한 뒤 수업을 시작했고, 그에게 다가갔다.

"켈리 코치님이 너에게 외출증을 주셨니?"

"예, 여기 있어요." 라고 말하며 데릭은 접힌 종잇조각을 보였다.

"이건 아무래도 네가 쓴 것 같구나, 데릭. 이걸로는 켈리 코치님과의 면담을 허락할 수 없어." (**지침 4: 당신의 가치관을 굽히지 말라**)

"하지만 코치님이 써 주신 거예요."

"좋아, 그렇다고 하자. 내가 이 외출증을 맡아 두고 새로 하나 써 줄게. 하지만 방과 후에 켈리 코치님에게 이 외출증을 너에게 써 준 것이 맞는지 물어볼 거야. 진짜라면 문제될 것이 없지. 하지만 아니라면 결과는 네가 책임져야 할 거고, 오늘 경기에 참가할 수 없게 되거나 더 안 좋은 일이 생길 수도 있어(**지침 2: 문제에 집중하라**, **지침 3: 큰 틀을 보라**).

내 스스로의 지침을 잘 지킴으로써 나를 실망시키는 상황을 이치에 맞는 상황으로 탈바꿈시켰다. 나는 학생의 요구(교실을 나가고자 하는)와 나의 요구(그를 교실에 있도록 하고자 하는)에 집중하여 조용하고 논리적인 사고를 하였다. 나는 데릭에게 선택권을 주었다. 그는 “아, 아무것도 아니에요.”라고 말했다면 나는 그것을 잊어버렸을 것이고, 또는 그가 나를 속이고, “네, 코치님께 물어보세요.”라고 말할 수도 있었을 것이다. 나는 그에게 나의 입장과 결과가 어떻게 될지를 그에게 알려 주었다. 그리고 그에게 선택권을 주고 다음에 비슷한 상황이 또 닥쳤을 때는 이런 선택권이 없을 것이라는 것도 알려 주었다. 그 다음 결과는 말하지 않아도 뻔히 보일 것이다.

교실의 혼란을 만들어 내고 그것이 원하는 것을 이끌 수 있다는 점을 이용해 원하는 것을 얻어 내는 데 익숙한 학생들을 마주치는 상황은 자주 일어난다. “숙제는 바보나 하는 거지.”, “왜 수업만 해요?” 이런 말들은 그런 학생들이 선생님이나 학생들에게 종종 하는 것이다. 이런 학생들은 주위의 어른들이 그렇게 하는 것을 묵인하고 용납하였기 때문에 규칙을 무시한다. 학생이 선생님을 조종할 수 있게 되면, 그 선생님은 그 학생의 존경을 잃게 된다. 모든 점수, 모든 수업, 모든 말들이 협상 가능한 것이 되어 버리고 학생의 견해에 좌지우지되어 버린다.

이런 것을 허용해 주는 교사는 협동하지 못하고, 시간이나 자원을 관리하지 못하고, 노동으로 대가를 받는 것에 대해 만족하지 못하는 사람을 만들어 내고 마는 것이다. 선생님을 설득하여 시험 점수를 바꿀 수 있는데 굳이 힘들여 공부하여 점수를 딸 이유가 무엇인가? 다른 선생님을 설득하여 당신에게 보여 줄 외출증을 받아 올 수 있는데 굳이 지각하지 않으려 애쓸 이유가 무엇인가? 그 학생은 합리적 가능성으로 움직이는 세상 속의 삶을 좀먹는 존재가 된다. 그리고 선생님들 또한 학생에 대한 책임을 자각하고 의무를 다하는 데 힘을 쏟는 대신 좌절, 분노, 경멸 등에 그들의 에너지를 낭비하였기 때문에 그들 스스로를 기만하는 결과가 된다.

이런 식으로 분위기를 조종하는 학생을 처음 마주하게 되면 앞에서 제시한 네 가지 지침을 철저히 지켜라. 시간을 철저히 준수하게 하고, 급한 듯이 말하는 것을 곧이곧대로 받아들여 주거나, 그가 당신을 혼란스럽게 만들려는 시도들에 반응하지 말라. 그는 쉽사리 시도를 중단하려 하지 않겠지만 여유를 가지고 조용히 생각하라. 이러한 어려운 시간이 지나면 그 학생은 당신의 바람에 따라 당신의 가르침에 순응하는 것으로 보답할 것이다.

학급 관리는 이기거나 지는 문제가 아니다. 당신 자신과 학생들에게 기대를 가지고 모든 이의 발전을 위해 그들 옆을 지키는 것이다.

돌보는 것이 우선이다

이 세상에서 한 가지 슬픈 일은 사람들이 대부분의 사람들을 죽일 수 있는 행동을 알지 못한다는 사실이다.

—**앤 타일러**(Anne Tyler)

나는 동료 영어 교사에게 학생을 가르치기 전에 먼저 돌봐야 한다는 철학을 말한 적이 있다. "나도 시도해 봤죠."라고 말하는 교사들이 있다. "학생들에게 내가 학생들을 위해 이 자리에 있는 거라고 말했죠. 나는 조금 농땡이 부리는 것도 용납해 주었지만, 그들은 결코 나를 존중하지 않더군요. 그래서 좀 더 엄하게 했죠. 이제는 모든 싸움에서 내가 이길 거라고 생각해요." 그러나 이렇게 말하는 교사들은 논쟁에서 이길지는 모르나 설 자리를 잃어 가고 있는 것이다. 그 교사들의 학생들은 교사를 존중하지 않고, 그 교사의 수업 시간을 싫어하며, 그 교사의 과목을 적극적으로 배우려 하지 않을 것이다.

돌본다는 것은 학생이 어떤 식의 성공을 추구하든 그리로 가는 길을 이어 주는 다리 역할을 하는 것이다. 좌절, 적대감, 혼란, 미움은 실패로 가는 길이다. 폭발할 것 같은 분노를 품었을 때는 제대로 된 생각을 할 수 없다. 어떤 이에게 화가 났다면 그 사람을 제대로 다루지 못하게 된다. 켈빈은 이런 분노를 제어하는 나의 능력을 시험했던 아이였다. 그는 뉴욕에서 전학 온 분노로 가득 찬 16세 아이였고, 나의 1학년 영어 수업을 듣게 되었다. 내가 어떻게 할 수 있겠는가? 켈빈은 악의를 내뿜었다. 나의 첫 반응은 그 악의를 그대로 돌려주는 것이었지만 곧 나의 마음의 소리에 귀를 기울였다. "이 아이는 이 반에 있기에는 나이가 많아. 아마 그는 여기 있고 싶지 않을 거야." 내 악의는 수그러들었다. 나는 켈빈과 학급의 아이들에게 미소 짓고 출석을 부른 다음 첫날 수업을 시작했다.

둘째 날, 켈빈은 모자를 쓰고 나타났고, 그것은 학교 규정에 위반되는 것이었다. 그것이 시작이었다. "안녕, 켈빈. 가서 모자를 벗고 와."라고 말했다. 그는 낮은 소리로 투덜거렸지만 모자를 벗었다. 나는 누군가가 상냥하게 인사를 하면 그 사람을 미워하기가 힘들다는 것을 알고 있었다. 켈빈도 다르지 않았다.

우리는 잠시 잘 지내고 있었지만, 곧 그는 우리 학급의 규칙을 어기기 시작했다. 아무도 나의 허락 없이는 수업 과제 외에 다른 일을 하는 것은 금지되어 있다. 다른 아이들이 이카로스와 다이달로스에 관한 과제를 하고 있는 동안, 켈빈은 노트에 낙서를 하고 있었다. 나는 그의 책상으로 다가가서 과제를 시작하는 데 도움이 필요한지 물었다.

"보세요, 전 아무도 방해하지 않는다구요." 그가 대답했다. "전 그냥 끄적이고 있을 뿐이잖아요."

"그게 과제라면 괜찮겠지. 나는 네가 과제를 하면 좋겠고, 그래야만 네가 이 과정을 통과할 수 있지 않겠니." **(지침 2: 문제에 집중하라)**

"절 그냥 내버려 두세요."

이 시점에서 다른 학생들의 관심은 이미 우리에게 집중되어 있었고, 웅성거리는 소리가 퍼지기 시작했다.

나는 켈빈에게 복도에서 이야기하자고 했다(**지침 3: 큰 틀을 보라**, **지침 4: 당신의 가치관을 굽히지 말라**). 그는 대답을 하지 않았지만 일어나서 문 쪽으로 향했다. 나는 다른 아이들에게 잘하고 있다고 말하고 계속 그렇게 하라고 말한 다음 그를 따라 나갔다.

그 아이에게 화를 내거나 교무실로 보내는 것이 더 쉬운 방법일 수도 있지만, 그 방법은 아무것도 해결하지 못했을 것이다. 대신 우리는 대화를 했다. "켈빈, 특별한 이유가 없다면 내가 내 준 과제를 네가 해줬으면 하는데. 이 과제를 하지 않는 특별한 이유라도 있니?" **(지침 2: 문제에 집중하라)**

"아니요. 그게 바보 같은 짓이란 것만 빼면 말이죠."라고 켈빈이 말했다.

"너는 세 가지 종류의 프로젝트 중 하나를 고를 수 있는 선택권이 있어. 그중에서 그 어떤 것도 마음에 드는 게 없다면, 더 좋은 걸 가져와서 나에게 보여 줘. 그게 충분히 난이도도 있어 보이고 내 학습 목표에 맞는다면 그걸 인정해 줄게. 그렇게 하겠니?" **(지침 3: 큰 틀을 보라)**

"알겠어요." 그는 누그러졌다.

우리는 교실로 돌아왔고, 나머지 시간 동안 켈빈은 그의 교과서를 들고 과제를 하였다. 나는 그를 내버려두었다.

나는 나의 다음 수업 계획 기간에 켈빈의 삼촌(그의 보호자였다)을 불러 켈빈에 대한 염려를 표했다. 나는 켈빈이 다른 학생들보다 나이가 많다는 것과 어쩌면 그가 9학년의 교과 과정에 흥미를 느끼지 못할지도 모른다는 것을 충분히 이해하고 있다고 설명하였다. 하지만 그럼에도 나는 켈빈이 그의 과제를 끝내기를 기대한다고 말했다. 켈빈의 삼촌은 나에게 켈빈을 내치지 않고 신경 써 줘서 고맙다고 하였다.

다음 날, 켈빈은 나에게 복도에서 면담을 할 수 있는지 물었다(그가 나를 따라 한 것이다!). 다른 아이들이 과제를 시작한 후, 우리는 이야기를 하기 위해 밖으로 나왔다. "선생님이 삼촌을 불러서 제가 수업을 방해했다고 말씀하신 것 때문에 저는 조금 곤란해졌어요."라고 켈빈이 말했다.

'수업을 방해했다고?' 나는 당황했다. '켈빈의 삼촌이 내 말을 잘못 들었나?', '켈빈이 삼촌의 말을 잘못 들은 건가?' "켈빈, 나는 네 삼촌에게 과제를 하지 않아서 걱정된다고 말씀드린 것뿐이야. 내가 삼촌에게 전화해서 다시 한 번 말씀드려 볼게. 나는 너를 곤경에 빠뜨릴 의도는 전혀 없었단다." **(지침 4: 당신의 가치관을 굽히지 말라)**

"아니, 아니에요. 전화하지 마세요." 그가 부탁했다.

"켈빈, 나는 나의 생각이 네 삼촌에게 확실히 전달되길 바란단다. 그리고 나는 네가 이 문제에 대해서, 이렇게 복도에 나와 단독으로 이야기해 주어서 너무 고맙구나. 교실로 들어가자." **(지침 3: 큰 틀을 보라)**

나는 켈빈의 삼촌에게 전화하였고, 그가 지레짐작으로 켈빈이 나와 부딪혀서 수업을 방해했을 것이라고 추측한 것이라는 것이 밝혀졌다. 나는 그것은 사실이 아니며 켈빈이 상황을 잘 해결하여 나에게 깊은 인상을 남겼다고 말해 주었다. 나는 또한 켈빈이 좋은 모습을 보이면 그에게 다시 전화하여 알려 주겠다고 약속하였다.

오래 기다릴 필요도 없었다. 그 다음 주에 나는 켈빈의 수업 참여도가 높아졌고, 나에 대한 분노가 사라졌다는 것을 말해 주기 위해 삼촌에게 다시 전화를 하였다. 켈빈과 나는 인간 대 인간으로서의 관계를 형성하였다. 우리는 서로 편안하게 각자의 일을 할 수 있는 방법을 찾았다.

켈빈이 모범생이 되었다거나 줄줄이 A를 받았다는 등의 거짓말은 하지 않겠다. 사실 그는 한 학기만 통과하고, 유급당하여 17세에도 다시 영어 초급반 수업을 받아야 했다. 하지만 여전히 그가 뭔가 대단히 중요한 것을 지니고 간다는 것만은 확신할 수 있다. 나에게 쓴 편지에서 켈빈은 "영어 수업이 좋았던 건 선생님과 제가 많은 것에 대해 이야기할 수 있었다는 거예요. 대부분의 수업에서는 그렇게 하지 않죠. 그냥 과제를 받은 다음 수업에 들어가죠. 하지만 여기서는 과제에 대해서 의견을 나누고 점수와 수업을 통과하기 위해서 필요한 것이 무엇인가에 대하여 이야기하죠." 이 글은 켈빈과 내가 연결되어 있다는 것을 내게 말해 주었다. 나의 가르치는 방식이 그에게 나의 의사를 전달해 준 것이다. 내 상사들은 켈빈이 받는 점수만 보고서는 도저히 이런 것을 알 수 없을 테지만, 켈빈은 이제 그가 낙제를 하든, 통과를 하든 간에 관계없이 그를 돌보아 주는 사람이 있다는 것을 알고 자신이 할 수 있을 거라는 믿음을 가지고 있다. 그러므로 그는 스스로를 믿는다. 이제 그는 성공으로 가는 다리 앞에 서 있고, 선택이 자신의 몫이라는 것을 알고 있다. 즉 그는 다리를 건널 것인지, 건너지 않을 것인지 결정해야 한다.

'실제로 행하는 것'만이 학생들에게 닿는 유일한 길은 아니다. 어떤 학생들은 당신이 말만 하여도 당신이 하라는 대로 따르지만, 그들의 말을 자세히 들어 보면 그들은 당신의 관심을 원하고, 능력을 인정받기를 원하고, 사랑을 받고 싶어 한다는 것을 알 수 있다. 레지널드가 그런 학생이었다. 그는 나의 3학년 상급 영어반에 있었고, 처음 만나서 나에게 한 말은 "난 이 반에 있을 실력이 못 되는데요."였다. 그는 자신이 충분히 상급반 수업을 들을 능력이 있다고 생각하지 않았다.

나는 미소 지으며 그에게 말했다. "글쎄다, 나는 네가 여기 있어서 기쁘구나. 아무튼 넌 지금 여기 있잖니." (**지침 4: 당신의 가치관을 굽히지 말라**)

거의 매일, 레지널드는 나에게 그는 영어 상급반에 있을 만한 실력이 아니라고 말하곤 했다. 그리고 그가 그렇게 말할 때마다, 나는 웃으며 그의 어깨를 툭 치거나, "하지만 나는 네가 여기 있어서 좋은데."라고 말하곤 했다. 결국 그는 나에게 읽기 능력이 부족하다고 고백하였고, 나는 그에게 수업 시간에 나가는 읽기 과제를 미리 주는 계획을 실행하였다(**지침 2: 문제에 집중하라**). 그는 수업 시간에 읽기 시작하였고, 느리지만 확실히, 그의 평소의 수업 성취도보다 더 높은 수준을 달성해 가고 있었다.

레지널드는 그 해 내내 정말 열심히 노력했다. 쓰기 능력도 향상되었고, 존 스테인벡과 토니 모리슨의 작품을 읽고 학급 아이들에게 정말 멋진 발표도 해 주었다. 어떤 학기에는 A를 받기도 하였다. 그는 전체 학급의 아이들이 인정하는 사람이 되었다. 그는 학년 말에 나에게 편지를 썼고, 그 편지는 나를 울게도 하고 웃게도 만들었다.

> 리드누어 선생님께
>
> 선생님의 수업은 지금까지 제가 받은 그 어떤 수업보다도 최고의 경험을 선사해 주었답니다. 전 정말 읽기 과제가 싫었지만, 그로 인해 많은 것을 배웠기 때문에 그것들을 했다는 것이 지금은 얼마나 기쁜지 모르겠어요. 솔직히 말씀드리면, 선생님은 더 좋은 선생님이 되실 수 없을 거예요. 이미 선생님은 최고니까요. 상급반 수업을 전혀 들어 보지 않았던 아이가 상급반 수업을 처음 듣고 A라는 점수를 받도록 만드셨으니, 선생님은 스스로에게 만족하셔도 돼요. 비록 제가 부족한 행동을 하고, 선생님이 제게 해 주신

모든 것에 대해 감사하다는 말씀을 드릴 기회가 없었지만 말이에요. 선생님의 수업에서 많은 것을 배웠고, 특히 선생님은 제 자신에 대해 더 많이 가르쳐 주셨어요. 이제 저는 스스로를 믿지 못했을 뿐이라는 것을 깨달았고, 그걸 알게 해 주신 선생님께 다시 한 번 감사드립니다.

레지널드 올림

추신. 제가 크게 성공했을 때, "내가 이 아이를 가르쳤다."라고 말씀하실 수 있게 이 편지를 보관해 주세요.

학생들이 화를 내는 것은 당신이 원인이 아닐 수도 있다

우리 내부의 문제에 비하면 우리의 뒤나 앞에 버티고 있는 문제들은 사소한 문제일 뿐이다.

—**랠프 월도 에머슨**(Ralph Waldo Emerson)

어떤 학생과 마찰이 생길 때, 교사들은 그 학생이 표현하는 감정이 직접적으로 그 마찰과 연관되어 있을 것이라고 추측하기 쉽다. 하지만 이런 생각은 학생들이 그들의 감정을 잘 조절하고, 어떤 감정을 그 원인의 대상에게만 표출할 것이라는 착각에서 비롯된다. 그리고 그런 추측은 학생들이 아직 덜 성숙한 존재라는 사실에서 근거된다. 나는 학생들이 자신의 행동에 대해 책임을 지지 않아도 된다고 말하는 것은 아니다. 나는 단지, 만약 학생이 분노를 표시한다 해도 그것이 반드시 당신을 향한 것은 아닐 수도 있다는 것을 말하는 것이다.

우리가 가르치는 아이들에게는 많은 일들이 일어난다. 그들은 모두 부모가 있고, 다른 가족이 있고, 친구, 버스 기사, 교장 선생님, 일고여덟 명에 달하는 선생님들, 다양한 코치들, 그들에게 어떻게 행동해야 할지를 가르치는 웃어른들까지 다양한 사람들을 만나게 된다. 그 속에서 이혼, 폭력, 사회적·경제적 압력들을 겪게 될 수도 있다. 그래서 어떤 학생은 그에게 모자를 벗으라고 말하는 누군가에게(그것이 누구든 상관없이) 순종하는 대답을 하기가 힘들 수도 있다. 중요한 것은 우리 교사들은 아직 학생이 성숙한 존재가 아니라는 것을 이해하고 있다는 성숙함을 보여 주어야 한다는 것이다. 나의 네 가지 지침은 내가 스스로를 통제하는 데 특히 도움이 되는 것들이다.

결정론과 초월론을 공부하면서 나와 학생들은 이러한 것들과 문학과의 관계에 대하여 이야기한다. 결정론은 사람의 인생이 자신의 뜻과는 관계없이 움직일 수 없는 어떤 힘에 의해 좌우된다고 보는 것이다. 초월론은 사람은 사회가 정한 경계를 넘어설 수 있으며, 자신의 인생을 자신의 뜻대로 결정할 수 있다고 보는 것이다. 거의 모든 학생들이 초월론을 믿지만, 엉뚱하게도 결정론자 같은 행동을 보이는 경우가 많다. 예를 들어 그들은 어머니를 모욕하는 사람이 있으면 그렇게 하는 것을 그만두게 때려 주겠다고 말한다. 또한 자신의 피부 색깔이 직업 선택에 제약을 가져다준다고 생각한다. 그들의 결정은 외부의 요인에 의해 영향을 받기도 하고, 심지어는 그것들에 의해 좌우된다.

나의 학생들은 항상 이론적 철학과 실생활에서의 철학이 다르다는 것을 깨닫고 놀라곤 한다. 토론을 하고 난 후, 어떤 학생들은 그들이 자신의 인생을 스스로 만들어 갈 수 있을 것이라고 인정한다. 그것은 매우 유익한 교훈이며, 그런 교훈을 받아들이는 학생은 수업에서 배운 것을 그들의 실제 삶과 결합하여 그들 스스로를 긍정적으로 변화시켜 나간다.

말을 아끼는 법을 배우라

나도 모르는 사이에 나쁜 놈이 되기가 쉽다. 그렇지 않은가?

—L. M. 몽고메리(L. M. Montgomery)

거친 말로 사람을 공격하는 것은 정말 쉬운 일이다. 하지만 학생에게 그의 행동을 바로 잡을 시간과 여유를 주는 것은 더욱 보람 있는 일이다. 물론 이것은 학생들이 싸울 때 그저 뒤로 물러나서 그들이 싸움을 멈추길 바라며 바라보기만 하라는 말은 아니다. 하지만 수다스러운 학생이나 자주 조는 학생들은 어떻게 해야 하는가? 잠시 바라보거나 어깨를 살짝 쳐 주는 것은 "쉬잇!", "일어나!"라고 말하는 것보다 감정을 상하게 할 우려가 덜하며 매우 효율적이다.

때로는 어떤 학생들이 당신의 학급 관리에 대한 부담을 덜어 주고 중재해 줄 수도 있다. 학급에 긍정적인 리더십을 발휘하고 당신의 편이 되어 주는 아이가 있다는 것은 정말 좋은 일이다. 작은 격려만으로도 그 아이는 리더십을 발휘하여 학급을 조용하게 만들거나 학생들이 선생님을 존중하게 만들어 줄 수도 있다. 이런 동급생의 말이 당신이 내리는 지시나 훈계, 격려보다 더 효과적일 때가 많다.

나는 사교성이 풍부하고, 바보스럽지만 그 바보스러움이 학생들로부터 긍정적인 반응을 이끌어 내었던 아마데오라는 학생을 떠올린다. 하루는 우리가 『태양 아래 노인』을 소리 내어 읽는 동안 데비가 졸고 있었다. 졸다가 지적을 받아 화들짝 놀라 깬 후, 그녀는 우리가 읽었던 부분을 놓쳤기 때문에 다시 우리를 따라오는 데 어려움을 겪었다. 웅얼거리며 그녀가 전날 묘사하였던 위엄 있는 '마마'처럼 아무 소리도 내지 못했다. 데비가 더듬거리며 몇 줄을 읽어 내려가자, 아마데오는 "어이, 마마한테 무슨 일 생겼어?"라고 말하였다. 나를 포함한 모든 사람이 웃었다. 그것은 긴장된 분위기를 풀고 '마마'가 다시 평정을 되찾는 데 도움이 되는 유익한 것이 되었다.

당신의 말은 중요하다

내가 옳다는 것을 스스로 납득하기 위해 많은 시간을 보낸 이 시점에, 내가 틀렸을지도 모른다고 걱정할 이유는 정말 없는 것인가?

—제인 오스틴(Jane Austen)

학생에 대해 되는 대로 평하는 것만큼 나쁜 것은 없다. 우리는 학생들이 선생님의 말에 귀를 기울이지 않을 수도 있다는 것을 알고 있지만, 때로는 그들이 정말 선생님의 말에 귀를 기울일 수도 있다는 점을 망각하기도 한다. 무심코 그들에게 내뱉은 말은 몇 년 동안 그들의 마음에 남을 수 있다. 이것은 우리의 머리와 가슴으로 걸러내기에 앞서 그저 혀만 움직여 어떤 학생에게 바보 같다고 말하는 것은 나쁜 것이 될 수도 있지만 우리가 어떤 학생에게 쓰기 능력이 좋다고 말해 주는 것은 긍정적인 것이 될 수도 있다.

나는 직접 '즉석 코멘트'가 실제로 뿌리를 내려 도움이 된 경우를 본 적이 있다. 이것은 9학년 영어 수업을 재수강하고 있었던 16세의 라티스의 경우이다. 그녀는 수업에 잘 오지 않았고, 첫 학기가 끝날 무렵 임신을 했다가 유산을 했으며, 모든 수업에서 낙제를 받았다. 나는 라티스와 개인적으로 이야기를 해 보려고 집에 전화를 해 보았지만 그녀는 여전히 학업에 관심이 없었다. 하루는 분명 수업 시간인데도 불구하고 라티스가 통화를 하고 있는 것을 보았다. 나는 그녀에게 왜 복도를 돌아다니며 전화통화를 하면서 수업 시간에 참여하고 있지 않은지 물어보았다.

"시간을 보내고 있다구요? 어, 아니에요, 전…" 그녀는 설명하다가 말을 멈추었다.

"라티스, 넌 똑똑한 아이란다. 그러니 자신을 포기하지 마. 나도 널 포기하지 않았어. 교실로 가서 수업을 받아. 넌 졸업할 수 있을 거야. 내가 보증할게." 이런 말은 내가 어떤 학생에게나 일주일에 두 번 정도는 하는 말이었다. 특별한 생각으로 그런 말을 한 것은 아니었다.

그런데 그 후로 라티스는 매일 과제를 해 왔고, 하고자 하는 의지를 가지고 수업에 참여했으며, 이런 행동은 그해 내내 계속되었다. 내가 그녀에게 준 것은 그저 미소일 뿐이었고 졸업 점수는 그녀 스스로 딴 것이었다. 그 후, 학교를 졸업하는 날 라티스가 나를 찾아왔고, 나는 무언가 중요한 할 말이 있다는 것을 알 수 있었다. 그녀는 심각했지만 자신감이 넘쳐 보였다.

"리드누어 선생님, 아무도 그런 말을 해 주지 않았을 때 선생님께서 제게 학교를 졸업할 수 있을 거라고 말씀해 주신 것에 대해서 감사드리고 싶어요. 그런 말씀을 해 주셔서, 선생님 수업뿐만 아니라 모든 수업에서 열심히 노력했어요. 감사합니다."

내 눈에는 눈물이 고였다. 나는 라티스에게 가르친 보람이 있었음은 물론 그녀를 믿고 있었다고 다시 말해 주려 했지만 그녀는 대화를 하러 온 것은 아니었다. 그녀는 이미 할 말을 다 했고 이제 새로운 출발을 할 때였다. 그래서 나는 그저 좋은 여름을 보내라고 말해 주었고 라티스는 떠났다. 나는 책상 앞에 홀로 앉아 복받치는 감정을 누르면서 라티스, 레지널드, 켈빈을 떠올렸다.

학생들과의 만남은 항상 배움의 기회가 된다

> **모든 영혼은 스스로 집을 짓고, 그것을 넘어 세계를 만들고, 또한 그 것을 넘어 천국을 만든다. 이 세상은 당신을 위해 존재하는 것이다.**
>
> **—랠프 월도 에머슨(Ralph Waldo Emerson)**

학생들이 생각하도록 가르치는 데는 많은 시간과 노력이 필요하다. 남이 말하는 것을 무조건 받아들이기보다는 연구하고, 다른 관점을 고려해 보고, 질문하고, 자신만의 결론을 만들고, 반대 의견이 있더라도 논리적으로 그 결론을 입증할 수 있어야 한다. 학생들이 읽기의 내용에 대한 설명을 하는 것이 어려울 때 선생님은 사고 과정의 틀을 만들어 줌으로써 학생들이 생각을 하도록 한다. 나는 학생들에게 항상 무엇이 옳고 그른지를 말하고 모든 질문에 답해 주는 최고의 답변자가 되는 것이 싫다. 나는 내 자신의 질문을 가지고 학생들의 질문을 접하며 그들에게 스스로의 의견을 내어 그 의견을 다른 사람들에게 이해시켜 보도록 한다. 이런 과정을 통해 학생들은 자신감을 가지게 되며, 전에는 자신의 의견을 제시하는 것을 시도하지 못했던 사람들에게도 의견을 제시할 수 있도록 만든다. 이런 사람들 중 몇몇은 그들의 또 다른 선생님이 되고, 그들 중 소수는 흥분하여 "네가 나에게 그런 식으로 질문하는 것이 싫다!" 라고 말하기도 한다. 중요한 사실은 학생들은 자신의 의견을 제시할 수 있고 있고 실행한다는 것이다. 교사로서 우리는 수업을 폐쇄적으로 만들고 방어적으로 운영할 수도 있고, 학생들이 솔직하게 의견을 표현하도록 권장하고 우리의 학생들이 무엇을 말하고자 하는지를 배워 나가게 할 수도 있다.

방어적 수업의 대화는 이런 식으로 진행될 것이다.

에릭: 하벌리 선생님, 연극을 하자고 한 건 바보 같은 생각이었어요.

하벌리 선생님: 그런 식으로 말해서는 안 돼!

에릭: 그래도 이게 뭐예요.

하벌리 선생님: 네 엉덩이를 걷어차서 교실 밖으로 쫓아낼 거야.

이 대화에서 하벌리 선생님은 지침 2(**문제에 집중하라**)와 4(**당신의 가치관을 굽히지 말라**)를 어겼다. 에릭이 교실에 있는 모든 사람들에게 전달한 메시지는 그저 이 수업이 바보 같은 짓이라는 것이었는데 선생님은 학생과의 의미 없는 논쟁과 위협으로 시간을 낭비하였을 뿐이다.

이 대화를 교과 내용에 뒷받침되는 토론으로 이끌게 하여 학생들이 자신의 의견을 건설적인 방향으로 표현해 보도록 만드는 것이 가능하다. 보완적 수업의 대화는 다음과 같은 식으로 진행될 것이다.

에릭: 하벌리 선생님, 연극을 하자고 한 건 바보 같은 생각이었어요.

하벌리 선생님: 내가 너에게 연극을 시킴으로써 어떤 능력을 기르도록 의도한 것 같니? (**지침 1: 학생들이 허튼소리를 하지 못하도록 하라, 지침 3: 큰 틀을 보라**)

에릭: 우리를 지루하게 만드는 방법?

하벌리 선생님: 그건 아니겠지, 물론. 누구 의견 있는 사람? (**지침 2: 문제에 집중하라, 지침 3: 큰 틀을 보라**)

다니엘: 연극을 통해서 지문과 대사에 대한 이해를 할 수 있어요.

하벌리 선생님: 좋아! 다른 사람?

스테파니: 음, 우리는 학급 아이들 앞에서 이야기를 해야 하죠…

하벌리 선생님: 그래! 다른 사람?

데론: 제가 이 작품만큼 다른 작품을 여러 번 읽은 적이 없어요.

하벌리 선생님: 그래서 뭘 느꼈지?

데론: 처음 읽었을 때 놓쳤던 세세한 부분까지 이해할 수 있게 되었어요.

하벌리 선생님: 그래서 이렇게 하는 것이 우리의 독해력에 도움이 되었니?

자멜: 맞아요. 그리고 협동도 할 수 있죠. 우리는 큐 사인을 할 때 서로를 도와주는 방법과 대사를 효과적으로 읽는 방법도 배울 수 있을 거예요.

하벌리 선생님: 너희들이 요점을 제대로 짚어 냈구나(**지침 4: 당신의 가치관을 굽히지 말라**).

에릭: 좋아요, 바보 같은 짓은 아닌가 보네요. 하지만 전 제가 맡은 역할이 싫다고요.

이제 진실이 나왔다. 무례함 때문에 에릭을 교실 밖으로 쫓아내는 대신, 그의 선생님은 그가 가진 진짜 문제를 표현하도록 도와주어 문제를 해결할 수 있었던 것이다. 또한 다른 학생이 에릭의 역할에 지원함으로써 그 문제는 더 쉽게 해결되었다.

이렇게 하는 것은 시간이 걸리지만, 이 시나리오에서 의미 없어 보이는 질문이 많은 것을 이루어 낼 수 있었음을 알게 한다. 잠재적으로 질서가 흐트러질 위험을 제거했을 뿐만 아니라 학생들에게 스스로 얼마나 많이 알고 있는지를 깨닫게 해 주었음은 물론, 그 연극에 대한 참여 의욕을 더욱 고취시켜 주었다. 하벌리 선생님은 어떻게 잠재적인 논쟁거리를 재구성할 수 있는지를 보여 주었고, 수업의 내용에 초점을 맞추어 건설적인 방향으로 토론을 이끌었다. 학생들도 그녀가 진심으로 학생들을 대하고 있음을 느꼈을 것이다.

반성을 위한 질문

1. 당신이 생각하는 '좋은' 교사란 어떤 교사인가?
2. 당신은 학생들이 당신을 하나의 인간으로 볼 수 있도록 개인적 정보를 공유하는가?
3. 네 가지 지침이 당신의 교사 생활을 어떻게 바꿀 수 있을 것인가? 이 중에서 특히 당신에게 도움이 될 것이라고 생각하는 지침은 무엇인가?
4. 당신은 무엇을 중히 여기는가? 당신의 가치관을 더욱 뚜렷하게 관철시키기 위해 당신의 실제 학급 관리 방식을 어떻게 변화시킬 수 있을 것인가? 어떻게 당신의 가치관과 당신의 수업 계획을 종합할 것인가?
5. 학생들이 학업 성취도 저조, 과목에 대한 흥미 저하, 외부의 문제 등을 감추기 위해 하는 행동들에는 어떤 것이 있는가?
6. 5번의 문제들에 당신은 어떻게 반응하는가?
7. 학생들과 상호작용하는 동안 당신이 미처 가르치지 못했던 것들을 가르칠 기회가 생길 때가 있는데, 어떤 순간들이었는가? 그런 순간에 당신은 어떻게 할 것인가?
8. 누가 당신이 목소리를 높이도록 만드는가? 어떻게 그런 사람의 방식을 당신의 수업에 이용할 것인가?

제 3 장

균형 잡힌 배려와 질서

삶은 다음에 무엇이 있을지, 어떻게 해야 할지, 불확실한 것으로 가득 차 있다. 당신이 어떻게 해야 할지를 알게 되는 순간, 당신은 조금씩 죽어가고 있는 것이다. 명인도 전부 다 알지는 못한다. 우리는 추측할 뿐이다. 틀릴 수도 있지만, 어둠 속에서 계속 도약해 간다.

—아그네스 드 밀레(Agnes de Mille)

가르친다는 것은 매일 훈련해야만 하는 위험한 일이다. 우리는 학생들에게 큰 희망과 그들의 삶에 대한 인식, 그들과 함께하는 인간이 됨을 통해 진심으로 그들을 돌보고 있다는 것을 보여야 한다. 어떤 날에는 이것이 쉽지만, 또 다른 날에는 쉽지 않을 수도 있다. 예의 바르던 학생이 갑자기 무례해질 수도 있다. 개인적으로, 그리고 조심스럽게 왜 그런지를 알아보라. 왜 학생이 바람직하지 못한 행동을 하는지 섣불리 추측하지 말라. 그의 말을 듣고 판단하라. 당신의 전문성을 유지하면서 반응할 수 있도록 하고 모든 학생의 요구를 존중하라.

또 다른 학생은 복도에서 당신에게 "저는 어쨌든 낙제생이에요. 그런데 왜 귀찮게 하세요?"라고 말하고는 수업에 나오지 않을 수도 있다. 그럴듯한 말이다. 당신은 즉시 그 학생의 집에 전화하라. 그리고 그 학생에게 개별지도를 해 주겠다고 제안하라. 그 학생이 수업에 나오도록 설득하라. 당신의 학교의 훈육규칙을 따르라. 그 학생의 말을 개인적인 모욕으로 받아들이지 말라. 그 학생을 무시하거나 들볶지 말라. 그렇게 한다면 그 학생은 당신의 반응을 자신의 실패에 대한 핑계로 삼고 개선하려는 노력을 하지 않을 것이다.

어떤 해에 내가 담당한 중학교 3학년 학생 두 명이 수업에 나오는 것을 거부한 적이 있었다. 나는 방금 내가 서술하였던 전략을 사용하였다. 나는 그들에게 할 수 있을 것이라고 말했다. 그들의 부모님과도 상담했다. 그들을 만날 때마다 보고 싶었고 도와주고 싶다고 말했다. 나는 학교 사무실에 선처를 바라는 서신을 보냈으나 학교 관리부는 그들을 징계했다.

결과는 한 명의 학생은 수업에 다시 나오기 시작했고 한 명은 오지 않았다. 수업에 다시 나온 학생인 메건은 그 해의 마지막에 나에게 와서 말하길 "무척 중요한 건데요. 리드누어 선생님, 다른 사람이 아무도 그렇게 하지 않을 때 저를 믿어 주시고 격려해 주셨지요. 선생님 덕분에 저는 제 자신을 믿고 선생님의 수업을 통과하고 다른 수업에서도 열심히 했어요. 감사합니다." 학교에 다시 돌아오지 않은 로렌은 낙제했지만 얼굴에 미소를 띠면서 나에게 와서 교과서를 반납하였다. 그녀가 그 미소를 자신에게 보낼 수 있기를, 그리고 그녀가 3학년 영어 과정을 통과하기를 진심으로 바랐다.

랠프 월도 에머슨이 "교육의 비법은 학생을 존중하는 것이다."라고 한 것은 정말 중요한 의미를 가진 말이다. 나는 로렌을 한 개인으로서 존중하였고, 내가 원했던 방식은 아니지만 그녀 또한 한 개인으로서 나에게 반응하였다(**지침 2: 문제에 집중하라, 지침 4: 당신의 가치관을 굽히지 말라**). 물론 그녀가 학과 수업을 모두 수료한 것은 아니지만 그녀는 무례하거나 편협하지 않은 방법으로 문제를 처리하는 것을 배웠다. 당신이 모든 학생을 당신의 경험과는 다른 경험을 가진 고유한 개인으로 존중한다면 당신과 그 학생이 연결되어 일 년 내내 쓸데없는 데 쏟아 부을 노력을 줄일 수 있을 것이다. 그것이 당신이 할 수 있는 최선이다.

개인적인 충돌 피하기

> **성찰하지 않는 삶은 가치가 없다.**
>
> —**플라톤**(Plato)

당신은 당신이 싫어하는 행동만 골라서 하는 학생을 만나 본 적이 있는가? 내가 싫어하는 사람은 모든 걸 아는 듯 행동하는 사람, 무례한 사람, 따지기 좋아하고 논리적이지 않은 사람들이다. 세실리아는 이런 특징을 모두 가지고 있었고 계속해서 그런 행동들을 하였다. 그녀는 또한 학업에 매우 뛰어나고 영리하기도 하였지만 오랫동안 집중을 필요로 하는 과제는 매우 힘들어했다.

나는 세실리아가 내가 싫어하는 행동들을 하는 것을 참았고, 그 결과 나는 그녀에게 화가 나서 그녀는 물론 다른 아이들에게까지 나의 이성을 잃게 되었다. 나는 세실리아와 학급의 다른 아이들, 심지어 나의 인격까지 존중할 수 없게 되었다. 나는 내가 어떤 학생으로부터 받았던 가장 중요한 충고인 "한 아이가 거슬린다고 해서 그 분노를 전체 학급에 표출하지 말라."를 잊어버렸던 것이다.

내가 그 학생의 충고를 다시 깨달았을 때는 이미 많은 일이 일어나 버린 후였다. 나는 학생들의 자리 배정을 새로 계획하였고, 세실리아는 교실 중앙 앞자리에 앉혔다. 세실리아를 지목하지 않고 전체 학급의 학생들에게 내가 느낀 실망감에 대해 말하였다. 나는 그녀의 방해를 무시하기 시작하였고 세실리아에게 내가 모든 학생에게 질문하였을 때만 대답하도록 시켰다(**지침 2: 문제에 집중하라**). 그리고 숙제를 늦게 낸 것과 다른 변명들에 대한 그녀의 얄팍한 주장을 무시하였다(**지침 1: 학생들이 허튼소리를 하지 못하도록 하라**). 무엇보다 중요했던 것은, 나는 세실리아의 행동으로 인한 나의 불쾌함을 사전에 방지하기 위하여 그녀에게 나의 감정에 대한 책임을 피할 수 있는 공간을 마련해 준 점이다(**지침 4: 당신의 가치관을 굽히지 말라**).

다른 아이들도 주의하였고, 세실리아의 무례한 언동도 무시하게 되었다. 또한 내부의 공감대보다는 학과 수업에 더 집중하게 되었다. 나는 세실리아가 나의 주의를 독점하고 있을 때 미처 주목하지 못했던 다른 학생들에게도 신경을 쓰기 시작하였다.

세실리아는 어떻게 되었을까? 이런 상황에서 그녀는 어떻게 지냈을까? 그녀는 나와 다른 학생들을 방해하였을 때 "죄송해요."라는 말을 하게 되었고, 날이 갈수록 그런 일은 점점 줄어들었다. 또한 그녀는 제시간에 수업에 출석하기 시작했다. 이러한 그녀의 행동변화는 자기 고집은 강하였지만 그로 인하여 더 이상 학급 전체의 의견을 무시할 수는 없었기 때문에 일어난 것이다. 나는 그녀의 의견을 듣기 위한 창은 항상 열어 놓고 있었지만, 학우들과 나는 그녀의 쓸데없는 논쟁에 휘말리지 않았다. 이러한 지침이 효과가 있었던 것이다.

경계를 정하라

우리가 살기 위해 생각을 하고 살기 위한 이유를 찾아내는 것은 참된 삶을 살기 위한 조건이다.

—시몬 드 보부아르(Simone de Beauvoir)

모든 연령대의 아이들은 어느 정도의 경계선을 원한다. 교실을 축구장이라 생각해 보라. 축구장의 '안'과 '밖'의 영역을 구분하는 선이 있을 것이다. 선수들은 공이 밖으로 나갈 때와 안에 있을 때를 알 수 있으며 관중들도 그것을 볼 수 있다.

물론 현실은 그리 간단하지 않다. 일부 교사들이 만드는 경계선은 학생들이 충분히 받아들일 수 있고, 오히려 쉽게 그 경계선 안에서 머물 수도 있다. 그러나 어떤 교사들이 만든 경계선은 학생들이 받아들이기 힘들어 그 경계를 벗어나 계속해서 그 교사로부터 좋지 않은 반응을 얻을 것이다. 어떤 학생의 행동에 대한 교사의 반응이 엉뚱하다면, 그 학생은 선생님이 자신을 '좋은' 아이로 보는지, '나쁜' 아이로 보는지 알 수가 없을 것이다. 이것은 사소해 보일지도 모르지만, 학생들은 검은색과 흰색, 나쁜 것과 좋은 것으로 구분 짓는 이분법적 사고로 그들 자신을 판단하며, 교사도 자신들을 그렇게 생각할 것이라고 추측한다. 그들이 교사의 생각을 정확히 가늠할 수 없게 되면 일반적으로 그들은 부정적인 방향으로 생각을 하여 부정적인 행동을 하게 된다.

새 학년을 시작할 때, 당신이 어디쯤에 경계를 만들어 놓았는지를 학생들에게 알려 주고 어떤 행동이 경계를 벗어나는 것인지를 말해 주어라. 이런 경계선은 학생의 수와 당신 스스로가 용납할 수 있는 정도에 따라 정하고 규칙이 명료한지 확인을 해 보라. 학생들에게 반드시 전달해야 할 메시지는 당신이 조용하고 질서 있는 학급을 원하고 그런 학급을 만들기 위해 노력한다는 것이다. 그런 규칙이 학생들이 행동을 선택하는 데 도움을 주기 위해 있는 것이라는 사실을 설명하라.

학생들이 규칙에 따라 협조적이고 매일 수업에 출석하여 경계선을 넘지 않는 데는 많은 이유가 있을 수 있다. 습관적일 수도 있고 당신이나 부모를 기쁘게 하기 위한 것일 수도 있다. 또한 경계선을 넘어 잘못된 행동을 하고, 낙제를 하고, 지각을 하는 학생들에게도 많은 이유가 있을 수 있다. 주의를 끌고 싶어 하거나, 학대를 당하거나, 좌절하거나 실망하여 그렇게 하는 것일 수도 있다. 모든 학생의 선택에 담긴 메시지에 당신은 반드시 응답하여야 하며, 특히 '바깥' 영역에 있는 아이들에게는 더욱 신경을 써야 한다.

교사로서 이러한 아이들의 메시지를 받는 것은 우리의 의무이며 학급 관리를 함으로써 가능해진다. 매일 규칙이 바뀌는 혼란스러운 학급에서는 학생의 무례함이 학급환경 때문인지 학생의 다른 개인적인 문제 때문인지 알기가 힘들다. 하지만 규칙이 정해져서 논의되고 정당성을 가지고 꾸준한 효력을 발휘하게 되면, 학생이 말하는 것의 진정한 의미를 헤매지 않고 찾아내기가 한결 수월해질 것이다. 예를 들어 당신이 『허클베리 핀』을 과제로 택했을 때, 한 학생이 당신에게 그 과제를 택한 것은 당신이 흑인은 멍청한 사람들이라고 생각하는 인종차별주의자이기 때문이라고 말했다고 가정해 보자. 당신은 이 말에 충격을 받아 침묵하기보다는 그 문제에 대해 말해 줄 수 있어야 한다. 그 학생은 당신과는 관계가 없는 개인적인 문제가 있을 수 있으며 당신이 도와주기를 바라고 있을 수도 있다. 그 학생은 많은 십대들이 알고 있는 성숙하지 못한 방법으로 도움을 요청하고 있는 것이다.

조용한 학급환경은 잠재적인 방해 요소들을 없앨 수 있다. 이런 환경은 학생들이 더 편하게 느낄 수 있고 쉽사리 당신의 지시를 따르도록 할 수 있으며, 공부에 집중할 수 있도록 하여 좋지 않은 돌출 행동을 줄여 준다. 교사로서 학생들의 행동을 제어할 수는 없지만 좋은 행동에 대한 윤곽을 제시해 주고 그런 행동을 선택하도록 도와줄 수는 있다.

질서 유지를 위한 4단계 과정

나는 입을 달싹거리고 블루스를 작곡하는 데에 필요한 힘만 있으면 족했다.

—**듀크 엘링턴**(Duke Ellington)

교사들은 무의미한 위협을 해서는 안 된다. 어떤 학생 하나만 내내 지켜볼 생각이 아니라면 "한 번만 더 그러면 교장실로 보내겠다."라고 학생에게 말하는 것으로는 학생의 행동을 변화시킬 수 없다. 규율상의 문제가 불거지면 에너지를 좀 더 효율적으로 사용할 수 있는 4단계 과정을 거쳐 그 문제를 해결하길 권유한다. 이는 어떤 사건이나 언쟁에 학급 전체 학생이 관계되는 경우를 줄여 줄 뿐만 아니라, 그들의 인생에서 인간관계를 만들고 유지시켜 나가는 데 필요한 '냉정'한 행동의 예를 보여 줄 수도 있다.

1단계: 말 없는 경고

누군가의 행동이 수업과는 관련이 없거나 선을 넘었다고 판단될 경우, 개인적으로 말 없는 경고를 보내라. 눈을 마주치거나, 학생의 어깨에 손을 올리거나, 허리를 숙여 "도와줄 것이 있니?"라고 속삭여라.

이러한 교사의 행동들은 벌을 주는 것은 아니지만 학생에게 지금 하는 행동에 대한 경각심을 일깨우고 그만하라는 메시지를 전달하는 것이다(**지침 3: 큰 틀을 보라**). 질문을 덧붙이는 것("도와줄 것이 있니?")도 과제에 대한 혼란 때문에 발생하는 학생의 규칙 위반 행동을 바로잡아 주는 데 좋다(**지침 2: 문제에 집중하라**). 감정을 절제하고 직접적인 접촉을 통한 접근은 학생들을 존중해 주면서도 그의 잘못된 행동을 바로 고칠 수 있는 기회를 준다. 화내거나, 부끄러워하거나, 아이를 좌절시킬 필요도 없다. 이와 반대되는 전략—학생을 조용히 시키거나, 앉히거나, 일으켜 세우기 위해 소리를 지르는 것—은 당사자와 전체 학급에 잠재적으로 부정적인 반응을 불러일으킬 수 있다.

2단계: 말을 통한 경고

1단계 후에도 학생이 수업과 관련이 없는 행동을 계속한다면 수업이 끝난 후 면담을 하자고 조용히 알려라. 이렇게 하는 것은 그 학생에게 그의 행동에 대해 생각하고 멈출 시간을 주는 것으로, 그가 그 행동을 멈춘다면 당신의 경계선 안에서 규칙을 지킬 수 있다는 것을 보여 주는 것이다. 또한 다른 아이들도 당신이 그 문제에 대해 알고 있으며 그러한 문제들을 해결할 것이라는 것을 알게 된다(**지침 4: 당신의 가치관을 굽히지 말라**).

수업이 끝난 후 그 학생과 말할 때 왜 그런 행동을 했는지 설명하도록 하고 그가 하는 말을 주의 깊게 들어라. 지레 판단하거나, 창피를 주거나, 용서하거나 하지 말고 끝까지 그가 말하는 것을 들어 주어라. 당신의 역할은 그 학생의 행동이 다시 반복되지 않도록 하는 것이다.

3단계: 개인적 대화

2단계 후에도 학생이 수업과 관련되지 않은 행동을 계속하거나 또는 동일한 수업 시간에 그 행동이 반복되면, 즉시 그 학생과 개인적으로 이야기할 수 있는 방법을 찾아라. 나는 보통 학생을 복도로 불러내어 이야기를 한다. 물론, 이렇게 하는 것은 수업에 방해가 될 수도 있다. 예를 들어 당신이 있어야만 하는 어떤 활동을 하고 있을 때나 설명 중일 때 말이다(나는 이런 경우를 대비하여 교실에 남겨진 다른 학생들을 위하여 예비 과제를 항상 준비하고 있다). 그 학생을 내쫓거나 그 행동을 무시하고 싶은 유혹은 당연히 있다. 이런 상황에서 선생님의 결정은 본인의 허용치와 그 교실의 분위기에 따라 달라질 것이다(**지침 3: 큰 틀을 보라**). 나는 학생을 밖으로 내쫓는 것은 그 학생을 너무 빨리 포기해 버리는 것으로 생각된다. 잘못된 행동을 무시하는 것은 수업의 효율을 떨어뜨릴 수 있고, 수업을 방해하는 행동이 괜찮다는 메시지로 전달될 수도 있다.

수업을 방해하는 학생과 수업 중간에 상담하게 될 경우에는 간략하게 하라. 대부분의 사람들은 30초를 넘어가는 말에는 집중력이 떨어지게 되므로 이런 찰나의 시간의 이점을 활용하여 학생의 주의를 집중시키는 것이 중요하다. '나'라는 메시지를 강조하라. "나는 학급을 가르치려 하고 있단다. 하지만 너의 행동이 내 수업을 자꾸 지연시키는구나. 너의 행동은 매우 실망스러운 행동이야." 혹은 "나는 오늘 네가 수업에 참여하는 데 문제가 있어 보이는구나."라고 말해 보라. 그 학생이 이런 말에 대답을 할 수 있도록 하라. 특정 행동으로 그를 판단하지 말고, 문제를 해결할 수 있는 솔직한 대답을 들을 수 있도록 개방적인 자세를 취하라.

4단계: 수업에서 내보내고 부모와 면담하기

모든 단계를 다 거쳤음에도 불구하고 여전히 학생이 수업과 관련 없는 행동을 계속하면 수업에서 내보내라. 한 사람이 수업을 방해하고 다른 학생들이 공부할 기회를 뺏는 것은 불공평한 일이다. 우리 학교에는 'lockout(역주: 학생들을 수업에서 제외시켜 수업 시간에 돌아다니지 못하게 분리해 놓는 것을 의미한다)'이라는 것이 있다. 이것은 교사들이 지각한 학생이나 말썽을 일으키는 학생을 보내어 감시하는 방이다.

내가 학생을 수업에서 내보내야 할 상황이 생길 때마다 나는 그 날 저녁에 그 학생의 부모님에게 연락하여 상황을 설명한다. 부모와 이야기를 할 때도 '나'라는 주체를 강조하는 방식의 대화법이 효과적이다. "저는 제 수업에 대한 아드님의 성취도가 낮아서 우려가 됩니다. 저는 우리가 개선을 위한 방법을 함께 찾을 수 있으면 좋겠습니다." 이때 교사가 부모에게 그 상황에 대한 믿음을 주고 부모의 질문에 대답할 수 있도록 그 학생의 점수나 출석 기록과 같은 관련 정보를 반드시 손에 들고 있어야 한다.

이 4단계 접근법은 모든 학생들에게 적용될 수 있다. 나는 이것이 내 자신이나 학급 전체, 잘못된 행동을 한 학생에게서도 긍정적인 감정 반응을 이끌어 낸다는 것을 발견하였다. 그 학생은 새롭게 자신의 행동을 뒤돌아보게 되고, 내가 수업을 하고자 하는 나의 개인적 필요만큼이나 그를 생각하고 있다는 사실을 알게 된다. 나머지 학생들은 선생님이 학생들을 존중하기 때문에 동급생들 앞에서 창피를 주는 행동은 하지 않는다는 것을 알게 된다. 또한 잘못된 행동은 심각한 결과를 낳는다는 것도 알게 된다. 물론, 나는 내 수업 계획을 계속 진행할 수 있고 학생들과 계속 좋은 관계를 유지할 수 있으니 결국 성공적인 교실을 만들 수 있을 것이다.

싸움을 선택하라

> **행복해지는 의무만큼 과소평가되는 의무는 없을 것이다. 행복해짐으로써 우리는 세상의 좋은 것들을 많이 볼 수 있었다.**
>
> —**로버트 루이스 스티븐슨**(Robert Louis Stevenson)

학생의 행동을 규제하는 규칙들에 대해서 생각해 보라. 어떤 것은 안전 때문에 만들어진 것인데, 이런 규칙의 예로는 '때리지 않는 것'이 가장 먼저 떠오를 것이다. 하지만 그 근거가 분명하지 않은 것들도 있어, 교사가 필요치 않다고 판단하면 이런 규칙을 엄격하게 적용하여 학생을 통제하지는 않을 것이다. 학교에는 많은 직원이 있을 수 있고, 모든 규칙을 각자 검토하여 다양한 해석을 하기 때문에 그 규칙을 적용하는 방법에 있어서의 차이는 존재할 것이다.

개인적으로 나는 규칙들을 두 종류로 나눈다. 배움을 장려하는 규칙과 배움과는 관계없는 규칙이 그것이다. 지각을 금지하는 규칙은 전자의 좋은 예다. 만약 학생들이 아무 때나 출석하는 것이 허용된다면 수업을 제 시간에 시작할 수 없을 것이고, 이는 모든 사람의 학업을 방해하게 될 것이다. 게다가 우리는 1교시에 48분과 같은 제한된 시간을 사용할 수 있을 뿐이고 나에게는 수업 시간의 1분 1초가 금과 같이 소중하다. 그러나 한때 나는 이러한 시각을 가지지 않은 교사와 함께 일을 한 적이 있다. 그녀는 그녀의 수업에 이유 없이 지각하는 학생들을 용인해 주었을 뿐만 아니라, 다른 선생님의 수업에 지각하는 학생들에게까지 지각에 대한 처벌을 면하도록 외출증을 써 주었다. 내 생각에 이런 방식은 아이들에게 규칙을 무시하더라도 빠져나갈 구멍을 만들어 주는 사람이 있다는 생각을 심어 주는 것이다.

이 선생님이 규칙에 위반되는 외출증을 써 주고 있을 때, 나는 한동안 그녀가 그녀의 학생들(나의 학생들까지도!)을 얼마나 기만할 것인지 두려워하며 지냈다. 그 후 나는 나의 할머니께서 부엌에 걸어 두셨던 신학자 니부어의 유명한 기도문을 떠올렸다. "하느님, 제가 바꿀 수 없는 것들을 받아들일 수 있는 마음의 평온과, 제가 바꿀 수 있는 것은 바꾸는 용기와, 그 차이를 알 수 있는 지혜를 주소서." 나는 다른 선생님에게 일에 있어 이래라저래라 지시할 처지는 아니었다. 나는 내가 바꿀 수 있는 것을 바꾸기로 했고, 그것이 내 학급을 운영하는 방식이었다. 나는 내 학급의 학생들에게 나는 학교 관리자나 다른 과목의 수업을 맡고 있는 선생님이 써 준 외출증만 받아들일 것이라고 말했다. 규칙에 위반되는 외출증을 써 준 선생님은 나와 같은 학년, 같은 과목의 수업을 맡고 있었기 때문에 내 학급의 학생들은 그녀로부터 외출증을 얻을 기회가 없게 되었다.

우리 학교에서는 학생이 외출증 없이 지각을 하게 되면 lockout에 가서 수업 시간 내내 거기에 있어야 한다. 그들은 이유 없는 결석으로 처리되지만 보충은 할 수 있다. 나는 내 학생이 수업에 들어오지 못하는 것이 싫지만 모든 이의 시간을 소중히 여긴다는 것을 보여 주기 위해 이 규칙을 철저히 지키고 있다(**지침 4: 당신의 가치관을 굽히지 말라**). 라산드라와 같은 성실한 학생이 2분 지각했을 때 그 아이를 lockout으로 보내는 건 매우 힘든 일이었지만 나는 그렇게 했다. 다른 아이들도 그것을 보았고 그녀도 알았으니, 이제 아무도 나의 지각에 대한 처리에 의문을 제기하지 못하게 되었다.

지금부터는 배움과는 관계없는 두 번째 종류의 규칙에 대해서 말해 보고자 한다. 좋은 예로는 껌을 씹는 것을 금지하는 규칙이 있다. 학생들이 풍선을 불거나 미친개처럼 어적어적 씹어대지만 않는다면 이는 교육과정과는 관계가 없는 것이다. 또한 학생들이 증거를 삼키고 시간이 약간 지난 후 또다시 새 것을 꺼내어 씹을 수 있기 때문에 계속 감시하거나 시행하기도 어렵다.

내가 처음 교사 생활을 시작했을 때, 껌을 씹는 학생을 보면 쓰레기통을 가져다주거나 그 학생에게 가서 껌을 뱉고 오라고 말했다. 이렇게 하는 것은 수업 시간을 뺏기는 것은 물론 껌을 씹은 학생을 화나게 만들고, 다른 아이들이 왜 껌을 씹으면 안 되느냐는 질문을 할 기회가 되기도 했다. 나는 그런 질문을 하는 학생들과 수업이 끝난 후 그 문제에 대해 토론하였고, 성실하게 그 규칙에 대해 설명해 주곤 했다. 이런 수업 후의 토론이 몇 번 있은 후, 내가 진정으로 껌을 씹는 행동에 대해 진지하게 생각하지 않았음을 깨달았다. 나는 껌을 씹는 학생이 딱딱 소리를 내거나 풍선을 부는 등 다른 학생들을 방해할 때만 껌을 뱉으라고 요구했다(**지침 3: 큰 틀을 보라**). 나는 학생들에게 내 결정에 대해 말을 하지는 않았다. 그저 반응을 달리 했을 뿐이다. 그런 후에는 다시 문제가 생기지 않았다.

나에게는 어떤 일이 잘 풀리지 않을 때 큰 소리를 내며 껌을 씹는 학생이 한 명 있었다. 이런 경우, 전체 학급이 그녀에게 "불쾌해, 데메트리아!"라고 말하면서 그래서는 안 된다고 말해 주곤 했다. 그러면 그녀는 멈추었고, 나는 굳이 말을 할 필요가 없었다. 때로는 급우의 압력이 교사에게 도움이 된다.

교무실로 보내기

사물은 변하지 않는다. 우리가 변할 뿐이다.

—헨리 데이비드 소로(Henry David Thoreau)

많은 교사들이 징계 문제를 처리할 때 관리자에게 보내는 방법에 의존한다. 기본적으로 이런 교사들은 특정 학생들에 대한 책임을 그 학생을 며칠 동안 수업에서 제외시킬 수 있는 힘을 가진 사람에게 떠넘기는 것이다. 시간이나 여유가 없어서 관리자에게 보내지 못하는 것이라고 말하는 것은 아니지만, 내 경험으로는 네 가지 지침을 꾸준히 따르다 보면 자신의 학생에 관련된 대부분의 징계 문제는 관리자의 간섭 없이도 해결된다. 이런 접근에도 응하지 않는 학생은 교사가 아닌 다른 이의 관심이 필요한 것이다.

교실 밖에서 만나게 되는 심각한 문제는 어떻게 할 것인가? 이를테면 복도나 카페테리아 같은 곳 말이다. 거기서는 학생을 교무실로 보내는 기준이 조금 느슨할 것이다. 내가 가르치지 않는 학생들이 관련된 사건에 개입해야 할 경우에도, 나는 네 가지 지침을 따르려 노력한다. 그러나 나는 그 아이들과 함께 지내거나 계속해서 그들의 행동에 영향을 주지 못할 경우에는 서신을 써서 그들을 교무실로 보낸다. 그러면 관리자가 사건의 처리를 해야 한다.

어떤 관리자들은 교사의 징계 문제를 도와주는 데 있어 다른 이들보다 더 좋을 수도 있다. 어떤 이들은 전혀 도와주지 않을 수도 있고, 와서 그것을 말해 주지도 않으며, 당신의 서신이 무시되거나 잘못되었다는 메시지만 받게 될 수도 있다. 나는 한 번 이런 상황에 처한 경우가 있었는데, 내가 개인적으로 관리자를 찾아가 지원이 부족함을 호소한 후에도 그 관리자는 변함이 없었다. 평온을 갈구하는 기도를 기억하고는 답변을 받는다는 기대는 하지 않았지만 계속해서 이 관리자에게 서신을 보내기로 결심했다. 내가 서신을 보낼 때마다 나는 그 사람이 일을 제대로 하지 않지만 나는 제대로 하고 있다는 것을 강조했다.

여담이지만, 항상 당신이 제출하는 모든 징계에 관련한 문서들의 복사본을 보관하라. 바쁜 학교 사무실에서의 문서 처리 중 문서가 '없어져 버릴' 우려가 있기 때문이다. 다시 찾아볼 경우를 대비하여 복사본을 철하여 빨리 찾아볼 수 있는 곳에 보관하라. 학부모와의 통화는 항상 기록해 놓는 것이 현명하다. 통화 여부에 관계없이 당신이 전화한 날짜와 시간을 기록하라. 이 자료를 항상 최신으로 유지해 놓는다면, 누구도 당신을 직무태만으로 고발하지 못할 것이다.

반드시, 당신의 교육 방침에 대해 반복적으로 일깨워 주워야 하는 학생이 있을 것이다. 나는 이런 아이들을 위해 따로 문서철을 만들어 관리할 것을 추천한다. 그리고 계속해서 번거롭게 하는 학생이 있다면 개인 일지를 만들어 그의 행동을 따로 기록하여 보관하라. 그 학생의 행동을 간단하게 적고 그 일이 일어난 날짜와 시간을 기록하면 된다. 그 행동에 대한 간단한 설명을 적고 날짜, 시간을 적어라. 그것이 좋은 것인지 나쁜 것인지도 기록하라. 관리자나 학생이 행동을 취할 시점이 오면, 당신이 그 아이에 대한 편견을 가지고 있지 않다는 것을 그 일지를 읽음으로써 알 수 있을 것이다. 어떤 학생의 행동 기록을 꾸준히 유지하는 것이 그 아이를 소외시키는 행동인가? 그와 반대다. 이는 직업적 관심의 표시이며, "난 이 아이를 돌보고 있다. 여기 즉각적 관심이 필요한 행동 패턴에 대한 기록이 있다."라고 분명하게 말할 수 있는 근거를 만드는 것이다.

학생이 행동을 바꾸도록 도와주기

새로운 별을 발견하거나, 미지의 땅으로 항해하거나, 인간의 정신세계에 새로운 장을 열어 준 사람 중에 염세주의자는 아무도 없다.

—헬렌 켈러(Helen Keller)

청소년기 학생들은 그들 스스로의 행동을 자신이 결정하고 싶어 하며, 어떤 순간에 그들이 나타내고 싶은 메시지를 내용에 관계없이 나타내고자 행동을 한다. 이러한 메시지는 다른 반 아이에게 가벼운 비난을 던지는 것으로 나타날 수 있으며, 말대꾸하거나, 책상에서 엎드려 자거나, 창밖을 쳐다보는 것으로 형상화될 수도 있다. 당신이 충분한 시간을 들여 그들을 돌보아 왔고 당신의 학생들과 바람직한 관계를 유지해 왔다면, 수업에서 부정적인 행동을 지적해 주는 것만으로도 학생들은 보통 그들의 행동을 고친다. 반면, 학생의 행동을 변화시키기 위해 명령에만 의존하는 교사는 "그만!", "일어나서 자세를 바로 해!", "나에게 집중해라!"와 같은 명령들밖에 믿을 것이 없다고 생각하지만, 그런 명령으로 학생이 행동을 고친다고 하더라도 그것은 일시적인 것일 뿐이다.

나는 내가 알지 못하는 학생으로부터 이러한 경험을 한 적이 있다. 예를 들어 우리 학교에는 복도에서 모자를 쓰면 안 된다는 규칙이 있고, 대부분의 학생들은 그것을 준수한다. 때때로 쉬는 시간에 교실 밖에 서 있노라면 모자를 쓰고 있는 학생을 보게 되고, "학생, 모자를 벗어."라고 말해야 하는 상황이 생긴다. 일부는 "이런, 깜빡했네요"라고 말하며 모자를 벗거나, 그냥 말없이 모자를 벗기도 한다. 물론 그런 아이들도 복도의 코너를 돌아 선생님의 시야에서 벗어나면 다시 모자를 쓸 수도 있지만 그것은 어쩔 수 없다. 내 말을 따르는 아이들과는 달리 어떤 아이들은 반항적으로 나를 보고도 내 지시를 무시한다. 이런 상황에서 나는 결정을 해야만 한다. 규칙을 어기고 반항하는 이 아이를 무시해야 할 것인가, 규칙을 관철시켜야 할 것인가? 열에 아홉은 나는 규칙을 따르는 것을 택하며 그 학생이 모자를 벗을 때까지 따라다닌다. 분명히 관심을 요구하고 있는 학생에게서 등을 돌리기란 쉬운 일이 아니기 때문이다.

학생들과 함께할 때, 우리가 매일 보는 학생들의 행동을 스스로를 위해 변화시키도록 도와주는 것에 초점을 맞출 수 있고 말과 행동으로 그렇게 하는 것을 지원해 줄 수 있다. 나는 몬티를 도와줄 기회가 있었다. 그는 성실하게 공부하고 수업에 협조를 잘하는 뛰어난 학생이었다. 수업 계획 시간에 나는 그를 복도에서 만났다. 그는 외출증이 없었다. 나는 그것이 무엇을 뜻하는지 알고 있었다. 그는 lockout으로 가는 중이었던 것이다.

나는 그를 멈춰 세우고 물었다.

"몬티, 괜찮아?"

그는 "썩 좋지는 않네요." 라고 대답했다. 그가 어디로 향하는지 내가 알고 있다는 것을 그도 알고 있었다.

"무슨 일이니?"

"스미스 선생님이 제가 잡담을 한다고 그냥 내쫓아 버렸어요."

"스미스 선생님은 학급을 좀 엄하게 운영하는 것 같구나."

"맞아요. 저는 그냥 과제가 무엇이었는지를 옆에 있는 여자아이에게 말해 주었을 뿐이라고요. 시끄럽게 하지도 않았어요."

"음… 정말 억울했겠네. 다시 이런 상황에 처하지 않기 위해서는 어떻게 할 수 있을까?"

"그냥 그 아이에게 선생님께 물어보라고 말하는 것은 어떨까요?"

"좋은 생각이지만, 스미스 선생님은 그래도 화를 낼 것 같구나. 왜

냐면 그런 말을 하는 것도 잡담을 한다고 생각할 수 있으니 말이야.”

“그러네요. 전 모르겠어요.”

“몸짓은 어떨까?”

“손가락으로 가리키는 행동 같은 거요?”

“그래.”

“그냥 선생님을 가리키거나 제 교과서의 페이지 숫자를 가리켜서 그녀에게 알릴 수도 있었을 것 같네요.”

“좋은 해결책에 도달한 것 같구나, 몬티. 내일 내 수업에서 만나자.”

몬티는 생각을 정리하기 위해 약간의 노력이 필요했지만, 곧 어떻게 스미스 선생님의 수업을 따라가야 할지 알게 되었다. 물론 그는 여전히 스미스 선생님이 비합리적이라고 생각하겠지만, 협력하는 것이 최선이라는 것을 알게 되었다. 다른 선택을 한다면 낙제하거나, 징계를 받거나, 스미스 선생님과 같은 교사를 또 만나게 되는 다른 수업으로 옮기는 것으로 이어질 수 있다. 언제 따라야 할 것인지, 이렇게 하기 위해 어떻게 해야 할 것인지를 아는 것은 학교에서뿐만 아니라 집, 직장, 사회 모임 등과 같이 몬티의 남은 인생에 도움이 되는 실생활에 유용한 기술이 될 것이다.

학교 내 정학

일은 시각화된 사랑이다.

—**칼릴 지브란**(Kahlil Gibran)

내 학생이 학교 내 정학(in-school suspension, ISS)(역주: 학교 내 정학이란 등교는 해야 하지만 수업은 받지 못하는 것을 의미한다)을 받을 때, 나는 직접 과제와 필요한 자료를 그에게 가서 전달한다. ISS룸으로 들어가서 인사를 하고 과제를 설명해 준다. 문제를 일으킨 것에 대해 잔소리를 하지는 않는다. 그에게 질문을 할 수 있도록 해 주고, 그 학생을 다시 교실에서 만나고 싶다는 말과 함께 작별인사를 한다.

직접 ISS룸으로 가는 것은 많은 메시지를 전달하는 것이다. 그렇게 함으로써 내가 그냥 감독관에게 숙제를 전달하도록 하는 대신, 직접 ISS룸으로 올 정도로 학생에 대한 성의를 가지고 있다는 것을 학생에게 전달할 수 있다. 또한 학생이 뒤처져서 남겨지길 원하지 않는다는 것과 그들이 어떤 이유에서든 문제에 휘말렸지만 나는 그것에 대해 신경 쓰지 않는다는 것도 그들에게 말해 주는 것이다. 나는 그저 그들이 다시 교실로 돌아왔으면 하는 바람뿐이다.

교실에서는 보통 아무것도 하지 않던 많은 학생들이 ISS룸에서는 과제를 멋지게 해내는 것을 보고 놀라곤 했다. 과제를 직접 손으로 써서 그들을 위해 가져다주었기 때문인지, 그저 시간을 때우기 위해 그렇게 하는 것인지는 나도 알 수 없다. 이유가 무엇이든 나는 만족한다.

해결책 찾기와 실수하는 것

완벽주의는 인류의 적인 압제자라고 주장하는 것이다. 이는 당신의 인생 내내 살 떨리게 만들고 미치게 만들 뿐이다.

—앤 라모트(Anne Lamott)

다년간 많은 아이들을 가르친 경험이 특정 아이를 대하는 완벽한 방법을 안다는 보장을 해 주지 못한다. 나는 학생들을 유형별로 분류하는 것—착한 아이, 문제아, 수줍음 타는 아이 등—은 위험하다고 생각한다. 이는 선생님이 학생에게 접근하는 방법을 제한할 수 있기 때문이다. 물론 학생을 분류하는 것은 학생의 상황을 분석하기 위한 행동 유형을 살피는 것과는 다른 것이다. 학생을 분류한다는 것은 당신이 그를 대하는 태도를 미리 결정해 버리는 것이다. 당신이 어떤 학생을 문제아로 분류하였다면, 그를 개인적으로 설득하는 것을 포기하고 그냥 교무실로 보내 버릴 수도 있다. 하지만 행동 유형을 살피는 것은 각 학생과 예전에 당신이 가르쳤던 학생들을 연결시켜 보는 방법으로 과거에 성공적인 대처법을 사용하는 것에서 시작할 수 있다. 만약 예전의 대처법이 효과가 없다면 접근법을 바꾸어 볼 수 있다. 현재 학생의 상황에 대해 명확히 알게 되면 효과적인 해결책에 한 발 더 다가설 수 있게 될 것이다.

실수를 하는 것은 나쁜 일이 아니며 모든 사람은 실수를 할 수 있다. 사실 나는 교사가 학생들의 실수를 용서해 줄 때 학생들이 감사하게 느낀다는 것을 알게 되었다. 완벽함을 가장하는 것보다는 "이 문제에 대해서는 나도 답을 모르겠구나.", "내가 잘못했구나."와 같은 솔직한 대답을 하는 것이 학생들에게 더 깊은 인상을 준다. 아이들이 『로미오와 줄리엣』이라는 연극 프로젝트를 마무리하고 있던 날, 나는 내 실수를 인정해야만 했다. 우리는 오랫동안 이 프로젝트를 준비하였고, 우리는 빨리 끝내기를 기대하며 마무리를 하고 있었다. 프로젝트가 끝나기 하루 전날, 나는 학생들에게 내가 출석을 부르고 교과서 체크를 하는 동안 프로젝트 준비물을 꺼내라고 말하였다. 그러자, "아, 제 준비물을 집에다 놓고 왔어요.", "과제 프린트물 한 장 주실 수 있나요?" 등과 같은 목소리들이 들려왔다.

나는 이런 말들을 무시하고 계속 출석을 불렀다. 그 후 아이들을 주목하게 하고, "누가 프린트물 달라고 했지?" 나는 교과서와 함께 그것을 넘겨주었다. "프로젝트에 관해서 질문 있는 사람? 내일 수업에 오면 프로젝트가 마무리 될 거야."

마크가 손을 들고 말하였다. "저는 사물함에 다녀와야 하는데요."

"미안하다, 마크. 넌 프로젝트를 진행해야 하잖니. 나는 수업 시간에 사물함에 다녀오는 것은 허락해 줄 수가 없구나."

다른 아이들도 비슷한 것들을 말했다. 나는 점점 짜증이 났다. 그때 켈빈이 "선생님, 저는 제 사물함에 다녀와야겠어요."라고 말했다.

결국 나는 폭발했다.

"켈빈, 그런 건 수업에 오기 전에 처리하고 와야지!" 나는 짜증이 묻어나는 목소리로 말했다.

"제게 굳이 소리칠 필요는 없잖아요. 그냥 실수한 것뿐인데요."라고 그가 대답했다.

그가 옳았다. 나는 그런 말을 하기 전에 심호흡을 하고 진정할 필요가 있었다. 분위기를 수습한 후, 나는 켈빈에게 다가가 그의 어깨에 손을 얹고 "소리쳐서 미안해. 화가 나서 실수를 했구나."라고 말했다.

더 이상 말할 필요는 없었다. 어쨌든 그걸로 충분했고, 켈빈은 프로젝트를 열심히 했다. 이는 나에게 아직 아무것도 하지 않고 게으름을 피우고 있는 마크도 대면할 수 있는 힘을 주었다. 그는 수업 시간에 농땡이를 피우는 데 달인이었지만, 다행히 나는 그가 종이 울리기 전까지 끝낼 수 있는 과제를 찾아내어 하게 만들 수 있었다.

물론 내가 켈빈에게 사과를 할 때 체면은 조금 깎였을지도 모르지만, 동시에 그로부터 큰 존경을 얻게 되었다. 나는 켈빈에게 나도 실수를 할 수 있다는 것을 보여 주었고, 잘못을 하였을 때 용서를 구한다는 것을 보여 주었다. 교사로서 우리는 학생들이 항상 우리에게 사과하기를 바라지만, 우리는 스스로 모범을 보이지 않는 경우가 많다. 그런 것은 바뀌어야 한다.

반성을 위한 질문

1. 당신을 화나게 하는 학생들의 행동은 무엇인가?
2. 당신의 학생들이 당신을 화나게 하는 행동을 하는 것을 막기 위해 어떤 일을 할 수 있는가?
3. 당신의 일일, 주간, 학기를 평가하는 방법은 무엇인가?
4. 학생의 잘못된 행동을 지적하기 위한 당신의 행동의 단계는 무엇인가?
5. 어떤 싸움을 피하는가? 이유는 무엇인가?
6. 말썽에 휘말린 학생을 보았을 때 당신은 어떻게 하는가?
7. 누군가가 당신에게 진정으로 사과했을 때를 생각해 보라. 그것은 당신에게 어떤 영향을 끼쳤는가?

제 4 장

일상적 반항 다루기

> **눈물을 흘리지 말며, 분개하지 말라. 그저 이해하라.**
>
> **—바루흐 스피노자**(Baruch Spinoza)

확실히 고등학교는 다양한 학생들로 가득 차 있지만, 학생들의 행동 양식, 그리고 그에 의한 선생님에 대한 반항은 매우 유사한 경우가 많다. 이에 대한 인식은 반항을 다루고 수업을 정상 궤도에서 이탈시키지 않는 첫 번째 단계이다. 이 장에서 우리는 교사가 만나게 되는 일상적 문제들을 살펴보고, 학급을 혼란스럽게 하는 행위를 막기 위해 내가 사용한 방법을 제시할 것이다. 이것 역시 내가 학생을 대하는 방법에 기초하여 특정 학생의 복지를 고려하면서도, 학급 전체를 조용히 만들고 교육적인 환경으로 유지하는 데에 관한 것이다.

복도의 소음과 싸움

기회는 잠시 허공에 머물다 사라질 뿐이다. 당신의 직감을 믿고 즉시 따르지 않으면, 이미 기회를 놓친 것이다.

—**켄 하쿠타**(Ken Hakuta)

고등학교의 복도는 시끄럽고, 혼란스러워지기 쉽다. 그 이유 중 하나는 고등학교 학생들이 소란스럽기 때문이다. 그들은 다른 이를 말로 이기는 것을 좋아하고, 예의 바르게 행동하지 않는 경향이 있다는 것을 의미한다.

우리 학교에서는 복도에서 대화하는 것을 엿듣거나 불필요하게 끼어드는 학생은 불쾌한 비난을 듣게 된다("너는 여기 왜 끼어들어."). 처음에 나는 이러한 상황을 중재하려고 했다("꼭 그렇게 말해야 하는 건 아니잖아. 얘들아, 그녀는 너희 기분을 상하게 하려고 그런 건 아니야."). 이제 나는 그런 행동이 학생들에게 경계선을 긋는 행동이라는 것을 알게 되었다. 이것은 마치 이 학생들이 스스로의 행동에 책임을 져야 하는 성인이 되는 것을 도와야 하는 나의 의무를 회피하는 것처럼 보일 수도 있지만, 학생들의 '무례한' 반응들을 관찰해 본 결과, 나는 내가 나서서 중재하려는 것이 오히려 해로울 수도 있다는 것을 알게 되었다. 싸움은 시작되지 않는다. 기분이 상하는 것 같지도 않다. 그 '방해자'들은 그냥 주의를 받은 것뿐이며, 그 자리를 떠나면 된다. 만약 그 '방해자'가 그런 대화의 방해를 하여도 아무 제재를 받지 않게 되면, 또 같은 상황이 발생할 수 있다. 그 학생이 창피를 당한다면, 다시 그런 일을 하지 않을 것이다. 내 간섭은 그들을 화나게 할 뿐이고, 내가 공동의 적이 될 뿐이며, 학생들이 그 상황에서 아무 교훈도 얻지 못하게 되는 결과를 초래

한다. 학생들을 감독하는 데 가장 어려운 일은 언제 당신이 끼어들어야 하고 언제 내버려 두어야 하는지를 아는 것이다.

선생님이 그 자리에 있는 것 자체가 골칫거리가 되는 소음과 대립하게 하여 긴장을 줄일 수 있는 가장 간단한 방법이다. 나는 쉬는 시간에 내 방문 앞에 서 있곤 한다. 낯익은 학생들에게 인사를 하고 복도의 평화를 유지하기 위해서이다. 교사의 존재는 아이들이 뛰고 싸우며, 다른 아이를 괴롭히고, 부정적이고 폭력적인 행동을 하는 것을 예방한다.

당신이 나와 같다면 당신은 아마도 교실 밖에 서서 메모나 학생들의 과제를 읽는 데 몰두하여 아이들의 싸움이나 규칙 위반 행동들을 돌보지 않는 교사들을 보았을 것이다. 관리자가 왜 사고가 일어났는지를 물으면 그들은 방어적인 태도로 “어쨌든 전 교실 문 밖에 서 있었어요. 제가 뭘 더 해야 합니까?”라고 말한다.

그런 패배주의적 태도로는 당연히 할 수 있는 것이 그리 많지 않다. 그러나 미리 대비하는 태도를 가진다면 교사는 많은 것을 할 수 있다. 복도를 훑어보라. 미소 지으며 “좋은 아침.”, “안녕.”이라고 인사하라. 나쁜 행동을 하는 학생들의 얼굴을 똑바로 쳐다보고 눈을 응시하라. 그들은 보통 미소를 지을 것이다. 대부분의 학생들은 말썽을 일으키기를 원하지 않지만 일부 말썽을 일으키는 학생들을 대면하게 되면 그것을 지적하거나 경비를 부르는 것을 두려워하지 말라. 일부 학생들이 복도를 엉망으로 만들 권리는 없다.

청소년들은 학우들 앞에서 망신을 당하고 체면을 깎이면 흔히 자신에 대한 통제를 잃어버린다. 학생들에게 개입할 때는 그들이 냉정을 유지할 수 있도록 다른 이들이 없는 장소—복도 모퉁이나 교실 안—로 그들을 데리고 가도록 하라. 그런 뒤 잘못된 행동에 대해 다음과 같이 조용히 이야기하면 된다.

교사: 내 말을 따라 여기에 와 줘서 고맙구나(**지침 4: 당신의 가치관을 굽히지 말라**). 나는 네가 복도에서 다른 아이들을 귀찮게 하지 않으면 더 고맙겠는데(**지침 2: 문제에 집중하라**).

학생: 하지만 그 애는 내가 잡았을 때 좋아했다고요!

교사: 그녀가 그걸 좋아했건 안 했건, 그것이 중요한 게 아니야. 학교에서 그런 식으로 아이들에게 장난을 치는 건 적절치 못한 행동이란다(**지침 2: 문제에 집중하라**). 받아들일 수 있겠지? (**지침 4: 당신의 가치관을 굽히지 말라**)

학생: 예, 그 말이 옳은 것 같네요.

교사: 내일 네가 복도를 가다가 그 아이를 본다면 어떻게 할 거지? (**지침 2: 문제에 집중하라**)

학생: 그냥 "안녕."이라고 말하겠지요.

교사: 좋아. 좋은 하루 보내라. 내일 보자(**지침 3: 큰 틀을 보라**).

이 예에서와 같이 학생이 그의 의도를 명확하게 표현할 수 있도록 해 주는 것이 현명하다. 나는 학생들이 선생님이 지시하는 것보다는 스스로 느끼고 생각하는 대로 행동하는 경향이 있다는 것을 발견하였다.

때때로 잘못된 행동을 하는 학생들은 그리 협조적이지 않을 수도 있다. 만약 당신이 사적인 대화에 끼어드는 학생에게 그러지 말라고 했지만 그 학생이 듣지 않는다면, 이 시점에서 그것은 복도에서의 장난과 같은 사소한 문제에서 큰 문제로 발전하게 되는 것이고 이는 교사에 대한 도전이다. 이런 상황에서 확실하고 안전한 대처법은 냉정을 유지하고 '누가 우위에 있는지'를 보여 주려 하거나 똑같이 무례함으로 갚아 주려고 하지 않는 것이 중요하다. 나는 그 학생이 그의 교실로 들어가거나 혹은 사물함으로 가거나 경비원이나 관리자를 발견하게 될 때까지 따라

간다. 만약 그의 교실로 들어가게 되었다면 좋은 상황이다. 이제 그는 그를 알고 구속할 수 있는 선생님과 함께 있을 것이다. 나는 그 학생의 이름을 알아내서 징계 요청서를 쓸 수 있다. 상황이 경비를 불러야 하거나 그를 즉시 끌어내야 할 정도로 심각하다면, 나는 그 학생의 학급 선생님에게 상황을 설명하고 경비를 부르도록 요청한다. 나는 수업 계획 시간이거나 그 학급의 담당 선생님을 믿지 못할 경우 직접 정보를 경비원에게 전달하기 위해 자리를 떠나지 않는다.

교실 소음

> **외부의 방해와 두려움을 제거하는 동시에 우리 안의 샘을 발견할 때, 비로소 고요함이 찾아온다.**
>
> —**루퍼스** M. **존스**(Rufus M. Jones)

나는 학생들이 수업 시간에는 수업에 관련된 것 말고는 다른 이야기를 할 필요가 전혀 없다고 생각했다. 복도에서, 버스에서, 점심 시간에, 혹은 전화로 밤에 마음껏 이야기할 시간이 충분하지 않은가? 그러나 이제 나는 십대들은 자신들이 하고 싶은 이야기를 하기에도 시간이 부족하다는 것을 깨달았다. 그들은 정말 다른 사람과 연결되고 싶어 하는 사회적 동물이다. 내 해결책은 수업의 시작과 끝에 그들에게 이야기를 나눌 시간을 주는 것이었다. 수업을 시작할 때, 내가 인원 점검을 하고, 교과서를 점검하고, 출석부를 관리하는 2분 남짓의 시간 동안 이야기를 나눌 수 있도록 허락했다. 그리고 수업을 끝낼 때 수업 내용을 요약하고, 다음 시간에 무엇을 할지를 말해 주고 난 뒤에 3분 정도는 그들 마음대로 할 수 있게 하였다. 나는 학기가 시작되는 첫날부터 이런 체계를 유지하며 학생들은 그것에 적응한다. 그들이 전에 어떻게 했었는지에 대해서는 따지지 않는다.

물론 이렇게 잡담을 나눌 시간을 준다고 해도 수업 시간에 떠드는 학생은 항상 있다. 가장 많이 일어나는 상황은 두 학생이 쉴 새 없이 소곤대는 일일 것이다. 이런 경우에는 두 학생을 불러내어 따로 자리를 마련하여 지적하라. 다음과 같은 방식을 권한다.

교사: 너희들이 계속 잡담을 하니 내가 수업을 하기 힘들구나. 나도 물론 친한 친구가 옆에 앉아 있으면 이야기를 하지 않고 조용히 있는 게 힘든 건 알지만 말이야(**지침 2: 문제에 집중하라**).

잠시 멈추고 학생들에게 대답할 시간을 주라. 아이들은 수다스러워서 당신이 시간을 준다면 이야기를 할 것이라는 것을 명심하라. 그들이 대답하거나, 혹 침묵이 오래 지속된다면 다음과 같이 대화를 이어 간다.

교사: 너희 둘은 충분히 현명한 행동을 할 수 있다는 것을 보여 줬고, 나는 너희들이 앞으로도 계속 그런 현명함을 보여 줄 거라고 믿는다. 일주일 후에 다시 만났을 때, 너희들이 잡담을 삼가고 교실의 분위기를 면학 분위기로 만들어 줄 것이라고 기대해도 되겠지? (**지침 3: 큰 틀을 보라**)

또는 이렇게 해 보라.

교사: 이 문제를 해결하려면 우리가 어떻게 해야 할까? (**지침 3: 큰 틀을 보라**)

이 시점에서 목표는 잡담하는 아이들이 앞으로 변하겠다고 약속하도록 하는 것이다. 만약 다음 주에도 그들이 같은 실수를 반복한다면 간단하게 말이 필요 없는 간섭만으로도 그들은 자신들의 잘못을 바로 고칠 것이다.

학생들의 수다를 다른 방향으로 이끌면서 다른 이와 이어 주는 방법은 이런 수다를 당신의 수업과 연결, 조합하여 수업 내용을 좀 더 발전시킬 수 있는 방향으로 이용하는 것이다. 물론 이것은 다른 소음을 일으킬 수도 있다.

내가 교직에 들어선 지 얼마 되지 않았을 때, 동료 선생님 중 한 분이 나에게 많은 충고를 해 주었고, 그중 가장 중요했던 것은 “학생들에게 명령조로 이야기하지 말라.”였다. 협동에 대해 가르치는 수업에 있어서 대화를 하는 것은 특히 중요하기 때문에 이 말을 기억하는 것은 중요했다. 내가 반 아이들을 주목시킬 때는 항상 “여러분, 잠시만요.”라고 말한다. 그런 후 학생들에게 그들의 대화를 마저 끝낼 수 있는 시간을 잠시 준다. 어쨌든 나는 그들이 지금 하고 있는 것을 방해한 것이니 말이다. 모든 학생이 눈을 나에게 집중시키고, 연필을 놓고, 이야기를 멈출 때까지 기다린다. 그 후 명령이 아니라 학생들과 대화를 한다. 그러나 너무 자주 수업을 방해하는 학생은 이미 알고 있는 것처럼 쉽게 흥분하는 경우도 많아 수업이 제대로 진행되지 않는다는 것을 기억해야 할 것이다. 학생들을 존중하면 그들 역시 당신을 존중해 줄 것이다.

이렇게 이목을 집중시키기 방법은 실제로 몇 번 실행해 보면 교사가 말하고자 할 때 학생들이 좀 더 빠르게 조용히 하고 질서 있는 분위기를 만들어 준다는 것을 알게 될 것이다. 학생들이 더 정숙해지니 더 이성적이 될 수 있고, 더 이성적이니 더 논리적이고 창조적으로 사고할 수 있게 된다. 이것은 학급 관리의 계단식 접근법이며, 학생들의 반응도 좋다. 내 학생이었던 샤이넬의 마지막 편지가 이를 증명해 준다. “정해진 틀에 박힌 수업 시간에서 벗어나는 건 정말 좋았어요."

일부 학생들이 그들을 속박하는 체계를 싫어하는 것은 사실이지만, 질서 있는 교실에서 공부를 하지 못하는 학생은 만나 본 적이 없다. 학생들이 내가 언제 어떠한 대화를 허락해 주는지를 알게 되면 소음에 대한 걱정은 더 이상 할 필요가 없다. 학생들은 본인들이 대화를 할 수 있는 시간이 주어질 것이라는 것을 알고 있고, 선생님에게 크게 들릴 정도로 말하지 않는 이상 제재를 받지 않을 것이라는 것도 이해하고 있다. 학생들은 선생님이 그들의 말을 들어 주고 학생들이 대화할 때 약간의 정숙함을 유지하도록 신경 씀으로써 보여 주는 존중을 보고 선생님의 말을 존중하는 것을 배우게 된다.

과외 그룹 활동

모든 장애와 정신적 고통을 극복하면 반드시 목표나 목적지에 도달할 수 있다.

—**크리스토퍼 콜럼버스**(Christopher Columbus)

그룹 활동을 관리하는 교사들은 학생들이 과제에 집중하도록 하는 데 어려움을 겪는다. 모든 협동 과제에서는 뚜렷한 지침을 세우는 것이 핵심이다. 학년 초에 협동 과제 그룹은 항상 교사가 짜며, 서너 명이 모여서 가장 과제를 잘 해낼 수 있을 정도가 되었다고 판단될 때까지 그룹을 조정한다.

학생들이 계속 집중하도록 만드는 열쇠는 바로 감독이다. 일부 아이들은 스스로 과제를 할 수 있다고 나를 설득시키려 하고, 방과 후에 무엇을 할 것인지, 주말에 어디로 나갈 것인지에 대해 말할 수도 있지만, 나는 흔들리지 않는 법을 배웠다. 또한 그런 행동에 대한 위협("규칙을 따르지 않으면 그룹 과제에서 제외시킬 거야!")도 바람직하지 않다는 것을 배웠다. 내가 전달하고 싶은 내용만 간단히 전달하는 것이 더 좋다. "너희가 이 과제를 수행하는 데 문제가 없다고 내가 믿으려면, 먼저 너희 모두가 제대로 과제를 수행하는 모습을 봐야겠지." (**지침 2: 문제에 집중하라**) 내 학생들은 그들이 일반 대화 수준의 목소리를 유지하기만 한다면 언제든 과제에 대하여 이야기할 수 있다는 것을 안다. 의문이나 이의가 있다면 큰 소리로 나를 부르는 대신 손을 들어야만 한다.

적절한 지시 또한 매우 중요한 부분이다. 각 학생별로 따로 과제나 역할을 부여하는 것이 좋은 접근법이다. 어떤 아이는 '기록을 담당하는' 사람이 될 수도 있고 또 다른 아이는 '단어를 정의하는' 역할도 할 수 있는 것과 같이 과제에 필요한 어떤 역할도 할 수 있다. 나는 과제에 대한 세부 사항과 각 역할별로 해야 할 일을 적은 지침서를 나누어 주고 모든 역할 담당에게 충분한 그들만의 역할이 있음을 확인시킨다. 어떤 그룹의 한 사람이 다른 사람에 비해 일을 적게 하거나 이득을 보는 일이 없도록 하는 방법 중 하나는 개인적으로 감상문이나 답변지와 같은 종류의 결과물을 만들어 제출하도록 하는 것이다.

협동 학습은 케이크를 만드는 것과는 다르다. 그냥 과제를 주고 둘에서 넷 정도의 아이를 더 추가하여 항상 질 높은 수업이 되리라고 기대할 수는 없다. 그룹 활동은 꾸준한 감독과 지속적인 조정이 필요하다. 나는 돌아다니며 듣고 관찰한다. 첫째, 학생들은 내가 이렇게 하는 것을 보고 수업과 관련되지 않은 행동을 잘 하지 않는다. 둘째, 학생들이 다른 짓을 한다면 나는 그들이 다른 짓을 시작하자마자 그것을 그만두게 할 수 있다.

만약 어떤 그룹이 내가 질문에 대한 답변도 해 주고 협력해 달라고 요청했는데, 15분 정도가 지난 후에도 그냥 과제를 하지 않고 있다면 그 그룹을 해체하고 따로 앉혀 각자 맡은 부분을 하도록 시킨다. 이런 과정은 위협적이지 않으면서 자연스러운 분위기에서 진행한다. 다른 학생들은 수업에 방해되는 그 그룹을 조용히 시키는 것과 모든 그룹에게 같은 행동 기준을 적용하여 평등하게 대하는 것에 대해 감사해한다. 또한 내가 해체시킨 그룹의 아이들은 그룹이 있든 없든 간에 내가 내 준 과제에 대해 얼마나 중요하게 생각하고 있는지를 이해한다.

협동적이지 못한 협동 과제

> **그저 세상 위에 군림하는 것보다 더 고귀한 야망이 있다. 그것은 자신을 굽히고 다른 이를 좀 더 높여 주는 것이다.**
>
> **—헨리 반 다이크(Henry Van Dyke)**

청소년 학생들은 영리하다. 그들은 많은 시간을 교실에서 보내며 학교의 체제가 어떻게 돌아가는지 안다. 협동 과제 수업 계획에 학생들이 특정 방식으로 과제에 대해 연구하고 해결하도록 계획되어 있다고 하더라도 그들이 꼭 그렇게 하지는 않는다.

이것이 바로 교사가 그룹 활동에 대한 기대를 분명하게 나타내어야 하는 이유이다. 나는 학생들에게 내가 그들이 무엇을 하기를 원하고 과제로부터 무엇을 얻어 가기를 바라는지 말한다. 그 후, 내가 설명하였던 내용이 적힌 지침서를 나누어 준다. 이런 식으로 하였는데도 학생들이 지시를 따르지 않으면 그들은 낮은 점수를 받아 마땅하다. 교사가 스스로 과제에 대해 확실히 알지 못한다면 학생들이 과제에 대한 접근법을 달리하는 것에 대해 부정적으로 반응하였을 때 학생들은 교사를 도발하게 하고 화나게 할 명분을 가지게 될 것이다.

내 학생들이 자주 시도하는 접근법은 "나누어 정복하라."이다. 토론할 몇 가지 질문이 주어지고 합의점에 도달하면, 그들은 간단히 질문들을 각자 분배하여 해결하고는 답을 서로 돌려서 베껴 적는다. 이런 일을 보면 나는 그들의 자리로 다가가 조용히 묻는다. "좋아, 얘들아. 몇 번 문제를 하고 있지?" 이는 그들의 허를 찌르는 것이 되어 그들이 과제를 다시 정상적으로 수행하도록 할 수 있다. 나는 그들이 최소 하나의 질문에 대해 나의 간섭 없이도 진지하게 토론한 후에야 그 자리를 떠나길 바란다. 나는 그들이 이 질문들에 대해 어떻게 토론을 해야 하는지, 그들의 직감을 뒷받침하기 위해 유효한 자료를 어떻게 활용해야 하는지, 답을 어떻게 정해야 하는지를 이해했다는 것을 분명히 확인한다.

협동 과제 수업 시간에 농땡이를 피우기 위한 또 다른 방법으로는 가장 공부를 잘하거나 성실한 아이에게 그룹의 과제를 모두 떠넘기고 끝날 때쯤에 그 답을 그냥 베끼는 것이다. 이 학생은 결국 모든 과제를 혼자 했다는 것에 화가 나고, 그렇게 되도록 만든 교사에게 분노한다. 과제를 혼자 한다면 다른 아이들은 무엇을 하는 것인가? 잡담하고, 자고, 수학 숙제를 하고, 공상에 잠긴다. 그룹에 교사가 참여하여 학생들과 두세 개의 문제를 함께 풀어 주는 것도 이런 문제를 예방해 줄 수 있다. 물론 어떤 그룹과 함께 앉아 있을 때 다른 그룹들도 계속 지켜보아야 한다는 것을 잊어서는 안 된다. 그룹 활동 후에, 그들의 참여도가 어느 정도였는지를 확인하기 위해서는 아무나 지적하여 질문을 해 보고 그에 따라 점수를 매겨라.

'준비물이 없는' 학생

진정한 삶은 작은 변화로 시작된다.

—**레오 톨스토이**(Leo Tolstoy)

어떤 학생이 준비물 없이 내 수업에 나타나면 나는 화를 참기가 어렵다. 내 학생들의 많은 수가 가정의 생활비로 연습장이나 공책, 필기구를 살 수가 없고, 선생님, 친구들, 그리고 운에 의존하는 방법으로 수업 준비를 해 온다. 그들은 "뭐라고? 내가 몇 번이나 가져오라고 말해 줘야 하는 거지?", "차드, 아침에 학교 오면서 도대체 무슨 생각을 하는 거니?", "아니, 연필은 빌려 줄 수 없어. 너한테 물건 빌려 주는 것도 신물이 나." 등의 말에 익숙해져 간다.

일 년에 180일을 이런 식으로 사는 것은 힘든 일이다. 그리고 이런 종류의 비난에 많은 학생이 부정적인 행동으로 반응하는 것은 어찌 보면 당연한 일이다. 어떤 아이들은 준비물이 없을 때 도움을 요청하지 않고 그냥 자리에 앉아 아무것도 하지 않는다. 어떤 아이들은 자신들의 요구를 즉시 들어주지 않으면 화를 내며 무례한 행동을 한다("전 분명히 펜을 달라고 했잖아요!"). 또 어떤 아이들은 그냥 손만 들어 쓰는 제스처를 취하거나, "펜…"이라고 웅얼거린다. 이런 행동들을 대하게 되면 매우 화가 날 수도 있지만, 화가 나든 그렇지 않든 우리는 이들을 긍정적인 방법으로 다루어야 한다.

다음은 나의 대처법이다. 준비를 못했다기보다 비협조적으로 보이는 학생에게는 그가 필요한 것을 그냥 말없이 가져다준다. 다음에 그가 무언가가 필요할 때, 그는 아마 내가 도와줄 것이라고 믿게 될 것이다. 화를 내는 학생에게는 눈을 똑바로 바라보며 잠시 후에 이야기하겠다고 말해 준다. 수업 중에 잠깐 틈이 나면 나는 화를 낸 학생을 복도로 불러 개인적인 대화를 할 것이다. 대화는 일반적으로 다음과 같이 진행된다.

교사: 네가 나에게 무례하게 요구를 했을 때 화가 났어. 나는 네가 수업에 올 때 수업 준비를 잘해 오면 좋겠지만 그렇게 할 수 없다면, 내가 너를 도와줄 수 있을 때까지 참을성 있게 기다려야 한단다(**지침 2: 문제에 집중하라**).

학생: 선생님을 화나게 할 생각은 없었지만 필기를 하는 게 자꾸 늦어지고 있었다구요.

교사: 너도 짜증이 나고 있었나 보구나(**지침 3: 큰 틀을 보라**).

학생: 예, 저는 필기구를 항상 가지고 다닐 수 있는 방법을 찾아봐야 겠어요.

교사: 왜 그렇게 할 생각이지? (**지침 2: 문제에 집중하라**)

학생: 제가 제 책가방에 달린 주머니에 연필을 넣어 놓는다면 그것을 찾는 데도 문제가 없고 잃어버리지도 않겠지요. 하지만 제가 집에 가면 형이 그걸 가져가 버릴 수도 있어요.

교사: 흠.

학생: 아마 제 사물함의 제일 위 칸에 다음 날까지 넣어 둘 수도 있겠네요.

교사: 좋은 생각 같구나. 이제 들어가자. 오늘은 내가 펜을 빌려 줄게(**지침 4: 당신의 가치관을 굽히지 말라**).

내가 학생들에게 바랐던 것은 나의 우려를 이해하고 해결책을 내놓는 것이었다. 내 역할은 학생의 문제를 해결해 주는 것이 아니라 학생 자신의 생각을 편하게 꺼내어 놓을 수 있고, 스스로 지킬 수 있는 계획을 만들어 낼 수 있는 환경을 만들어 주는 것이라는 점을 상기하였다. 내가 어떤 해결책을 내놓아도 학생 스스로 내놓은 해결책보다 좋지는 않았을 것이다.

위에 언급하였던 허공에 쓰는 제스처를 취하거나 그냥 "펜"이라고 말하는 학생들은 유머로 다룰 수 있다. 손목을 돌리거나 그를 쳐다보고 "볼이 빠졌네, 볼－펜. 그래, 볼펜은 2음절 단어지."

그 학생은 보통 웃으면서 다시 묻는다. "볼펜 빌려 주실 수 있어요?"

그에 대해 나는 "아, 그 말을 하고 싶었던 거였니? 나중 질문이 확실히 효과가 있구나."라고 대답한다(**지침 2: 문제에 집중하라**). 그 후 나는 필기구를 빌려 주고, 우리는 다시 수업을 계속한다.

어떤 학생이 빌려 간 것을 잘 돌려주지 않을 경우, 나는 담보를 요구한다. 그것은 어떤 것이라도 괜찮다(사탕 한 조각, 수학책, 반지 등). 이렇게 함으로써 보통 세 가지 효과를 거둘 수 있다.

1. 학생은 새로운 단어에 대해 배울 수 있다(**담보**: 차용자가 대여자의 이익을 보호하기 위해 저당 잡히는 자산).
2. 학생은 빌린 물건을 돌려주는 것을 배우게 된다.
3. 학생은 어떤 물건이 그냥 주어지는 것이 아니라는 것을 배운다.

수업 준비를 제대로 해 오지 않았을 때의 학생의 반응에는 여러 가지가 있을 수 있지만 내가 학생을 하나의 인격체로 보는 것을 잊지 않는다면 그들의 '수업 준비 부족'을 해결할 수 있고, 무책임함, 게으름, 또는 무관심으로부터 그것을 분리할 수 있다. 나의 관심 어린 반응에 학생들의 행동 또한 긍정적인 방향으로 변화하게 된다.

수업 중의 음식과 음료

충분한 시간을 두고 숙고하여라. 그러나 행동을 해야 할 때가 오면, 생각을 멈추고 뛰어들어라.

—앤드루 잭슨(Andrew Jackson)

교사들은 학생들이 가지고 들어오는 음식이나 음료를 교실로 들어올 때 버리고 오게 함으로써 수업 시간에 가지고 들어오지 못하게 할 수 있다. 물론 일부 학생은 햄버거, 오렌지 주스, 혹은 탄산음료를 자신의 책가방에 숨겨 가져와서 당신의 눈에 띄지 않게 먹을 수는 없다. 아이들이 빨리 먹을 수 있는 음식들—사탕이나 작은 캔디바 같은—에 대해서는 엄하게 포장지 통째로 버리도록 하고 더 이상 가진 것이 없다는 것을 확인하라.

나는 학년 초에 이러한 '버리기' 규칙을 만든다. 이때 내가 음식이나 음료를 버리게 함으로써 그들의 돈을 축나게 하려는 것은 아니지만 그런 것들로 인해 수업이 방해받지 않도록 하기 위한 것임을 명백히 밝힌다. 계속 이런 식으로 규제를 하면 교실로 가져오는 음식은 점점 없어질 것이다. 그리고 내가 학생들이 수업 시간에 음식을 먹거나 음료를 마시지 않기를 원하므로 나 또한 그 규칙을 지킨다. 나는 쉬는 시간에 탄산음료를 마시거나 껌을 씹기도 하지만 다음 수업 시간이 되면 그런 것들을 멈추고 수업에 들어간다.

우리가 상상하는 것보다 더 많은 학생들이 굶주리면서 수업을 받고 있다는 사실을 인식하지 않은 채 수업 시간에 먹는 것에 대한 이야기를 꺼내는 것은 무책임한 행동이다. 굶주림은 나쁜 행동을 유발할 수 있다. 배가 꼬르륵거리는 와중에 일곱 개의 수업을 받으며 적과 친구들 틈에

섞여 공부하는 것을 상상해 보라. 가장 수준이 높은 어른조차도 이런 상황에서 긴장을 유지하고 예의 바르게 행동하는 것은 어려운 일일 것이다. 전날 저녁식사가 러플(ruffles)(역주: 사워 크림과 양파 맛 등으로 된 감자 칩) 한 움큼이었고 오늘 아침식사는 아예 거른 가정의 학생은 수업을 제대로 받기 힘들 것이다. 우리는 이를 명심하여 말수가 적다든지, 졸고 있다든지, 화를 잘 내며 방어적인 학생들을 예의 주시해야 한다. 그들이 다시 정상적으로 수업을 받기 위해서는 음식이 필요한 것일 수도 있다.

나는 너무 빨리 성숙해 버린 학생을 가르친 적이 있다. 그녀는 열네 살이었지만 벌써 아이의 엄마였다. 그녀는 열아홉 살짜리 남자친구가 있었고 그가 아이의 아빠였다. 그녀는 무례하고 따지기를 잘했다. 그녀의 잘못된 행동을 고쳐 주기 위해 사용하였던—다른 아이들에게는 유용하였던—방법이 실패한 후, 어느 날 나는 그녀에게 수업이 끝나고 남으라고 했다.

직감적으로, 나는 그녀에게 물었다. "너 오늘 아침 먹었니?"

"아니요, 우리 엄마는 집에 먹을 것을 아무것도 갖다 놓지 않아요." 그녀가 대답했다.

"점심 때까지 기다리기 힘들 테니, 땅콩버터 과자라도 좀 먹을래?"

그녀는 고개를 끄덕였고 나는 그녀에게 과자 봉지를 내밀었다.

"고마워요, 리드누어 선생님." 그녀는 놀란 목소리로 말했다.

나는 그녀에게 괜찮다고 말했고, 다음 수업 시간에 늦었으므로 외출증을 써 주었다.

이 학생은 점점 스스로 말하는 것을 제어하기 시작했고, 내가 시간을 들여 지켜보지 않아도 될 정도가 되었다. 문제에 집중하고(**지침 2: 문제에 집중하라**) 내 가치관을 고수함으로써(**지침 4: 당신의 가치관을 굽히지 말

라) 나는 그 소녀에게 다가갈 수 있었고, 그녀는 배고픔 때문에 자신의 행동을 통제하지 못하는 상황이었다는 사실을 알게 되었다. 이제 나는 하루를 살아가기 위한 에너지가 필요한 아이들을 도와주기 위해 항상 내 책상 서랍에 땅콩버터 과자를 준비해 놓는다.

이해하기 어려운 말

그 음률을 사용하지 않으면 아무 의미도 없게 되어 버린다.

—듀크 엘링턴, 어빙 밀스(Duke Ellington and Irving Mills)

내 학생들은 정확한 문법과 체계를 벗어나 매우 심한 사투리를 사용한다. 이는 학급 의사소통을 느리게 하고 모든 이에게 답답함을 느끼게 할 수 있다. 다른 선생님들도 영어를 이제 배우기 시작한 학생들이나 어른에게는 생소한 속어들을 많이 사용하는 학생들을 대할 때 비슷한 어려움을 겪을 수 있다. 학생들은 가족이나 친구들과의 소통에는 문제가 없는데 내가 왜 그들이 말하는 것을 잘 알아듣지 못하는 경우가 많은지를 이해하지 못하는 경우가 많아 어려움을 겪는다. 나는 학생들과 서로 맞추려 노력하고, 그래서 학생들도 감정이 상하지 않게 하여 그들이 말하는 습관을 나에게 말할 때만이라도 고쳐 가도록 한다.

이것은 어려운 시도가 될 수도 있다. 내 학생들은 그들의 가족, 친구, 다른 선생님, 동료, 상사, 버스 안의 사람들로부터 표준이 아닌 영어를 하루 종일 듣게 된다. 학생이 이런 사람들이 말하는 것을 알아듣고, 또한 그런 식으로 말하여 그 사람들이 이해를 한다면, 왜 굳이 말하는 방식을 바꾸어야 하는지 물을 것이다.

좋은 질문이다. 내 답은 "네가 가죽의자에 앉아 있는 큰 회사의 사장에게 왜 너를 고용해야 하는지에 대해서 말하고 있을 때, 영어 실력이 형편없다면 그것은 '나를 고용하지 마십시오!'라고 외치는 것과 같은 것이지. 네가 무슨 말을 하든 간에 말투가 공손하지 못하고 제대로 된 영어가 아니라면 사장은 그렇게 생각할 거야." 나는 그들이 집에서와 학교에서 각각 다른 방식으로 이야기하는 것은 괜찮다고 설명한다. 하지만 상황에 따라 행동을 바꾸는 것처럼 형식을 갖춘 말과 그렇지 않은 말을 골라서 사용하는 법을 배워야 할 필요가 있다는 것을 강조한다.

나는 학생들이 발음을 제대로 못하거나 말하는 도중에 문법이나 구조가 틀렸다고 해서 그들을 비난하지 않는다. 그저 다시 한 번 천천히 말해 보라고 할 뿐이다. 학생이 나의 말을 잘 받아들일 만한 상태라면 틀린 부분을 바로잡아 주지만, 그렇지 않으면 그가 전달하고자 했던 내용에 집중한다. 또한 학생들이 말할 때 가장 많이 하는 실수를 기록하여 목록을 작성한다. 가끔 수업 진행이 빨라 수업 계획보다 일찍 끝나는 경우에는 이런 실수들을 칠판에 적어 학생들에게 같이 연구하여 '올바른 영어'로 바꾸어 보라고 한다. 내 학생들은 이 과제를 좋아한다.

저조한 출석률

우리는 이미 오늘에서 내일로 걸어가고 있다.

—사무엘 테일러 콜리지(Samuel Taylor Coleridge)

우리 학교에서는 3교시에 공식 출석을 체크한다. 매일 나는 보통 최소한 3장의 결석 카드를 제출하였는데, 이는 거의 동일한 세 명의 학생들

것이었다. 나는 많은 결석에 대해 주의를 주고 집에 전화를 한다. 학부모들은 "그 애는 중퇴하기로 결정해 버렸는데 저는 도저히 그 애의 마음을 바꿀 수가 없네요."라고 말하거나, "학교에 보내려고 노력은 해 보겠지만 그 녀석이 워낙 고집이 세서 말이죠."라고 말한다. 때로는 학부모와 전화 연락이 되지 않거나 내가 번호를 잘못 알고 있는 경우도 있다. 대부분의 경우, 이런 노력들은 모두 헛수고가 된다. 이런 학생들은 학교로 돌아오지 않는다.

이는 교사들이 장기 결석을 하는 학생들과 접촉하기 위해 노력하지 않아도 된다는 것은 아니다. 물론 우리 모두는 과도한 결석에 대해 학교가 규정한 규칙을 따라야 한다. 그러나 우리가 그런 학생들을 돌아오게 하려고 헤매고 다니는 것은 현실적으로 불가능하다. 우리는 교실에서 공부하는 학생들을 위해 우리의 에너지를 아껴 놓아야 한다. 그들은 우리가 가르칠 수 있고, 손 내밀 수 있고, 미래의 지도자들로 만들 수 있는 아이들이기 때문이다.

외부의 방해

> **그 일이 누구에게 일어나는지 본 적이 있는가? 기회는 준비된 자에게만 주어지는 것이다.**
>
> —**루이스 파스퇴르**(Louis Pasteur)

당신이 수업을 진행하는 도중에 몇 번이나 노크 소리를 듣거나, 문을 열고 누군가를 찾는 아이가 두리번거리는 것을 볼 수 있을 것이다. 그런 일이 생길 경우, 나는 제일 먼저 그 학생에게 나의 수업 시간이 얼마나 소중하며 지금 너로 인해 수업 시간이 방해받고 있다는 것에 대해 훈계하고 싶어진다. 물론 이렇게 하는 것은 시간만 더 낭비할 뿐이고, 그 학생에게 '나'라는 미워할 대상을 하나 만들어 주는 결과가 될 뿐이다. 그렇기 때문에 나는 수업 시간을 낭비하지 않겠다는 의지를 보여 준다. 차분한 목소리로 수업 방해는 용납하지 않는다고 말한다. 빠르게 말한 다음 교실 문을 닫아 버린다. 계속 이렇게 하면 외부의 방해는 수업을 진행하는 데 더 이상 큰 문제가 되지는 않을 것이다.

집중력 부족

배움은 받아들임의 한 형태이다.

—**스텔라 테릴 만**(Stella Terrill Mann)

내 학생 중 보통 수준의 학생들은 상급 수준의 학생들과 많은 면에서 다르지만, 가장 눈에 띄게 다른 점은 수업 시간 내내 한 가지 과제에 집중하여 씨름한다는 것이다. 상급반 수업을 할 때 나는 한 과를 시작하여 방향을 제시하고 학습 목표를 밝히고, 내가 중지시킬 때까지 학생들에게 알아서 과제를 하라고 한다. 그러나 보통 이상의 수준에 있는 아이들은 다르다. 그들은 한참 최고의 컨디션을 보이고 있으므로 나는 1회의 수업 시간에 두 개, 세 개, 또는 네 개까지 다른 활동 과제를 주기도 한다. 이는 힘든 작업이므로 한 과를 끝내기 위해 한 가지 활동에만 초점을 맞추어 며칠을 보내기도 한다.

수업 과정이 진행됨에 따라 나는 각 활동의 기간을 늘리고, 그에 맞추어 과제의 개수는 줄인다. 또한 시작 시간과 끝내는 시간을 포함하여 시간제한을 둔다. 만약 내가 한 가지 수업 과제를 숙제로 내 줄 생각이지만 수업을 마치기까지 15분이라는 시간이 남아 있다면 수업을 종료할 시간이 될 때까지 그 과제를 그들에게 말해 주지 않는다. 어떻게 보면 그들을 속이는 것일지도 모르지만 숙제라고 말해 버리면 아이들은 이미 그 과제를 시작해 놓은 상태이므로 집에서 해도 된다는 생각에 안도하고 해이해져 버린다.

특이한 복장

세상의 진정한 수수께끼는 보이지 않는 것에 있는 것이 아니라 보이는 것에 있다.

—**오스카 와일드**(Oscar Wilde)

특이한 복장을 하고 있다는 것은 이해하기 어려운 일이었다. 이는 학생들이 수업 시간 내내 그들의 무거운 겨울용 코트를 벗지 않고 땀을 흘리며 앉아 있는 것과 같은 일들을 의미한다. 내 학생들을 좀 더 잘 이해하게 되면서 나는 이러한 상황을 이해하게 되었다. 스포츠에 대한 애정을 나타내는 선발 선수용 재킷은 그들의 사물함에 넣기에는 부피가 너무 컸던 것이다. 선생님에게 부탁하여 맡기지 않으면 그것을 따로 놔둘 곳이 없었고, 그렇게 하는 것은 허락을 구해야 하고, 재킷이 없어질 위험도 여전히 존재하는 일이었다. 학생들은 재킷을 잃어버리고 다음 몇 달을 떨면서 보내느니 하루 종일 그냥 입고 지내는 것이 더 쉬운 선택이라고 생각했을지도 모른다.

왜 이런 상황들은 교사에게 힘든 일이 되는가? 사실, 문제만 생기지 않으면 굳이 문제 삼을 필요도 없겠지만 난방이 되고 있는 교실에서 두꺼운 코트를 하루 종일 입고 있다가 몸에 열이 나서 병이 나는 등의 문제가 생길 수도 있다. 그러나 일부 학생들, 특히 자신에게 신경 쓰는 십 대에게는 아무 문제가 생기지 않는다. 대부분의 학생들은 교실의 온도가 자신들에게 맞추어져 있을 것이라고 생각하고 있지만 실제로 그렇지 않을 경우 문제가 생기는 것이다.

존은 교실의 냉방 기구 옆의 자리에 앉았던 3학년 학생이었고 연필로 기구의 온도를 조절하는 방법을 알아냈다. 그렇다. 존은 그의 재킷을 하루 종일 입고 있었다. 문제를 더 악화시킨 것은 그가 항상 PE를 마친 후에 내 수업에 들어왔고 땀을 잔뜩 흘리고 있었다는 것이다. 그는 11월 중순에 에어컨을 켜서 찬바람이 쌩쌩 나오게 만들곤 했다. 두꺼운 재킷을 입고 있지 않은 학생들은 그동안 덜덜 떨어야만 했다. 학생들은 잠시 동안 이런 상황을 내버려 두었지만, 그 상황이 계속되자 더 이상 참지 못하게 되어 불만을 쏟아 내기 시작했다.

난 존에게 가서 내 책상 안에 넣어 두었던 온도 조절 장치를 존에게 건네주었다. "네가 바람을 꺼야 할 것 같은데. 멜라니를 봐라. 얼음사탕처럼 변하고 있잖니." (**지침 2: 문제에 집중하라**)

합리적인 판단을 하지 않은 존은 화를 냈다. "재가 어떻든 저랑은 관계없어요! 전 더워 죽겠다고요!"라고 그가 소리쳤다.

복도에서 대화를 가져야 할 시간이었다. 나는 "네 물건 챙겨서 날 따라오거라."라고 대답하였다(**지침 4: 당신의 가치관을 굽히지 말라**). 교실 밖으로 나오자마자 나는 필요한 말부터 하였다. "존, 더울 때는 너의 코트를 먼저 벗어야 할 것 같은데."

그는 대답을 하지 않았다.

"존, 너 한 사람이 수업 시간 내내 코트를 벗지 않고 있는 것 때문에

주위의 모든 아이들이 추위에 떠는 것은 공평하지 않아." **(지침 2: 문제에 집중하라)**

그 순간, 나는 그가 재킷 아래에 입고 있는 때 묻은 노란 셔츠를 볼 수 있었다. 그것은 어제도 그가 입었던 것이었고 그제도 입었던 것이었다. 이때 나는 학생들이 왜 온도에 맞지 않게 외투를 벗지 않고 있는지에 대한 또 하나의 이유를 발견할 수 있었다. 존은 자신의 옷이 부끄러웠지만 선발 선수 재킷만은 자랑스러웠던 것이다.

나는 곤경에 빠졌다. 나는 다른 아이들이 계속 피해를 보도록 할 수도 없었고, 그렇다고 존의 재킷을 강제로 벗길 수도 없었다. 그래서 그에게 선택권을 주었다.

"존, 어떻게 이 문제를 해결할 수 있을까?" **(지침 2: 문제에 집중하라)**

"모르겠어요."

"이 중에서 골라 보는 건 어때? 첫 번째 선택은 네 자리로 돌아가서 재킷을 벗고 바람을 끈 상태로 놔두는 것. 두 번째 선택은 네 자리를 옮겨서 다른 사람이 피해를 입지 않도록 하는 것. 이것들은 그리 좋은 선택들은 아니지만 이게 내가 생각해 낼 수 있는 전부구나. 다른 생각 있니?" **(지침 3: 큰 틀을 보라)**

"아니요."라고 존이 대답하고 말했다. "자리를 옮길래요."

나는 그렇게 해 주었고, 그는 서서히 그 재킷을 몸에서 떼어 놓고 있었다.

나는 이와 같은 방법을 5월에 가느다란 어깨끈이 달린 탱크톱을 입은 채로 춥다고 하는 여자아이들에게도 적용하였다. 분별 있는 아이들은 얇은 스웨터를 가방에 넣어 다니지만 그렇지 않은 아이들은 불평만 늘어놓는다. 그런 아이들은 말없이 가만히 쳐다보면 스스로 불평을 멈춘다.

당신이 이런 옷에 관련된 문제에 부딪히게 되면 나는 학년 초 학생들과의 토론에 주제를 하나 더 추가하라고 말하고 싶다. 의복 선택에 대해 이야기하고 교실 온도의 문제에 있어서는 개인의 의사보다는 전체가 더 중요하다는 것에 대해 이야기하라. 봄에 얇은 옷차림으로 학생들이 나타날 때 학생들에게 다시 상기시켜 주면 그들은 춥더라도 불평을 하지 못할 것이다. 일부의 바보 같은 선택으로 인해 학급 전체가 피해 보는 일이 없도록 하라.

불손한 언어

진정으로 내가 원하는 만큼 인간의 한계를 넓혔는가? 아직 아니다. 내가 아직도 배고픈 이유는 바로 그것일 것이다.

—스티븐 스필버그(Steven Spielberg)

매일 나는 복도를 지나가며 "닥쳐, 멍청한 년아!"라는 말을 듣는다. 그렇게 말하는 학생은 (아마 그 말을 듣는 그녀는) 그녀의 매우 친한 친구일 것이고 그들 모두 웃음을 띠고 있다. 이것은 그들이 서로에게 말하는 방식인 것이다. 그들의 의도(서로의 친밀감을 나타내는)를 알게 되면 나는 눈썹을 치켜 올려 놀라움을 표하는 이상의 간섭을 하지는 않는다.

그러나 수업 시간에 학생들이 이런 식으로 서로에게 말을 하면 나는 그것을 지적한다. 첫 주 수업이 시작될 때, 나는 학생들에게 수업 시간에 나쁜 말을 하면 그에 대처할 것이라고 말한다. 또한 그들이 친구이든, 엄마이든, 아빠든, 다른 선생님이든, 다른 사람들과 원래 어떤 식으로 대화하는지와는 상관없이 대처할 것이라고 강조한다. 나는 그것이

반 아이들 모두를 존중하는 것이며 그들도 나와 같은 생각으로 수업에 임해 주기를 바란다고 설명한다. "닥쳐!", "멍청하네!"와 같이 부정적이고, 경멸하고, 무시하는 발언을 하지 않았으면 좋겠다는 구체적 예를 포함한 설명도 덧붙인다.

일부 학생들에게 이러한 대처 방법이 너무 어려운 일이 될 수도 있지만, 나는 그래도 그들이 그렇게 하도록 끝까지 고집한다. 핵심은 일정한 수준의 기대치를 설정하고, 계속해서 학생들에게 그것을 강조하는 것이다. 내 학생들이 이런 규칙을 지키지 않으면, 나는 기초적인 징계 절차에 따라 처리한다. 말 없는 경고, 말로 하는 경고, 복도에서의 개인적 대화, 부모님께 전화, 징계 요청서 교무실에 보내기의 순서로 처리한다. 각 단계에서 그 학생은 잘못된 행동을 멈출 것인지 계속할 것인지를 선택할 수 있고, 나는 그 학생에게 어리석은 선택의 결과가 어떤 것인지를 보여 준다.

나는 이런 방법에서 가끔은 벗어나곤 하지만 그것은 내가 어떤 학생이 그냥 말없는 경고보다는 유머나 다른 전술에 더 긍정적으로 반응한다는 것을 아는 것처럼 그 학생을 깊이 이해할 때뿐이다. 예를 들어 라마는 매우 풍부한 어휘를 사용해 사람들의 부모나 성격을 표현하곤 하는 아이였다. 라마가 어떤 아이에게 '××한(역주: 욕을 의미하는 상스러운 말) 패배자'라고 말하는 것을 들었을 때, 나는 그에게 다가가 라마와 그 '패배자'가 들을 수 있을 정도의 큰 목소리로 그 형용사들은 그냥 생략했으면 좋겠다고 말하였다. 그는 그것을 좋아했고 그의 태도를 즉시 바꾸었다. 모두가 승리(win-win)한 셈이다.

학생이 교사에게 무례한 언행을 할 때 그는 보통 자신의 어려움을 표현하고자 하는 경우가 있다. 아마도 그는 그의 부모가 매일 싸우거나, 수학 수업이 너무 싫거나, 운전면허 시험에 떨어져서 화를 내는 것일 수도 있다. 핵심은 그 학생의 행동이 아니라 학생 자체에 주목하고 반응해야 한다는 것이며(**지침 2: 문제에 집중하라**), 학생이 진짜 문제에 대해서 말할 수 있도록 해 주어야 한다는 것이다. 다음은 복도에서 진행된 대화의 예시이다.

교사: 마이크, 괜찮니?

마이크: 좋아요, 문제없어요.

교사: 마이크, 바닥만 쳐다보지 말고 나를 보렴. 내가 도와줄 것은 없니? (**지침 1: 학생들이 허튼소리를 하지 못하도록 하라**)

마이크: 저는 괜찮아요. 우리 부모님은 안 괜찮지만, 전 괜찮아요.

교사: 부모님이 어떤데?

마이크: 아, 엄마랑 아빠가 매일 싸우는데, 전 정말 지긋지긋해요. 전 그냥 한쪽이 다른 데로 이사 가 버리고 저랑 내 여동생이 좀 평화롭게 살 수 있으면 좋겠어요.

교사: 부모님께 네가 느끼는 감정을 이야기해 본 적이 있니?

마이크: 하! 전 그렇게 못해요.

교사: 원래는 예의 바르고 남을 존중하던 우리 반의 마이크라는 아이가 오늘은 불손한 행동을 했다는 것을 모두가 알고 있어. (**지침 2: 문제에 집중하라**) 나는 네가 그렇게 하길 원했던 것은 아니라는 걸 알고 있단다. 난 너를 돕고 있는 거야. 부모님과 이야기를 해 봐.

마이크: 음, 생각은 해 볼게요. 아, 그리고 무례하게 굴었던 것 죄송해요.

불완전한 과제와 빈약한 동기

당신이 일을 할 때, 당신은 심장을 통한 시간의 속삭임이 음악으로 바뀌는 플루트가 된다.

—칼릴 지브란(Kahlil Gibran)

많은 학생들에게 학교를 제외한 시간은 특별히 짜여진 것이 없는 자유시간이 된다. 집으로 돌아가면 특별한 예정이 없고 친구들과 밤새 방황하며 다니기도 쉬울 것이다. 대개는 집에서 억지로 시키지도 않고 피곤하거나 배가 고픈 상황에서도 학생들이 성실하게 숙제를 해서 제출할 때 나는 자랑스러움을 느낀다.

나는 내가 학생들에게 해 줄 수 있는 것을 하는 데 초점을 맞춘다. 학생들이 공부에 집중하고 과제를 완료하도록 내가 도와줄 수 있는 방법 중 가장 중요한 것은 그들이 일정한 학습 수준을 유지하고, 학교가 필요하다는 것을 느낄 수 있도록 하고, 최종적으로 그들의 인생이 더 나아질 수 있도록 재미있는 수업을 하고 흥미로운 과제를 주는 것이다. 나는 그들이 학교에 열심히 다녀야 하고 열심히 공부해야 한다는 것을 느끼기를 바란다.

나는 학생들이 성공하느냐 실패하느냐는 그들의 선택에 달린 것이라고 강조한다. 진급하기를 원하는 학생들에게 늦게 과제를 제출하고 기한을 어기는 것에 대해 잔소리를 한다. 그러나 선택을 하지 못하거나 학교에도 오지 않는 아이들에게는 그럴 수 없다. 나는 학생들에게 지식을 전하고 싶고, 그들은 그것이 살아가는 데 도움이 될 것이라는 것도 알고 있다. 이것에는 직유법이나 은유법에 대한 지식뿐만 아니라, 그들 자신에 대한 지식도 포함된다. 그렇기 때문에 나는 수업 시간에 어떤 글을 읽을 때 과학, 역사, 수학에 관련된 내용까지 동원하여 설명한다. 이렇게 과목을 혼합함으로써 나는 삶의 복잡함을 보여 주고 학교 밖의 세상에서 이런 여러 '과목'들이 어떻게 사용되는지에 대해 학생들에게 알려 주려고 노력한다. 예를 들어 『무기여 잘 있거라』에 대해 수업을 할 때 나는 학생들이 전쟁, 적자생존, 기하학의 관계에 대해 알았으면 좋겠다. 그 후 아마도 그들은 자신의 어머니가 사랑하는 남자친구를 보내지 못했던 것과 자신이 새로운 누군가에게 집착하는 경향과의 관계도 그와 비슷하다는 것을 알게 될 것이다. 내가 주고 싶은 것은 자아성찰의 선물, 그리고 자신이 경험하지 못한 어떤 것으로부터 그들의 인생을 재발견하게 되는 것이다. 이렇게 되면 그들은 그들의 꿈에 맞추어 자신의 주변을 변화시킬 수 있게 된다.

이것이 누군가에게 거울을 건네 주는 것처럼 쉬운 일이라면 좋겠지만 불행히도 훨씬 복잡하다. 그런 이유로 나는 적극적으로 내 자신의 삶에서 예를 가져와 설명하는 것이다. 나는 학생들에게 내가 5학년 때 언제 대학을 졸업할 수 있을지를 미리 계산해 본 적이 있는데 실제로 내가 예상했던 해에 대학을 졸업했다는 것을 말해 주었다. 이렇게 예시를 제시한 후, 나는 학생들에게 자신이 언제 대학을 졸업할지를 미리 계산해 보도록 하였다. 그들 중 일부는 나처럼 예상한 시기에 졸업을 할 수 있을 것이고, 또한 어떤 이들은 그 예상 날짜를 동기로 삼아 더욱 열심히 할 것이다.

학생들은 이런 토론에 좋은 반응을 보인다. 그것은 한때 반항적인 아이였던 펠리시아의 마지막 편지에서 증명되었다. "올해에 저는 정말 영어 수업이 좋았어요. 그 전에는 영어를 좋아하지 않았지만, 선생님이 제게 주신 과제들 때문에 영어에 흥미가 생겼어요. 물론 영어가 무척 지루할 때도 많지만, 학급 토론을 하는 것과 같이 선생님이 우리를 대하시는 방식이 저는 정말 좋아요." 또 다른 학생인 타미카는 다음과 같이 말했다. "제가 영어 수업 시간에 좋았던 점은 우리가 어떤 것에 대해서 반 아이들과 토론을 하여 더 이해를 잘할 수 있게 되었다는 것이에요." 그녀는 내 심금을 울리는 추신으로 편지를 끝맺었다. "선생님은 우리의 선생님일 뿐만 아니라, 우리의 진정한 친구예요."

나와 펠리시아, 타미카, 그리고 학우들은 모두 인간으로서 서로를 대할 수 있었고, 일반적으로 교사와 학생 간에 겪게 되는 어려움들을 겪지 않았다. 이것이 가장 중요한 것이다. 학생이 교사로부터 배울 수 있을 때, 어떤 교사가 진정 자신들을 돌본다고 느낄 때, 교사도 하나의 인간이라는 것을 알게 될 때, 그들은 세상에 나갈 준비가 된 것이다. 인간관계에 대한 이러한 이해는 그들의 사랑, 일, 사회관계에 도움이 될 것이다.

반성을 위한 질문

1. 당신은 학생들이 복도에 있거나 누군가의 감독을 받고 있지 않을 때 어떻게 행동하기를 기대하는가? 학생들이 이런 기대에 부응하도록 하기 위해 어떻게 할 것인가?
2. 당신의 수업 시간에 일어나는 소음을 어떻게 관리하는가?
3. 그룹 과제를 수행하는 학생이 제대로 과제를 수행하지 않을 때 어떻게 하는가?
4. 학생이 필기구나 준비물을 가져오지 않고 수업에 임할 때 어떻게 하는가?
5. 학생이 교실에 음식이나 음료를 가져올 때 당신은 어떻게 하는가?
6. 학생이 피곤하거나 배고픈 상태로 수업에 올 때 당신은 어떻게 하

는가?

7. 학생의 말을 이해하기 어려울 때 당신은 어떻게 하는가?
8. 출석이 저조한 학생에 대해 당신은 어떤 조치를 취하는가?
9. 학생이 집중하도록 하기 위해 당신은 어떻게 하는가?
10. 학생의 문제를 인식하고 그것을 지적하는 것은 그 학생이 당신에게 배우는 데 있어 어떤 영향을 미치는가? 또한 앞으로 당신이 그를 가르치는 데 있어 어떤 영향을 미치는가?

제 5 장

아이들이 원하는 것 주기

> **누군가에게 처절한 상실을 느끼게 하는 것은 그가 가장 사랑하는 것에 대한 재능이 주어지지 않는 것이다.**
>
> **—메이 사턴(May Sarton)**

교실에 앉아 있는 모든 학생은 당신으로부터 무언가를 얻기 원한다. 어떤 아이들은 자존심, 자신감, 또는 읽기 능력을 향상시켜 주길 원할 수도 있다. 또 다른 아이들은 그냥 간섭하지 않고 수업이나 진행하길 원할 수도 있다. 이런 학생들을 돌본다는 것은 각각의 학생의 요구를 파악하고, 그에 부합할 수 있는 관심을 기울이는 것이다.

자신감

당신이 어떤 일을 할 수 있을 거라고 믿든, 믿지 않든, 그대로 될 것이다.

—헨리 포드(Henry Ford)

릭은 학년 초에 자신감이 부족한 학생이었다. 그러나 학년 말에는 모든 것이 바뀌었고, 그는 "내가 무언가 실수를 할 수도 있지만, 그것은 계속 노력하고 연습하기만 하면 할 수 있는 일이죠."라고 편지로 알려 왔다. 나는 릭에게 연습하라고 강조한 기억이 없다. 하지만 나는 그의 눈에서 반짝이는 자신감을 처음 보았던 날을 기억한다.

내가 아이들에게 채점한 답안지를 막 나누어 주었을 때 릭이 손을 들고 말했다. "리드누어 선생님, 제 답안지는 어디 있나요?"

"벽에 걸려 있어, 릭. 네가 보고 온 줄 알았는데."

"정말요? 가서 보고 와도 되나요?"

"물론이지, 빨리 다녀와."

참 굉장한 순간이었다. 17세 소년이 A^-의 점수를 받고, 선생님이 그것을 모든 사람이 볼 수 있도록 벽에 붙여 놓았다고 해서 어린아이처럼 웃으며 좋아하는 것이었다. 그는 순식간에 자신에 대한 인식을 패배자에서 승리자로 바꾼 것이며 스스로에게 자신감을 가지게 되었다.

브라이언 또한 자신감이 부족했던 학생이었다. 그는 글을 쓸 때 때때로 그의 손에 있는 연필로 그 자신을 찌르면서 한 가지 관점을 제공하는 데 매우 어려워하곤 했다. 나는 그가 다음 생각을 떠올리고자 애쓰는 것을 알 수 있었다.

나는 "건너뛰고 다음 문단으로 넘어가. 나중에 다시 돌아와서 생각해 보면 진행하기가 쉬울 거야."라고 그에게 말했다.

그가 나를 믿었는지는 모르겠지만 그는 그렇게 했다. 이 보잘것없는 전략으로 브라이언은 쓰기에 접근하는 방식을 완전히 변화시켰다. 그날부터 계속하여 그는 멋지고 자신감 있는 글들을 써 냈다. 그의 마지막 편지에서, 브라이언은 내 수업에서 배웠던 가장 중요한 것은 "실수를 하더라도 그것을 교훈 삼아 발전할 수 있다면 실수는 좋은 것이다."라는 것이었다고 적혀 있었다.

릭과 브라이언은 둘 다 내 수업에 참여하기 한참 전에 형성된 사고방식을 바꾸었을 때 자신감을 얻었다. 많은 학생들과 마찬가지로 그들은 성공적인 학교생활이 쉽게 이루어질 것이라고 생각했으며, 그렇게 되지 않으면 그냥 포기해 버리곤 하였다. 이를 극복하는 방법은 학생들이 자신의 일을 분석하고 결점을 찾아내는 것을 가르치는 것이다. 마음속에서 울리는 "나는 할 수 없어."라는 목소리를 잠재우고 없앨 수 있을 때, 아이들은 정말로 하고자 하는 모든 일을 할 수 있을 것이다. 물론 이는 스스로 시간을 들여 연습하고 배우는 것을 게을리하지 않아야 한다.

윌리엄 글래서는 그의 저서인 『낙제 없는 학교』에서 성공하는 사람과 실패하는 사람의 중요한 차이점을 규정하였다. 이것은 내가 매일 나의 학생들과 동료들, 그리고 내가 만나는 모든 사람들에게서 발견하는 것이다. 글래서는 "실패하는 사람은 그들의 감정에 휘둘려 행동하고 주춤거리며, 성공하는 사람은 이성과 논리에 의존한다"(p. 20).* 이성과 논리에 접근하려면 차분한 마음이 있어야 하는데, 혼란스럽고 대립하는 교실에서는 마음을 차분하게 유지하기 어렵다. 학생들이 차분한 마음을 유지하며 안정감을 느낄 수 있고 자신과 그들의 일에 대한 분석

---

* Glasser, W. (1975). *Schools without failure*. New York: Harper Paperbacks.

에 이성과 논리를 사용할 수 있는 환경을 만들어 줄 때 학생들의 성공을 이끌어 낼 수 있다.

우리 학교의 교장 선생님은 다른 많은 교사들과 같이 '통제 가능한 혼란'은 용인하고 있다. 일부 교사들은 이를 학생들에게 고함 치고 소리쳐도 괜찮다는 뜻으로 오해한다. 나는 이 '통제 가능한 혼란'의 의미를 이렇게 받아들인다. 만약 관리자가 내 수업에 들어온다면 매우 빠르게 진행되는 토론을 보게 될 것이고, 학생들이 발언하기 전에 손을 들지 않고 그냥 말하는 것도 보게 될 것이다. 그러나 나는 내 학생들이 어떤 기본적인 규칙을 따르고 있다고 주장할 수 있는데, 예를 들어 다른 사람의 말을 방해하지 않기, 무례한 반응 보이지 않기, 수업에 관련되지 않은 행동은 하지 않기 등이다. 학생들이 스스로 어떻게 해야 하며 무엇이 잘못된 것인지 알면 토론이 빠르게 진행되더라도 그들은 잘해 나갈 것이다. 기초적인 규칙 없이는 화가 난무할 것이고 감정이 상할 것이다. 기초적인 규칙 안에서 학생들은 반성을 할 수 있도록 자신을 개방하는 데 거리낌이 없을 것이다.

교육과정과의 연계

우리의 목표는 곧 우리의 가능성이다.

—**사무엘 존슨**(Samuel Johnson)

나다니엘 호손(Nathanial Hawthorn)과 랠프 월도 에머슨(Ralph Waldo Emerson)에 대해 학생들이 흥미를 가지도록 하는 것이 얼마나 어려운지는 새삼 강조할 필요도 없을 것이다. 거친 가정환경에서 자라 온 많은 수의 나의 학생들은 수업 요강에 나온 저자들의 이름을 보고는 나에게 묻는다. "이 사람들은 우리의 삶과 무슨 관계가 있죠?"

좋은 질문이다. 사랑, 좌절, 또는 그에 상응하는 여러 감정들에 대한 주제로부터 이 질문에 대한 답을 찾기 위해 우리가 함께 공부하면서, 학생들은 오래 전에 죽은 이런 작가들과 자신들의 삶이 조금이나마 연결되어 있다는 것을 느끼기 시작한다. 그리고 나는 그 이상을 원한다.

우리는 소로(Thoreau)와 월든(Walden)의 논문 발췌본까지의 공부를 계속 진행한다. 처음에는 학생들이 이해를 하지 못하고 다시 묻는다. "이 사람들이 우리랑 무슨 관계가 있어요?" 이 질문에 대한 대답으로 그들에게 소로가 세상과 단절하고 홀로 은거하였던 진정한 목적이 무엇인지를 설명해 놓은 구절을 읽도록 한다. "나는 신중한 삶을 살기를 원했고, 삶에서 진정으로 중요한 것들만을 마주하고 싶었으며, 내가 배워야만 하는 것을 배울 수 있는지 없는지를 알고 싶었는데 이는 죽을 때 내가 진정으로 살지 못했다는 것을 깨닫는 것이 싫었기 때문이다."

나는 학생들이 이 문장을 암기하도록 하고 이 문장을 완벽하게 재해석하는 작업을 하여 퀴즈 점수에 반영할 것이라고 알린다. 우리가 처음 이 부분을 읽을 때는 학생들의 얼굴에 '그래서?'라는 표정이 가득했다. 나는 '신중히(deliberately)'라는 단어에 대해 토론하는 시간을 가졌다. 먼저 내가 질문을 하였다. "판사는 심의(deliberation)시간에 무엇을 하죠? 신중히 사는 것이 어떤 것일까요? 어떻게 하면 신중히 살 수 있죠?" 우리는 이 질문에 답을 하고 학생들이 내놓는 다양한 답에 대해 토론한다. 그 후 우리는 그들의 삶에서 '진정으로 중요한 것들'에 대해 정의해 본다. 학생들은 처음에는 진지하지 않게 임한다. 그들의 삶에서 중요한 사실은 그들이 부모님은 공식적인 '아기 돌보는 사람'이며 학교는 감옥이고, 형제가 싫고, 돈이 더 많았으면 좋겠다는 것이라는 등의 말들을 한다. 그러나 이내 우리는 진지해진다. "나는 춤을 잘 춰요.", "미식축구에서 나만큼 수비를 할 수 있는 사람이 많지 않을 걸요.", "나는 그냥 엄마가 건강해졌으면 좋겠어요.", "내 동생이 잘 지내고 있다면 좋겠어요. 그녀는 집을 나가서 어디 있는지 모르거든요." 그들은 소로가 지향하는 삶이 그들이 지향하는 삶과는 다르지만 그 기저에 있는 동기는 같다는 것을 깨닫게 된다.

소로에 관한 퀴즈를 내기로 한 그 주에 나는 질문하는 학생의 입장이 된다. "자, 우리는 왜 숲으로 갔지요?" 일부는 즉시 답을 생각하고 대답한다. "신중한 삶을 살고 싶었으니까요!" 다른 아이들은 엉뚱한 답을 하기도 한다. "뭐라고요? 저는 숲에 가지 않았어요!" 순식간에 주변 아이들과 나의 얼굴에서는 미소가 사라지고 그 아이는 "아, 그래. 신중히… 어쩌고였지." 그때 다른 아이가 끼어들면서 "삶에서 진짜 중요한 것을 마주하기 위해서, 그리고 신중한 삶을 살고 싶었기 때문에 숲으로 간 거잖아!"라고 말한다. 나는 이런 일이 일어나는 동안 말하지 않는다. 그저 미소만 지을 뿐이다.

수업 이전에 하는 이런 문답의 궁극적인 목적은 아이들에게 내가 이러한 주제에 대해 수업 시간 48분 동안만 생각하는 것이 아니며 아이들도 오랫동안 고민하는 것이 좋은 것이라고 알려 주기 위해서이다. 덧붙이자면 대부분의 학생들은 소로 퀴즈에서 A를 받았다. 그들은 초절주의를 마음에 들어 했다.

내 시숙인 제이크 맥카프리는 40년 동안 수학 교사로 재직하였다. 그와 가르침에 대해 논할 때마다 내가 선택한 직업에 대한 애정이 다시 힘을 얻는 기분이다. 그는 고등학교 학생들 앞에 서는 생활을 배우의 무대 생활과 비교하곤 한다. 우리는 그들의 주의를 끌기 위해 재미있게 해주어야 한다. 그들 마음속에 과목에 대한 애정이 생기게 하려면 열정적이어야 한다. 그리고 우리가 말하는 것과 그들을 연결시키려면 인간다워야 한다. 이렇게 하는 데에는 많은 에너지와 수많은 계획이 필요하다는 것은 부정할 수 없지만, 학생들이 손톱과 옷에 대해 이야기할 때의 에너지로 어퍼스트로피와 대명사에 대해 말하는 학생들 때문에 머리가 울릴 때 나는 내가 뛰어난 공연을 했다는 것을 알 수 있다. 그 소리는 나에 대한 기립 박수나 다름없다.

자기통제 모델

> **우리를 기다리는 인생을 누리기 위해서는 우리가 계획했던 인생을 포기할 수밖에 없을 것이다.**
>
> —**조셉 캠벨**(Joseph Campbell)

내가 학급 회의를 주관하는 학급에 타냐라는 여학생이 있었다. 그 아이는 큰 눈, 까무잡잡한 피부, 코걸이, 칼리 사이몬(Carly Simon)만큼이나 큰 턱이 인상적인 아이였다. 또한 아침식사를 위해 버거킹에 들르는 것이 학급 회의에 참석하는 것보다 더 중요하다고 여기는 듯했다. 그녀는 학급 회의에 참석하면 다음과 같은 불평을 하기 시작한다—교실이 너무 덥다, 춥다 등의 말을 길게 늘어놓는다. 그래서 회의하는 의미가 없어지곤 한다.

보통의 학급 회의 과정에는 다가오는 학교 행사나 학생들의 고민거리에 대해 논하는 것이 포함된다. 타냐는 항상 주저 없이 나와 학생들이 말하는 것에 끼어들어 방해하였다. 나는 일반적으로 내가 사용하는 단계를 밟았다. 말없는 경고, 말로 하는 경고, 복도에서의 개별 면담. (나는 일주일에 한 번 그 아이를 만나기 때문에 집으로 전화하는 것은 효과적이지 않을 것 같았고, 교무실에 징계를 요청할 정도의 나쁜 행동이라고 보기도 어려웠기 때문에 마지막 두 단계의 과정은 하지 않았다.) 나는 우리가 나누었던 대화를 매우 생생하게 기억한다. 타냐는 자신을 통제할 수 없다는 말로 변명하였다.

"네가 자신을 통제하지 못하면 누가 너를 통제하지?"

"아무도 못하죠."

"그래! 그러면 너의 행동은 누가 설명해 주지?"

"리드누어 선생님, 선생님 말씀을 전혀 모르겠어요." 타냐는 그렇게 말했고, 종이 울려 우리의 대화는 거기서 끝났다.

나는 우리 학급의 아이들이 타냐와는 다른 길을 걷도록 가르치는데, 자기인식 모델을 설정하는 것이 그 방법 중 하나이다. 내가 기분이 좋지 않은 날에는 학생들에게 말한다. 설명을 하다 꼬이면 내가 실수했다는 것을 크게 알려 주고, 생각을 정리한 후 다시 설명을 시작한다. 나는 학생들이 내가 이끄는 대로 따라 오면서 자신의 사고 과정, 행동, 태도, 학업 성취에 대해 자각하기를 촉구한다. 어떤 학생이 잘못된 행동을 하거나 과제에서 벗어나면 나는 "이 그림에서 무엇이 잘못되었지?"라고 묻는다. 어떤 학생이 먼 산을 바라보고 있으면 다가가 허리를 굽혀 "괜찮니?"라고 묻는다. 혼자 까딱거리며 마음속의 음악에 박자를 맞추고 있는 학생에게는 "그 에너지를 토론에 사용해라."라고 말한다.

자기성찰은 학생들이 편하다고 느낄 수 있고 그 단체를 이끄는 사람을 신뢰할 수 있는 환경에서만 가능하다. 많은 십대들로부터 신뢰를 얻는 것은 어려운 일이며, 우리 반 아이들과 같이 많은 상처를 가진 아이들은 더욱 어렵다. 애초에 그들은 "너희는 이 반에서 성공할 수 있을 거야.", "너희들이 필요할 때 언제든 여기 있을게."라고 내가 말하는 것을 믿지 않았다. 그럴 이유가 없었는데도 그들은 나를 시험했고, 나는 그 시험에 응할 준비를 해야만 했다. 내가 어떤 학생에게 장기 결석에 대해 이야기한다면 그가 나에게 그 결석에 대한 책임을 물을 수 있을 것인가? 내가 준비되지 않았는가? 내가 느린가? 내가 부주의한가? 비합리적인가? 무례한가? 규칙을 깨는가? 내 윗사람이나 내가 가르치는 학생을 존중하지 않는가? 도전을 싫어하는가? 이 모든 질문에 대한 답은 '아니요'가 되어야 했다.

어떤 교사도 완벽할 수 없다는 것을 나도 잘 알지만, 우리는 우리가 할 수 있는 한 최고의 교사가 되어야만 하는 책임도 가지고 있다는 것 또한 잘 알고 있다. 우리는 더 재미있는 수업을 계획하고, 더 배우고, 더 신중해지고, 더 믿을 수 있는 사람이 되도록 우리의 조직운영능력을 발전시켜야 한다. 그것은 좋은 사람이 된다는 것과 일맥상통하는 것이다. 그렇다고 내가 특정 종교나 바람직한 시민상을 이야기하는 것이 아니다. 내가 말하고자 하는 것은 우리가 우리 학생들과의 상호작용을 통해 인간적으로 성장해야 한다는 것이다. 어떤 무례한 행동이나 특정 '유형'의 아이들에 대한 반응을 미리 정해 놓거나, 유연하지 못한 수업 계획을 세우는 것은 이런 성장에 도움이 되지 않는다. 그렇게 해 버리면 가르치는 것은 단순히 먹고살기 위한 일, 하기 싫은 일, 지루한 일이 되어 버린다.

공감해 주는 귀

무언가를 절실히 원하면 당신은 그것을 얻을 수 있다. 피부 아래로부터 용솟음쳐 세상을 만들어 낸 에너지를 충만하게 품고 간구하라.

—**셰일라 그레이엄**(Sheila Graham)

학생들은 대화 상대가 필요할 때, 종종 학업에 관련된 일이나 과제를 가지고 선생님에게 찾아온다. 나는 학생이 문제가 있을 때 그것을 들어 주는 것이 교사의 의무라고 생각한다. 내 학생이 그의 고민거리를 나와 나눌 때 나는 그것을 비평하거나 '모두 해결'하려고 하지 않는 대신 질문을 하고 공감을 한다.

11학년의 타미카는 임신을 하여 1학기에 결석을 많이 하였다. 나는 그녀가 학교에 왔을 때 점심 시간에 그녀의 결석을 보충하는 것에 대해 이야기하자고 불렀다. 처음에 그녀는 꽁무니를 빼며 게시판에서 과제를 보고 알아서 하겠다고 했지만, 나는 계속 점심 시간에 만나서 이야기하자고 권하였다. 그녀는 과제 게시판보다는 좀 더 적절한 지도가 필요하였다.

마침내 타미카는 나에게 항복하고 한 손에는 점심, 다른 한 손에는 공책을 가지고 나타났다. 우리는 과제에 대한 이야기로 대화를 시작했지만 이내 그녀는 그녀의 임신에 대해 이야기하기 시작했다. 그녀는 당황해하며 혼란스러워하고 있었다. 그녀에게 어떤 생각을 해야 하는지를 말하는 대신 나는 그녀에게 질문들을 하였다. 그녀는 성의껏 답변하였고 나는 그저 들어 주고 가끔 고개를 끄덕여 주며 식사를 하였다.

이런 점심 시간의 만남은 그 후로도 얼마간 지속되었고, 타미카의 임신이 아닌 다른 문제에 대해서도 이야기할 수 있었다. 분명 그녀는 읽기 공부와 몇 년간 씨름하였다. 그녀는 이것이 바로 그녀가 내 수업, 즉 영어를 제일 자신 없어 하는 이유라고 말했다. 나는 그녀가 그런 생각을 바꿀 수 있도록 도와주고 싶다고 설명하였다. 점심 시간에 타미카와 나는 함께 둘만의 읽기 수업을 하였다. 그녀가 어려워하는 단어는 음절별로 분리하여 소리내어 읽어 보게 하였다. 그녀는 독해를 하는 데 필요한 능력은 모두 갖추고 있었지만, 자신감이 부족할 뿐이라는 것이 분명해졌다. 타미카가 '읽기의 벽'을 무너뜨리자, 쓰기의 벽과 여러 사람 앞에서 말하기의 벽도 무너뜨릴 수 있었다. 물론, 『오즈의 마법사』의 도로시가 항상 캔자스로 돌아올 능력이 있었던 것처럼 그녀는 내가 아니었더라도 결국 이렇게 할 수 있는 힘을 가지고 있었다. 도로시나 타미카는 둘 다 그저 약간의 안내가 필요했을 뿐이다.

학생이 어떤 문제를 안고 당신을 찾아오면, 당신이라면 그 문제를 어떻게 처리할지에 대해 말해 주고 싶은 마음이 생기기 쉬울 것이다. 나는 그렇게 하는 것은 그리 좋은 전략이 아니라는 것을 배웠다. 학생들은 쉽게 선생님과 자신을 구별 지으며, 그들은 우리가 제시하는 해결책을 실행하지 못하는 이유가 있는 경우도 많다. 스스로 해결책을 떠올리면 그들은 그것을 따라 행동하는 경향을 가지고 있다.

또한 나는 학생들이 언제든 나에게 다가올 수 있도록 해 주면 그들이 스스로 온다는 것도 알게 되었다. 모든 사람은 자신에게 공감해 주는 사람을 알아볼 수 있고, 곤경에 처한 사람들은 그런 사람에게 끌린다. 귀를 열어 그들에게 공감해 줄 때 내가 학생들에게 얼마나 신경 쓰고 있는지를 보여 줄 수 있다. 이렇게 하면 아이들이 나의 수업에 신뢰를 가지고 솔직하고 사려 깊은 태도로 임하게 되어 학급의 역동성에 큰 영향을 미친다. 그저 내가 듣고 싶어 할 것이라 생각하는 답을 말하지 않고, 그들이 진정으로 옳다고 생각하는 답을 말할 것이다. 내가 마음속에 이미 답을 생각하고 있더라도 나는 다른 답을 받아들이는 데 인색하지 않는다. 다른 학생들이 이런 소통의 과정을 보게 되면 그들 역시 좀 더 솔직하게 자신을 드러내도 괜찮다는 것을 느끼게 될 것이다.

가능성 판단

> **암시와 추측뿐이다. 추측이 암시가 되며, 그 후에는 기도, 관찰, 수양, 사고와 행동이 있을 뿐이다.**
>
> —T. S. **엘리엇**(T. S. Eliot)

너무나 많은 고등학교 학생들이 흑백논리로 자신을 판단한다. "난 착해.", "나는 나빠.", "나는 똑똑해.", "나는 멍청해." 그들은 그들의 모든 선택이나 행동으로 스스로에게 딱지를 붙인다. 우리는 성인이므로 누구도 그런 식으로 간단히 착하거나 나쁘거나, 똑똑하거나 멍청하다는 식으로 판단할 수 없다는 것을 알고 있다. 우리는 언제 우리가 '착했고', 언제 우리가 '멍청했는지' 알고 있다. 학생들은 이런 것을 깨닫는 데 필요한 경험을 쌓고 있는 중일 뿐이다.

나는 우리 학생들에게 이런 귀중한 교훈을 가르치기 위해 사람들이 한때 나쁘게 생각했지만 나중에는 좋은 사람으로 받아들이게 된 사람들에 대한 이야기를 해 준다. 마야 안젤루(Maya Angelou)가 그중 한 명인데, 그녀는 창녀였고 18세에 미혼인 채로 임신을 하였다. 그러나 지금 그녀는 각종 상을 수상한 작가이며 존경받는 연설가이다. 또한 고등학교 때 힘든 시절을 보낸 나의 동생인 폴리에 대해서도 말해 준다. 그녀는 마약을 했고, 마약 중개인과 연애를 했으며, 집에서 내쫓기고, 졸업도 겨우 하였다. 하지만 지금 그녀는 심리학자이며 좋은 남편을 만나 세 명의 사랑스런 자녀를 두고 있다. 나는 학생들에게 그녀가 어떻게 20대에 지방 대학에 들어가게 되었고, 고등학교 때 그녀가 마주한 가장 큰 장애는 학교 자체가 아니라 스스로의 자신감 부족이었다는 것을 깨닫게 되었는지를 말해 준다. 또한 그녀는 '예전의 폴리'를 잊고 '새로운 폴리'를 만듦으로써 스스로를 믿었으며, 지금의 그녀는 그 어느 때보다도 자신감에 넘쳐 있다고 말해 준다.

나는 두 가지 이유로 내 동생을 예로 들어 설명한다. 내 학생들은 사적인 이야기를 좋아하며 폴리는 모든 사람은 자신을 바꿀 수 있고, 자신이 원하는 사람이 될 수 있다는 것을 보여 주었기 때문이다. 나는 학생들이 꿈이 없고 목표가 없다고 말하는 것에 항상 놀란다. 그들은 자신의 삶에 무관심한 것 같다. 그래서 나는 그들의 신경을 자극하고 그들이 무신경함에서 벗어날 수 있도록 질문들을 던진다. ("누가 너희 어머니를 때린다면 어떻게 할래?", "내가 네 코트를 훔친다면 어쩔 거야?", "네가 멍청하다고 말한다면 어떻게 할래?") 그리고 나는 그들에게 솔직하게 하고 싶은 대로 무례하게 반응해 보라고 한다. 이런 개인적인 주제에 대한 짧은 토론 후에, 학생들은 수업에 관련된 주제에 대한 자신의 의견을 말하고 주장하는 것에 더 적극적이 된다. 그저 환경에 반응함으로써 시작하겠지만 그들이 스스로 누구인지를 알 수 있게 되면 자신이 무엇이 되고 싶은지도 알 수 있을 것이다.

나는 이렇게 말하기도 한다. "그런 식으로 사고한다면 넌 좋은 수학자가 될 거야.", "사람들이 널 법정에서 조심하는 것이 좋겠구나. 넌 변호사가 되어서 재판을 주도하게 될 테니 말이야." 때때로 학생들은 그 칭찬에 기뻐하며 미소 짓기도 하고, 때로는 "전 변호사가 되지는 않을 거예요."라고 말하기도 하지만 어쨌든 최소한의 반응은 보인다. 그런 반응이 내가 바라는 것이다. 내 추측에 대하여 그들이 반응한 후에 그들은 스스로 자신의 미래에 대해 생각해 볼 것이다.

나는 내 학생들이 대학에서 공부하고 싶어 하는 것에 대한 힌트에 귀를 기울여 그 분야의 누군가에 대한 신문 기사를 모아 가져다준다. 수필 경연대회나 웅변대회의 참가신청서, 대학 대비 프로그램 신청서, 여름 인턴십 지원서 등을 제출하기도 한다. 최소한 기회를 알아보고 그것을 잡을 수 있는 학생들을 위한 것이다. 나의 노력으로 학생의 사고방식을 긍정적으로 바꾸어 나가는 것을 지켜보는 것은 매우 신나는 일이다.

하나의 예를 제시한다. 나는 머리 손질에 재능이 있는 베니타라는 3학년 학생을 가르쳤다. 그녀는 여러 대회에서 수상하였고 미용 수업을 매우 높게 평가하였다. 이 어린 숙녀는 공부에도 뛰어났지만 미용사로서 거울 앞에서의 성공이 쉽게 왔던 것에 비해 노력을 많이 해야만 했다. 내가 처음 베니타를 만났을 때, 그녀는 미용사가 되고자 하는 하나의 목표를 가지고 있을 뿐이었다. 의문이 들었던 것은 그녀는 항상 이런 말을 할 때, 마치 미용사가 그녀의 유일한 미래인 것처럼 그녀 스스로를 납득시키려는 듯이 거짓된 열정을 꾸며냈다는 점이다.

나는 이런 경력이 베니타의 행복한 인생에 필요한 지적 수준을 갖추는 데 오히려 방해가 될 것이라고 생각했다. 나는 그녀의 쓰기 능력과 발표 능력을 칭찬하기 시작했다. 나는 이런 능력이 변호사나 은행가가 성공하는데 필요한 능력이라고 말하였다. 느리지만 확실히 베니타는 그녀의 꿈을 확장하기 시작했다. 어느 날, 나는 그녀가 대학에 재학하는 동안 미용사가 될 것이라는 소식을 들었다. 얼마나 듣기 좋은 말인가!

베니타는 공부를 조금 소홀히 하는 대신 미용 자격증을 따고, 숙제를 하고, 동생을 돌보는 데 시간을 투자하면서도 일주일에 30시간을 일했다. 때로는 성적이 떨어질 때도 있지만 그녀는 이내 다시 성적을 회복

했다. 그녀는 그 모든 것을 조절하는 어려운 일을 즐기는 것 같다. 베니타가 필요한 것은 그녀의 강점을 알려 주고 그녀의 무한한 가능성에 눈을 뜨게 만들어 줄 사람이었을 뿐이다.

정리

> **내가 모든 이에게 외쳐 알려 주고 싶은 것은 바로 이것이다. 좋은 인생이 우리를 기다리고 있다. 지금 이 순간!**
>
> —B. F. 스키너(B. F. Skinner)

너무나 많은 학생이 궁핍한 가정생활에서 만나는 많은 어려움 속에 혼란을 겪고 있다. 혼란스러운 가정은 논리적 사고를 하기 어렵게 만든다. 나는 이런 생각을 받아들이는 데는 얼마 동안의 시간이 필요했다. 나는 일상생활에 일정한 패턴이 있는 일반적 가정에서 자랐기 때문이다. 우리 가족은 매일 함께 저녁을 먹었다. 그리고 매주 일요일에는 교회에 갔으며 각자 할 일이 있었다. 우리 부모님은 나와 형제자매들에게 논리적이고 친절하게 말씀하셨다. 우리는 경솔함이나 성공에 대한 부모님의 반응을 예측할 수 있었다.

내가 학교에 다닐 때, 나는 학교생활 역시 우리 가정생활처럼 예측 가능할 것이라고 생각했다. 학교에서 나는 편안하였다. 선생님이 계획해 놓은 수업 단계를 이해하고 따라갈 수 있었고, 스스로 복습하는 단계에서는 익힌 것들을 다시 재구성할 수 있었다. 선생님이 주시는 지시는 내가 다른 곳에서 경험했던 논리 유형과 동일했다.

무질서와 모순만이 존재하는 가정에서 자란 아이들은 어떠한가?

빨랫감이 쌓였는데 텔레비전만 보고 있다는 이유로 부모에게 뺨을 맞는 아이들도 있다. 선생님에게 말대꾸한다는 이유로 크게 꾸중은 듣지만 정작 전 과목 A를 받았을 때는 무시당하는 아이들도 있었다. 그런 아이들은 어떻게 해야 할지 알지 못한다. 그저 무질서한 가정의 유형을 파악하려 애쓰기만 할 뿐이다.

무질서한 가정의 학생들 중 일부는 학교의 체계를 좋아한다. 그들은 일정한 규칙 안에서 다음에 무슨 일이 있을지를 어느 정도 예측할 수 있어 마침내 안도할 수 있기 때문이다. 반면에 어떤 학생들은 학교 체계가 틀에 박혀 있다는 것을 알고 엄격한 수업 시간, 유연성이 부족한 점수 체계, 그들의 행동에 대한 일관된 반응에 어려워하기도 한다. 우리는 모든 유형의 학생들이 학교에서 어떻게 공부를 해야 하는지 가르쳐 주어야 한다.

핵심 전략 중 하나는 각각의 문제를 일련의 단계로 만드는 것이다. 학년을 시작하면서, 나는 학생들이 그들의 수업을 분석할 수 있도록 해주는 학습 시스템의 모델을 제시한다. 예를 들어 무종지문(역주: 두 개 이상의 주절이 접속사 없이 쉼표로 이어진 문장)을 어떻게 고치는지 가르칠 때 분석의 단계를 칠판에 적어 제시하고 학생들에게 그 단계에 따라 문장을 분석하도록 한다. 나는 그 단계를 전체적으로 다시 읽어 주고, 학생들은 그 단계를 그들의 공책에 필기한다. 그 후 그들은 새로운 문장들을 분석한다. 다음으로, 몇몇 아이들에게 그 단계를 다시 한 번 간략하게 반복하도록 시켜 본 후, 우리는 함께 그 결과물을 검토한다. 그 후에 학생들은 그들의 필기 내용을 보지 않고 다른 문장들을 다루어 본다. 마지막으로, 문장들을 분석하는 데 그 단계들을 사용할 수 있는지를 확인하는 것뿐 아니라 그 분석 단계를 스스로 새로 적어 보도록 하는 퀴즈 시험을 본다.

이 수업은 두 가지 목적을 가지고 있는데, 하나는 문법적 능력에 따른 조직화 능력을 기르는 것이다. 이는 분석에 필요한 과정의 표본을 제시해 준다. 다음 수업에서 나는 "이것을 단계별로 나누어 보자."라고 말한다. 학생들이 그 단계를 나에게 말로 표현하고 나는 그것을 칠판에 적는다. 학생들이 간단한 말로 설명하기가 어렵다면 우리는 예를 분석해 보도록 한다. 이는 배우는 입장에서는 결코 쉬운 과정이 아니다. 무언가를 익히는 것은 쉽지만 그것을 어떻게 하는지 설명하는 것은 쉽지 않은 일이다. 나는 학생들이 진정으로 무언가를 배우려면 그것을 구성하는 단계를 익혀야 한다고 생각한다. 이것은 당연한 것일 수도 있고 교사가 반드시 가르쳐야 할 필요가 없는 것일 수도 있지만, 우리가 지켜야 하는 철학을 뒷받침하며 우리 학생들에게 하나의 틀을 마련해 준다. 아이들에게 정리와 분석의 기술을 가르쳐 줌으로써 나는 내가 아니면 가르쳐 줄 수 없는 것들을 가르쳐 줄 수 있을 것이다. 궁극적으로, 이런 능력의 증진은 그들이 학교 안에서는 물론 밖에서도 올바른 판단을 할 수 있도록 도와준다.

존중

> **아이들이 스스로의 방식으로 행복해질 수 있도록 하라. 그보다 더 좋은 방법을 찾을 수 있겠는가?**
>
> —**사무엘 존슨**(Samuel Johnson)

학생과 교사는 크게 다르지 않다. 우리처럼 어떤 아이들은 천성적으로 소극적일 수도 있고, 또 어떤 아이들은 적극적일 수도 있다. 징계 문제를 다룰 때 나는 이 문제의 학생이 어떤 성격을 가지고 있는지 알아내려고 한다. 모든 이가 모든 상황, 어려움, 조언, 안내에 나와 똑같이 반응할 수는 없다고 생각한다. 나에게 '정상'인 것이 다른 이에게는 '비정상'일 수 있다. 이러한 개인차를 인식하는 것은 학생을 개인으로서 존중해주는 것이다.

나는 샤론과 데이나를 가르칠 때 이러한 사실을 알지 못했다. 샤론은 생각하는 바를 바로 말하는 경향이 있는 아이였던 반면, 데이나는 말수가 적은 아이였다. 샤론의 수다가 나의 수업을 방해하기 시작했기 때문에, 나는 어느 날 샤론에게 수업 후에 남으라고 하였다. 샤론과 이야기하던 사람은 데이나였지만 샤론이 항상 먼저 말을 걸어 대화를 주도하였던 것이 분명하였기에 데이나에게는 따로 남으라고 하지 않았다.

샤론은 화가 났다. "왜 데이나는 남으라고 하지 않는 거예요?"라고 말하면서 크게 항의했다. "왜 저만 괴롭히시는 거죠?"

나는 말문이 막혔다. 내가 데이나와 일대일로 대화를 하기 시작하였는데 그때 그 학생은 조용하고, 차분하고, 이성적이었다. 그러나 샤론은 그 어느 것에도 해당되지 않았다.

나는 해명하려 했지만 샤론은 나의 해명을 들을 것 같지 않았다. 이 문제 때문에 나는 다음 날 그녀에게 자리를 옮기도록 했다. 이 수업에는 학생이 열 명밖에 없어 자리배정은 불필요한 것이었기 때문에 그녀는 정말로 화를 내었다.

"저는 정해 주신 자리에 앉지 않을래요."라고 샤론이 말했다.

이제 나는 그녀를 관리자에게 넘겨야만 했다. 나는 자신의 '권리'로 인식하는 사람에게만 해명할 것이고 그런 방식을 버리지 않을 것이다.

다음 날, 샤론은 그녀에게 한 번 더 데이나의 옆자리에 앉히고 기회를 주라는 관리자의 서신을 가지고 왔다. 관리자의 말에 나는 굴복해야만 했다. 그녀는 또 데이나에게 수업 시간에 말을 걸었고, 나는 또다시 그녀에게 수업 후에 남으라고 말했지만 그녀는 종이 울리자 나가 버렸다. 나는 다시 그녀를 교무실로 보냈고 그녀는 일주일간 수업을 받지 못했다.

샤론이 다시 돌아왔을 때, 그녀는 원래의 자리로 향했고 나는 그녀에게 새 자리로 가도록 지시했다. 나는 이제 그녀의 적이었다. 재미있게도 샤론이 없는 동안 데이나의 성적은 크게 올랐고, 일주일의 시간 동안 그녀는 눈에 띄게 편해진 모습이었다. 내가 처음부터 데이나를 다른 자리로 옮기고 샤론을 혼자 두었다면 모든 문제가 해결되어 적도 만들지 않았을 것이고, 징계도 필요가 없었음은 물론, 결국 두 아이의 학습에도 도움이 되었을 것이라는 후회가 든다.

관용

내가 다루는 음표들은 다른 피아니스트들과 다를 바 없다. 하지만 음표 사이의 간격—그 안에 예술이 존재하는 것이다.

—아르투르 슈나벨(Artur Schnabel)

"나라면 **절대** 그런 식으로 선생님에게 말하지 않을 거예요." 이것은 선생님들이 서로에게 항상 말하는 내용이다. 나도 그런 말을 했다. 하지만 교사가 아닌 성인과의 대화에서 나는 많은 사람이 선생님에게 '그런 식'으로 말했다는 것을 알게 되었다. 그들은 교사들이 우려하는 일을 많이 했다고 고백한다. 고약하고, 냉소적이고, 이기적인 일들. 아마도 교사가 되기로 선택한 우리들은 다른 사람이 가지지 못한 가르치는 일에 대해 선천적인 존경심을 가지고 있었는지도 모르겠다.

그 이유가 무엇이든 우리는 어떤 특정한 유형의 학생을 고를 수 없다. 우리는 우리의 눈과 귀를 훈련시켜, 우리가 가르치는 학생들의 장점을 파악할 수 있어야 한다. 나는 아침에 아이들이 웃고, 농담하고, 소리 지르는 것을 들을 때면 깜짝 놀라 움찔거리곤 했다. 그때마다 '너무 시끄러워!'라고 생각했다. 나는 그 후 그들의 에너지를 올바로 인식하는 법을 배웠다. 나는 그것을 교실에서 공부하는 데 필요한 에너지라고 생각한다. 그리고 모든 학생이 그것을 가지고 있다는 것을 알고 있다. 나는 그저 그것을 활용하는 방법만 익히면 되는 것이다.

사람들이 어떤 문제를 직접 일대일로 대면하여 해결하려 한다면, 그 문제가 오래 지속되는 경우는 그리 많지 않다. 사회계급의 예를 보라. Coach(유명 브랜드) 가방을 가지고 다니는 학생은 다듬지 않은 머리에 더러운 신발을 신고 다니는 학생과는 어울리지 않을 것이다. 하지만 내가 본 바로는 어떤 프로젝트에서 한 조로 편성되어 서로의 삶에 대해 알아야 할 필요가 있을 때, 그들은 서로 다르지 않다는 것을 알게 된다. 둘 다 오빠가 있고, 개를 좋아하거나, drag race(역주: 자동차 가속 경주로서 직선 단거리를 최고 속도로 돌파하는 위험한 경주)를 하고 싶어 한다는 공통점을 발견하면 그들은 이내 친구가 된다. 내가 앉아서 어떤 문제에 대해 직접 이야기하면, 나는 점점 더 해결책에 가까워지는 것이다. 어떤 아이의 행동이나 버릇이 나에게 거슬린다고 매번 화를 내는 것은 나를 그 아이로부터 점점 더 멀어지게 하는 것이다. 그것은 그들이 내 수업에서 배우는 내용이 적어지고, 편협함을 배우기 쉬워진다는 것을 의미한다.

그렇다면 정답은 무엇인가? 기적이 일어나 더 이상 학생이 빈정대는 말, 퉁명함, 이기주의나 다른 행동에 고통 받지 않기를 기도해야 하는가? 그러나 그러한 기적은 없다. 유일한 선택은 그런 것들이 더 이상 자신을 괴롭히지 않도록 하는 것이다. 다른 선택은 그런 행동을 마주했을 때 그에 반응하여 화를 내는 것이다. 나는 교사다. 그러므로 나는 그런 행동에 반응하여 내 자신을 잃을 정도로 약해져서는 안 된다.

한 번쯤 가만히 앉아 당신 학생들의 어떤 점이 당신을 괴롭히고 화나게 하는지 생각해 보라. 그렇게 알아낸 것들을 당신 학생에게 이야기할 수 있다면 그렇게 하라. 그 아이에게 당신이 그의 행동을 이해할 수 있도록 도와 달라고 말하라. 그렇게 하지 못하는 경우라면 동료나 주임선생님, 관리자에게 말하고 조언을 구하라. 마지막으로, 당신의 행동 계획을 브레인스토밍하고 그것을 실행에 옮기면서 꾸준히 수정해 나가라.

반성을 위한 질문

1. 당신은 학생들에게 어떤 방법으로 자신감을 불어넣어 주는가?
2. 당신이 가르치는 과목을 학생들의 생활과 어떻게 연관 지어 가르치는가?
3. 학생들이 자신을 통제할 수 있도록 하는 방법은 무엇인가?
4. 자신의 능력에 대한 선입견이 성적에 영향을 미치고 있는 학생을 생각해 보라. 이런 선입견을 바꾸기 위해서 교사는 무엇을 해야 하는가?
5. 가정에서는 잘 신경 쓰지 못하는 행동을 격려하는 방법에는 무엇이 있는가?(예: 조직화, 듣기, 자기통제 등)
6. 학생들에게 자신이 싫어하는 행동이나 상황에 어떻게 반응하라고 가르칠 것인가?

제 6 장

복지 학급의 기반 세우기

'관련'과 '참여'의 차이점은 달걀과 햄을 보면 알 수 있다. 닭은 '관련' 된 것이고, 돼지는 '참여'한 것이다.

—마르티나 나브라틸로바(Martina Navratilova)

더 많은 선생님들이 학생들을 이해하게 될수록 학생들을 더 잘 가르칠 수 있게 될 것이다. 이런 관계는 양방향 도로와 같다. 당신이 학생을 돌본다면 그들도 그것을 알고, 당신을 돌보게 될 것이다. 당신이 학급의 목표를 뚜렷하게 설정할수록 학생들은 더 잘 설정된 목표에 부합하게 될 것이다.

적극적으로 당신의 학생을 이해하고 그들이 당신을 이해할 수 있도록 함으로써 마음으로 당신의 학급을 관리할 수 있는 무대를 마련하라. 당신이 어떻게 좌석 배치를 하고, 점수를 매기고, 학급의 규칙을 만드는지 학생들이 알 수 있도록 하라. 당신의 교육 철학에 대해 그들이 잘 이해하게 될수록 바람직하지 못하고 나쁜 행동들은 사라져 갈 것이다.

학생들과 친해지기

> **우리는 올바른 인식을 가진 교사를 유능한 교사로 기억할 뿐이지만, 인간적이고 친절을 베푸는 교사에게는 감사하는 마음을 가진다. 배움은 삶의 필수 영양소이지만, 따뜻함은 자라나는 새싹인 아이들의 영혼에 필수적인 삶의 한 부분이다.**
>
> —칼 구스타프 융(Carl Gustav Jung)

나의 학생들은 때때로 초등학교나 중학교 때는 느껴 보지 못한 '고독감'을 느낀다고 고백한다. 그들은 14세, 16세, 혹은 18세이지만 아직도 나를 필요로 하고, 선생님을 필요로 하고, 접촉하고 싶어 한다. 그들(교사)이 누구인지 알고 싶어 하고, 자신이 누구인지, 나(교사)와 함께 하기 위해서 자신에게 무엇이 필요한지를 말하고 싶어 한다.

학년이 시작되는 첫날 나에 대해 소개한 후, 반 학생들에게 시험을 칠 것이라고 말한다. 한편으로 그들은 안도하고 기대감을 가진다(아직은 교실의 규칙과 스케줄이 안정되지 않은 상태이므로 그것에 대한 언급은 하지 않는다). 또 다른 한편으로 학생들은 쉽사리 믿어지지 않는 듯한 반응을 보인다. "수업 첫날에 시험을 친다고요?" 나는 학생들에게 이 시험은 절대 너희들을 낙제시키지 않는 시험이라고 강조한다.

그런 다음 나는 시험에 대해 설명해 주고 학생들의 학습 유형을 파악하기 위한 시험지를 나누어 준다. 이는 그들이 학습에 있어 시각, 청각, 운동 감각 등을 어떻게 이용하는지에 대해 알기 위한 것이다(이와 비슷한 시험은 온라인으로 쉽게 구할 수 있다. 학교에 안내 상담을 요청하여 추천을 받는 것도 좋다). 이 시험 결과는 학생들에게 매우 재미있는 것을 알려 주고, 내가 학생들을 좀 더 잘 가르칠 수 있도록 도와줄 것이라고 말해 준다. 또한 시험 결과는 학급 조직을 편성하는 데 사용할 것이라고 언급하고, 스스로의 학습 유형에 대한 설명과 조언을 이 수업 시간 내에 받을 수 있을 것이라고 설명한 후 시험 시작을 알린다. 이렇게 설명하는 것은 내가 직접적으로 말하지 않은 다른 많은 메시지를 학생들에게 전달하는 효과가 있다.

- 나는 학생들이 어떻게 하면 가장 잘 배울 수 있을지에 관심을 기울인다.
- 자리 배치를 다시 할 것이다.
- 나는 아이들이 한 번의 수업 시간에 여러 개의 과제를 수행하기를 원한다.

내 학생들의 학습 유형에 대한 올바른 인식은 더 효율적인 수업 계획 창출과 교육적 접근을 가능하게 한다. 예를 들어 3교시 수업에서 학생들의 대다수가 시각적 학습자(visual learner)라는 것을 안다면 나는 수업 내용에 관한 설명이 적힌 프린트물을 준비할 것이다. 감각적 학습자(kinesthetic learner)라면 나는 아이들에게 나의 생각, 칠판에 적힌 내용, 그리고 나의 말을 따라 직접 해 보도록 할 것이다. 또한 모형을 만들고, 그림을 그리고, 공연을 하는 기회를 가지는 수업도 할 것이다.

개학 첫날, 나의 학생들은 항상 제일 먼저 학습 유형 평가를 치른다. 그들이 시험을 끝내고 그들의 학습 유형에 대해 나에게 물어볼 때, 나는 카드를 나누어 주고 다음의 항목을 채우도록 한다.

1. 본명
2. 별명(불러 주기를 원하는 이름)
3. 부모님 혹은 보호자 이름과 본인(학생)과의 관계
4. 주소
5. 전화번호
6. 학습 유형
7. 취미와 좋아하는 일

이 정보들은 나와 학생 간의 연결 고리가 된다.

그러나 '별명'에 대해서는 주의할 점이 있다. 가끔 나는 어떤 학생의 별명을 부르기 겸끄러울 때면 그 학생에게 말한다. 나는 별명이 '땅콩'인 학생을 가르친 적이 있다. 내가 그를 '땅콩'이라고 부르면 그를 놀리는 것 같이 느껴질까 걱정이 된다고 말해 주었고 그는 그 설명을 받아들였다. 또 별명이 '레이디(Lady)'인 아이가 있었는데, 그 이름은 나에게 영화 《Lady and the Tramp》의 개를 떠올리게 하였다. 그래서 그 아이에게 그 이름은 나에게 긍정적인 이미지보다는 개의 이미지를 떠올리게 한다고 말해 주었다. 처음에는 거부반응을 보였지만 그녀는 곧 본명으로 부르는 것에 익숙해졌고, 그로 인한 문제는 없었다.

처음 이틀 동안, 나는 학생들이 앉고 싶은 자리에 앉도록 해 주고, 학급에 친구가 있는지, 어떤 아이와 친한지, 친구와 함께 있을 때나 떨어져 있을 때 어떻게 행동하는지를 유심히 살핀다. 자리 배정을 할 때 이러한 정보는 나의 결정에 영향을 미친다. 일반적으로 나는 시각적 학습자를 앞쪽에 앉히고, 청각적 학습자를 뒤쪽에 앉히며, 감각적 학습자를 중간에 앉힌다. 학생들이 친구와 가까이 앉더라도 수업 태도가 좋고 공부를 열심히 한다면 나는 친구들끼리 앉힌다. 하지만 친구를 방해하는 경우, 쉽게 눈도 마주칠 수 없는 자리로 떨어뜨려 놓는다.

곧 학생들은 자신들의 학습 성향으로 스스로를 표현하기 시작한다. 예를 들어 어떤 여자아이는 "저는 시각적 성향인데, 선생님은 말로만 수업을 하시네요. 그 내용을 칠판에 적어 주시면 안 돼요?" 이에 대해 나는 그녀가 자신의 학습 성향을 파악한 것은 매우 훌륭한 일이지만, 그녀에게 맞지 않는 환경에서도 적응하여 할 일을 하는 법을 배우는 것도 필요하다고 말해 준다. 그 후 그녀의 요청에 대해 "나는 칠판에 내용을 적어 주진 않겠지만 다시 천천히 반복해서 말해 주면 네가 그것을 받아 적어서 '시각화'시킬 수 있겠지."라고 해 준다.

나는 학생들이 자신의 학습 성향을 자신이 가장 잘 배울 수 있는 환경을 나타내는 것이라고 이해하기를 바란다. 아이들이 자신의 학습 성향을 핑곗거리나 책임을 회피하는 수단으로 사용하기를 원하지는 않는다("그는 시각적인 수업을 하는 선생님이고, 난 감각적인 학습 성향을 가졌으니까, 이 수업은 나에게 맞지 않아."와 같이). 교사가 어려워하는 일 중 하나는 학생들이 환경에 대해 불평하는 대신, 자신들이 환경에 적응하는 방법을 가르치는 것이다. 이러한 방법은 학생들에게 성공으로 가는 길을 열어 주는 것이며 그렇게 하지 못하면 학생들을 실패로 이끌 가능성이 크다.

행동의 지침과 결과 가르치기

일반적으로 교사와 학생이 서로를 이해하면 학업의 진행은 좀 더 빨라지게 된다. 개학 첫 주에 나는 학급에서의 일반적 지침과 바람직하거나 바람직하지 않은 행동에 대한 처분에 관한 내용을 프린트하여 내가 수업을 하는 학급에 나누어 준다. 이것은 우리가 일 년 내내 계속 보게 되는 것이며, 그 내용은 다음과 같다.

1. 말하거나 행동하기 전에 생각하라.
2. 자신의 말과 행동에 책임을 져라.
3. 자신과 선생님에 대한 희망을 가져라.

또한 4단계 과정(제3장 참조)을 설명하고 나쁜 행동에 따르는 결과를 알려 준다. 그 후 좋은 행동의 결과에 대해 이야기한다. 이런 것에는 말 없는 칭찬, 말로 하는 칭찬, 집으로 전화를 걸어 그들의 부모님께 그들의 자녀가 얼마나 대견스러운지에 대해 말해 주는 것이 포함된다.

불만거리를 나누고 조정하기

내 학생의 행동이 나의 기대와 어긋날 때, 나는 그들에게 나의 불만거리를 이야기하고(예: 내가 말하는 도중에 이야기하는 학생, 방해하고 산만하게 하는 학생), 학생들이 편지로 나에 대한 불만을 표현할 수 있는 기회를 준다. 나는 모든 편지를 검토하여 학생들과의 합의점과 화해점을 찾으려 한다. 예를 들어 나는 항상 읽기 과제에 대한 사전 예고를 해달라는 요구를 존중한다. 그리고 특별한 이유로 자리를 바꾸어야 하는 학생(예: 학생들은 산만해지기 쉽고 집중할 필요가 있거나, 수업 시간에 친구를 방해하는 학생)에게는 보통 그렇게 해 준다. "숙제를 없애 달라."는 요구는 내가 받아들일 수 없는 요구의 예 중 하나이지만, 나는 수업 내용을 완전히 학생들이 받아들이게 하기 위해 필요할 때만 숙제를 내겠다고 약속한다. 숙제가 벌을 대신하거나 쓸데없이 바쁘게 만드는 일이 되어서는 안 된다. 이런 식으로, 학생들과 나는 연결점을 찾고 신뢰를 쌓아 간다.

당신 자신의 자신감을 가꾸기

당신이 진정으로 두려움을 느꼈던 경험으로부터 힘, 용기, 자신감을 얻게 된다. 자신이 할 수 없는 일에 도전해야 한다.

—엘리너 루스벨트(Eleanor Roosevelt)

교사가 자신의 직업에 대한 자부심이 부족하다면 학생은 바로 그것을 알아챈다. 학생들은 누가 자신들과 타협하여 점수를 좀 더 높게 줄 수 있는지, 어떤 선생님들이 수업을 어떻게 해야 하는지에 대해 이러쿵저러쿵 간섭할 수 있도록 해 주는지, 어떤 선생님들이 지각하고, 수업을 방해하고, 땡땡이를 치는 것을 묵인해 주는지를 안다. 교사의 자신감은 자신이 만들고 이끌고 있는 체계에 대한 믿음에서 나온다. 당신이 그저 개학 첫날 교실 문을 열고 시간이 흘러감에 따라 체계를 파악하려 한다면 학생들은 이를 감지하고, 어떻게 학급을 관리하여야 하는지를 당신에게 가르칠 권리가 있다고 생각하게 될 것이다. 그러나 명확한 지침을 가지고 그것을 지켜 나간다면, 학생들은 당신이 주도권을 가지고 있다는 것을 느낀다.

당신이 원하는 바를 밝히고 난 후에는 당신의 레퍼토리를 확정해야 한다. 학생들이 조용히 해야 할 때를 어떻게 알 수 있을 것인가? 언제 이야기하고 떠들어도 괜찮은 것인지 어떻게 알 수 있는가? 언제 당신이 그들을 벌하는지 어떻게 알 수 있는가? 당신이 실수하거나 좋지 않은 모습을 보일 때, 학생들은 어떤 식으로 당신에게 말해 줄 수 있는가? 이런 질문들에 대한 답변을 학생들이 교실에 들어오기 전부터 미리 설정해 놓고, 일 년 내내 일관되게 반응하고 행동하라.

또한 당신이 교실에서 말하는 방식을 생각해 보라. 필요하다면 학생들에게 당신이 마치 준비가 덜 되고, 당황하고, 모른다는 느낌을 줄 수 있는 소극적이고 애매한 말을 쓰지 않도록 당신의 말버릇을 개선해야 한다. "오늘 나는 로마제국의 멸망에 대해서 이야기해야 할 것 같네요."와 같은 말은 아이들에게 당신이 어쩌면 다른 것에 대해서 말하도록 설득할 수 있을지도 모른다는 느낌을 줄 수도 있다. "같네요."는 빼 버리고, "오늘 우리는 로마제국의 멸망에 대해서 이야기할 거예요."라고 말하라. 이는 당신이 이미 계획을 가지고 있고, 그대로 한다는 것을 아이들에게 말해 주는 것이다.

교사의 강의에서 흡인력을 약화시키는 또 다른 버릇은 "알았지?"라는 물음의 무의식적인 남발이다(예: "교과서를 꺼내자, 알았지?"). 당신은 진정으로 학생들에게 교과서를 꺼내는 행동에 대한 의견을 구하고 있거나, 그들이 당신의 말을 알아들었는지 확인하는 것에 "알았지?"라는 사족을 뺌으로써 학생들의 협조를 얻는 것이 더 쉬워짐은 물론이고 거부반응을 피할 수 있을 것이다.

일부 교사는 학생들의 점수나 잘못된 행동으로 인해 학생과 마찰을 빚는 것을 두려워한다. 그래서 학생이 복도에서 뛰어다니는 것을 눈감아 주거나, B를 받아야 할 학생에게 A를 쉽게 주곤 한다. 학생들은 이런 것을 빠르게 알아채고, 그것을 이용하는 데 주저하지 않는다. 그것은 그 교사가 극복해야만 하는 약점이 된다. 이러한 문제는 어렵지만 절대 해결 불가능한 것은 아니다.

어떤 특정 상황을 다룰 때 내가 곤란함을 느끼면, 나는 제일 먼저 나의 반응을 통제한다. 예를 들어 어떤 학생에게 이유를 설명하지 않고 그냥 안 된다고 말하는 것은 내게 어려운 일이었다. 나는 왜 지금 당장 화장실에 가면 안 되고, 왜 숙제의 마감 기한을 연장해 줄 수 없는지를 설명해 주어야만 할 것 같은 압박을 느끼곤 했다. 이내 나는 내가 나의 답에 대한 설명을 시작하면 그 학생도 자신의 사정에 대해 이야기를 시작한다는 것을 느꼈다. 이렇게 되면 결론 없는 소모적인 논쟁으로 가게 되는 것이다. 이는 소중한 수업 시간을 낭비하는 것이며 학급을 이끄는 교사로서 설 자리를 좁게 만드는 것이다. 이런 버릇을 고치기 위해 나는 하나의 반응을 만들어 그대로 하기로 했다. 그냥 "안 돼."라고 말한 후에, 학생이 이유를 물어오면, "너는 질문을 했고, 나는 대답을 했어. 그에 대한 토론을 하고 싶다면 수업 시작 전이나 방과 후에 나를 찾아와서 이야기하면 돼."라고 덧붙인다. 이런 접근법은 보통 어떤 논쟁도 일으키지 않고 문제를 해결할 수 있었다.

학생들의 어떤 행동이 당신을 언짢게 하는가? 그것들을 알아내어 그에 대한 반응을 미리 계획하여 정하라. 아마도 당신은 늦게 제출하는 숙제를 받아 달라는 요청을 거절하느라 학생과 씨름하고 있을 것이다. 물론 당신은 그 학생이 당신을 기만하고 있다는 것을 알고 있지만, 당신은 그 학생이 진정으로 성공하기를 원하기 때문에 굴복하곤 한다. 그러한 학생이 당신의 선의를 이용하는 것을 그만두게 할 수 있는 전략을 시간을 두고 생각해 보라. 어쩌면 일대일로 면담하여 당신이 더 이상 늦게 제출하는 숙제는 받아주지 않겠다는 것을 설명할 수도 있지만, 당신은 그가 제 때 숙제를 제출할 수 있도록 하기 위해 여기 있다는 것을 늘 명심하라. 그러므로 그가 숙제를 늦게 제출하려고 할 때는 엄한 태도를 취하라. 그는 교훈을 배울 수도 있고 배우지 못할 수도 있다. 그 교훈은 '책임감'이라는 것이다.

물론 '계획된 반응'을 그대로 실천하는 것은 처음에는 어려울 수 있지만, 몇 번 하고 나면 자신감이 붙을 것이고, 새로운 활력으로 다른 어려운 문제들에도 도전할 수 있을 것이다.

이해의 여러 요소 평가하기

상상은 지식보다 더 중요하다.

—앨버트 아인슈타인(Albert Einstein)

모든 과목에서 점수를 매기기가 힘든 과제들이 있다. 영어 수업에서의 논술 숙제가 바로 이런 종류에 속한다. 나의 해결책은 두 가지 측면으로 나누어 점수를 매기는 것이다. 하나는 학생이 자신의 가설을 잘 진행시켜 발전시켰는지, 글이 얼마나 창조적인지에 관한 점수이고, 다른 하나는 철자, 문법, 문장의 배치, 인용문의 적절성과 짜임새 등에 관한 기술적 점수이다. 이런 방법으로 나는 철자법에는 약하지만 참신한 아이디어를 가진 학생이나 아이디어는 그다지 뛰어나지 않지만 문법 등에는 충실한 아이들에게 나쁜 점수를 주지 않아도 되었다.

잠시 철자에 대해 이야기해 보자. 학생들이 성인이 되어 사회에 나가게 되면 그들은 spell-checker(철자법을 검사하는 프로그램)나 사전을 보면 되기 때문에 나는 철자법을 가르치는 데 많은 시간을 할애하지는 않는다. 그러나 '아이디어'는 다른 곳에서 그냥 얻을 수 없다. 교사들은 학생의 말에서 오류를 지적해 주고 어려운 단어를 공부하도록 학생을 격려해야 하지만 그보다는 기술적 숙달에 따른 창조적 사고력을 길러 주는 데 더 신경을 써야 한다.

나는 학생의 질문을 통해 그들이 주제에 대해서 얼마나 이해하고 있는지, 문법에 대한 이해도는 어느 정도인지를 파악한다. 그리고 그들에게 올바른 영어로 말하도록 권하고 그들이 말하는 방식으로 그 질문에 대답해 보도록 한 후에 문법과 주제에 대한 이해가 어느 부분에서 부족한지를 알아낸다. 글로 적는 과제도 이 두 영역의 이해도를 나타내 준다. 나는 부족한 점들을 목록으로 작성하여 학생들이 효과적인 주제문을 어떻게 써야 하며 논리적으로 자신의 주장을 펴려면 어떻게 해야 할지를 알려 주는 수업 계획을 만드는 데 참고한다.

반면, 학생들이 어떤 교과 과정에 지정된 문법 개념을 이해해야 하는지에 대한 이유를 설명하기가 어려울 때는 학생들의 결과물이 형편없어진다. 예를 들어 직접 목적어, 간접 목적어, 주격 술어 등에 대해 매주 수업을 했을 때 학생들은 두세 번 수업을 진행하자 지겨워하였다. "이 수업은 동사가 목적어를 가지는지, 그렇지 않은지를 배우기 위한 것이에요."라고 나는 매주 설명했다. "우리는 이미 알고 있어요."라고 학생들은 대답했다. 사실, 이 시점에서 나는 90%의 학생들은 이미 이것을 이해하고 있다는 것을 알고 있었지만, 나는 나머지 10%의 학생들을 이해시키려 했던 것이다. 이미 알고 있다고 말하는 학생들은 그 주제에 대해 다른 식으로 접근하는 것이 좋겠다고 말했다. 나는 앉아서 목적어를 가지지 않지만 학생들이 자주 목적어를 가지는 동사와 혼동하는 동사를 짚어 주었다. 그 후 나는 이 동사들에 대해 구체적으로 설명하였다. 마침내 학생들은 이 연습의 유용성을 알게 되었다. 내가 처음 그들의 실수를 바로잡고자 시도했던 방법은 너무 추상적이었고, 그들은 실제로 옳게 가고 있음에도 불구하고 스스로 잘못하고 있다는 생각이 들도록 만들었다. 그들에게는 직접적인 수업이 필요했고 두 번째로 시도한 접근법으로 그 문제를 해결할 수 있었다.

나는 학생들이 졸업시험을 통과하고 다른 '교양 있는' 사람들과 상호작용할 수 있는 '교양 있는' 사람이 되기 위해서 배워야 할 것들이 있다는 것을 깨달았다. 이런 것에 대해 가르칠 때에는 솔직하게 말하는 것이 좋다. "이 수업은 여러분이 알아야 하는 것들이지만 지금의 생활과 직접적으로 관련이 없을 수도 있고 시험과도 관계가 없을 수도 있어요.

그러나 여러분이 더 나이가 들고 다른 사람들과 만나게 될 때 이 수업의 내용을 알고 있다면 대화를 하는데 큰 도움이 될 거예요." 나는 내 학생들이 수업과 그들의 삶의 연관성을 찾아내게 하는 것을 좋아한다. 그들이 그런 연관성을 찾아내면 우리는 그에 대해 토론하고 다른 아이들에게도 그 연관성을 적용시켜 본다.

십대들은 정직을 높이 평가하고 거짓을 매우 빠르게 식별해 낼 수 있다. 어떤 것의 타당성에 대한 이해 없이 그것을 무작정 가르치려 하는 것이 바로 거짓이다. 거짓을 가르치지 말라. "나는 그것을 가르칠 것이니 너희는 내가 왜 이것을 가르치는지 의문을 가질 권리가 없어."라는 태도를 가지기보다는 수업의 목적에 대해 솔직하게 말하면 학생들은 수업에 훨씬 협조적이 된다. 방어적인 태도는 학생들의 마음이 수업에서 떠나도록 만든다. 시험을 치를 수 있을 만큼 배울 수 있을지는 모르지만 수업이나 새로운 지식과 그들의 삶을 연결하지는 못할 것이다.

깨닫게 하는 성적표

세상에서 가장 아름다운 것은 바로 불가사의로 남아 있는 것들이다.

—**앨버트 아인슈타인**(Albert Einstein)

내가 학생일 때 나는 점수를 유지하는 데 힘썼고, 성적표는 내 예상을 벗어난 적이 없었다. 교사가 되었을 때 나는 많은 아이들이 성적을 받고 경악하는 것을 보고 놀라움을 금치 못했다. 점수를 둘러싼 미스터리를 없애고 학생의 혼란을 최소화하고 불평을 줄이기 위해 나는 이제 매 학기가 끝날 때가 되면 성적표가 나오기 전에 모든 학생들과 개인적으로

1~2분 정도의 시간 동안 '점수 요약 보고'를 한다.

약간의 사전 계획만으로도 점수 요약 보고를 하는 것은 매우 쉬울 수 있다. 나는 당일 수업에 대한 간단한 설명과 함께 수업을 시작하며, 이는 각자에게 설명하는 시간을 줄여 준다. 나는 학생들이 과제를 하는 동안 계속 이를 알리고 모든 학생에게 점수를 알려 주는 동시에 부족한 부분과 잘한 부분을 짚어 준다. 이렇게 수업을 진행하는 동안 학생들을 방해한 적은 한 번도 없다.

이러한 수업 진행을 위해서 교실 뒤편에 상담을 위한 공간을 마련하는 것도 좋다. 이는 한 학생과 조용하게 이야기하면서 나머지 학생들을 감독하는 데 용이하다. 알파벳순으로 학생들을 호명하여 개인의 학기 성적을 보여 주고 어떻게 점수가 산출되었는지를 설명하라. 내가 수업하는 학급에서는 다양한 과제에 대해 표준 점수 기준을 정해 놓았다. 그러나 이런 기준을 반복하여 읊어 주는 것("켈리, 네가 기억하는 것처럼 평론은 네 점수의 25%를 차지하고…")이 반드시 효과적인 것은 아니다. 대신 나는 켈리에게 시험에서는 일등을 하였지만 평론을 내지 않아 평론 점수가 0점인 아이의 기록을 보여 줄 것이다. 그 후 그녀가 평론을 제출하여 D를 받았을 경우의 총점을 계산해 본다. 이제 그녀는 평론에서 0점을 받는 것이 총점에 어떤 영향을 미치는지 이해하기 쉬워졌고 앞으로 평론 과제를 하지 않으면 어떤 점수가 나올지 알 수 있게 되었다.

점수에 대해 이야기한 후 성적이 저조한 학생들에게 왜 그들이 발전하지 못하는지에 대해 물어보라. 학생이 문제가 무엇인지를 알고 있다면 그에게 문제를 해결하도록 촉구하고, 다음에 다시 점수에 대해 이야기할 때는 언급한 문제가 개선되었다는 것이 보여야 할 것이라고 설명하라. 만약 발전이 없다면 당신은 그 학생이 문제를 인식하는 단계에서 무엇인가 잘못되었을지도 모른다는 의문을 제기할 수 있고, 그 학생과 그에 대해 함께 의논하고 그가 목표를 달성하는 데 필요한 새로운 과정을 계획해 볼 수 있을 것이다.

일목요연한 채점부의 중요성

우리가 어떤 식으로든 "있어라!"라고 말할 때마다 무언가가 일어난다.

—스텔라 테릴 만(Stella Terrill Mann)

교사의 채점부는 대부분의 학생에게 신비로운 것이다. 그들은 자신의 점수가 어떻게 계산되는지를 알고 싶어 한다. 내 학생들은 와서 채점부에 기록된 자신의 점수를 보는 것을 좋아하며, 그에 대해 설명해 달라고 요구한다. 나도 학생들이 그들의 점수에 대해 자세히 이해할 수 있기를 원하지만 모든 학생에게 일일이 그들의 점수에 대해 설명해 줄 수 있을 정도로 수업 시간이 충분하지는 않다. 긴 이야기를 하고 싶다면 수업 시작 전이나 방과 후에 찾아오라고 말해 준다. 그러나 수업 종료 전에 몇 분의 시간이 남는 경우 한 번에 한 명씩 와서 자신의 점수를 확인할 수 있도록 해 준다.

잘 정리된 채점부는 당신에게뿐만 아니라 학생들에게도 도움이 된다. 이러한 사실은 폴리타라는 학생이 나에게 마지막으로 쓴 편지에 적은 글에서 증명이 되었다. 그녀는 "역사 선생님은 정직하지 않아요. 그녀는 채점부도 아예 없는 것 같아요. 점수를 보고 싶다고 말해도 자신도 모르는 걸 어떻게 알려 주겠어요?" 폴리타는 그녀의 노력이 기록되고 있는지조차 의심하였다. 자신이 낙제했는지 통과했는지도 알지 못했다. 그녀는 더 노력해야만 하는 것인지, 혹은 그녀는 지금 어느 단계에 와 있는지도 알 수 없었다.

점수를 보는 것은 학생들이 잘하고 있는지 그렇지 않은지를 파악하는 데 도움을 준다. 학업 성취도가 낮은 아이들에게는 기록을 보는 것이 좋은 동기가 될 수 있다. 그들은 자신의 강점과 약점을 파악할 수 있고 이것은 단순히 그들이 영어를 '못한다'라고 일반화하는 대신에 특정 문제에 초점을 맞출 수 있게 해 준다. 평균 정도의 학생에게는 아직 발전할 여지가 있음을 보여 줄 수 있다. 자신의 위치를 정확히 모르는 것은 학생들을 교실 밖으로 벗어나게 하는 하나의 핑곗거리가 될 수도 있다. 교사로서 우리는 이러한 잠재적인 일탈의 가능성을 최대한 없애야 한다.

또한 채점부는 일 년에 최소 180일 동안 그것을 가지고 다니는 사람—바로 당신—의 필요를 위해 존재하는 것이다. 점수를 알아보기 쉽도록 하고 특정 과제에 대한 점수를 개별적으로 매겨서 정리하라. 나에게 도움이 되었던 몇 가지 팁을 제시한다.

- **채점부를 항목별로 나누어 정리하라.** 이 항목에는 숙제, 퀴즈, 시험, 프로젝트, 학급 참여도가 포함될 수 있다. 중간 시험과 기말 시험에 대한 항목이 필요한지 결정하고, 각 항목의 중요도를 결정하라.
- 선택을 할 수 있는 경우, **당신의 학교의 표준 채점부를 활용하라.** 이는 각 항목의 점수를 배분하여 시험 점수의 비율을 25%로 조정하여 계산하고 숙제를 10%로 조정하여 계산하는 등의 복잡한 과정을 생략하게 해 줄 수 있다. 그러나 원본이 파손되었을 경우나 이상이 생겼을 경우를 대비하여 항상 복사본을 만들어 보관하라.
- 실제 채점부를 작성할 때, **한 페이지를 할애하여 양식을 만들어 보라.** 이

는 당신에게 서식의 틀을 제공하고 매 수업의 채점 기록을 동일한 형태로 만들 수 있게 되어, 헤매지 않고 점수를 쉽게 기록할 수 있도록 해 준다. 점수를 기록할 때의 작업 속도도 빨라질 것이다. 2교시의 숙제 기록과 3교시의 숙제 기록을 같은 항목으로 묶어 정리할 수 있게 될 것이기 때문이다.

- **미리 계획하라.** 당신이 4학기 동안 학생들이 동일한 수업을 듣는 전통적인 수업 계획을 따르는 학교에 재직하고 있다면, 매 수업에 4페이지를 연속으로 할당하라. 이런 식으로 하면 각각의 수업에 대한 1년간의 기록이 함께 묶이게 되고, 처리하기도 쉬워질 것이다. 3교시 수업의 2학기 성적을 찾기 위해 채점부를 마구 뒤적이며 넘겨볼 필요도 없을 것이다.

당신이 바로 당신 자신의 친구다

당신의 포부를 얕보는 사람을 멀리하라. 그것은 소인배의 행동이며, 진정으로 위대한 사람은 당신 또한 위대해질 수 있다고 느끼게 한다.

—**마크 트웨인**(Mark Twain)

내가 처음 교직에 들어섰을 때, 나는 여러 교사들과 어울려 점심을 먹었다. 나는 잠시나마 하루의 긴장을 풀고 싶었고, 동료들과 식사를 하는 것이 그렇게 할 수 있는 방법이라고 생각했다. 나는 우리가 보통 학생들에 대해 이야기를 하고 학생들은 고통이라는 공통된 결론에 도달하곤 하는 것을 발견했다. 몇몇 교사들이 문제에 대한 조언을 구하면, 나는 기꺼이 내가 성공하였던 해결책들을 그들과 공유하였다.

몇 주가 지난 후에는 나는 계속 조언을 해 준답시고 수다를 떨고 동료들은 불평만을 해대고 있었다. 나의 생각과 내 성공 경험을 시험해 보지도 않고 그들은 나를 '착한' 학생들을 맡은 '운 좋은' 선생님이라고 말했다. 혹은 내가 '적극적'이고 자신들은 그렇지 않다고 말하기도 했다. 그들은 내가 했던 것을 자신들은 하지 못한다고 하였다. 나는 그들이 틀렸다는 것을 알았다. 그들은 자신들이 학생들에게 다가가기 위해 '모든 것'을 했다고 말했지만, 그들은 그저 자신의 학급의 학생들이 정말 '나쁘고', '멍청한' 학생들이라는 것을 확인하고 싶었을 뿐이다. 그리고 그저 가만히 서서 지시봉을 들고 아무것도 하지 않는 동안 학생들이 그들에게 알아서 다가와 주기를 바라고 있었다.

나는 학생들에게 실망한 일이 없다고 거짓말하지는 않겠지만, 이러한 부정적인 대화는 그런 감정을 더욱 악화시켰다. 결국 나는 이것을 깨닫고 더 이상 그들과 점심식사를 같이 하지 않았다. 대신 나는 논술 점수를 매기고, 학생들과 만나고, 수업 계획을 짰다. 나는 더 이상 그들이 얼마나 학생들이 착해지길 원하고, 규칙을 따라 주길 원하고, 그저 학교에 나와 주기만을 원하는지에 관한 비탄에 잠긴 수다를 듣지 않았다.

내가 내 점심 시간을 어떻게 보낼 것인지 결정한 이야기는 무척 시시한 주제일 수도 있지만, 그 일은 내가 진실에 접근하는 데 큰 도움이 되었다. 우리에게는 선택권이 있고, 우리가 선택하지 않으면 다른 누군가가 선택을 한다는 것이다. 내가 나의 일과 학생들에게 만족하고 행복해질 것인지 그렇지 않을 것인지를 그 교사들이 선택하게 둘 수는 없었다. 나는 내 선택권을 되찾았다. 그리고 나는 그 때문에 더 행복한 사람이 되었고 더 뛰어난 교사가 되었다.

교육과정과 관계없는 업무

바보 같은 일일지라도, 열의를 가지고 최선을 다하라.

—**콜레트**(Colette)

학교를 운영하기 위해서 교장은 교직원들의 도움에 의존하게 된다. 다른 선생님의 수업을 대신 맡게 되거나 심지어 버스 주차장 관리를 맡게 되는 일은 보통 신임 교사들에게는 놀라움으로 다가온다. 전혀 알지 못하는 학생들과 마주하고 그 학생들을 관리해야 한다는 이유만으로도 매우 긴장되는 일이 될 수 있다. 학생들이 당신의 한계를 시험할지도 모르니 그것에 대비하라.

생각보다 자주 있는 일이지만, 내가 비상시에 어떤 선생님 대신 수업에 들어갈 때는 당연히 수업 계획이 있을 리 없다. 나는 낱말 퍼즐이나 그와 유사한 것을 가지고 감으로써 학생들의 주의를 끄는 방법을 익혔다. 학생들이 바쁠 때는 대체로 협조적이 되므로 나는 그들을 바쁘게 할 수 있는 과제를 가져간다. 할 일이 없다면 그들은 할 일을 생각하기 시작할 것이다. 화장실에 가고, 물을 마시고, 그들의 차에 가는 것 등. 집에 전화를 해야 하거나 손톱에 매니큐어를 다시 칠해야 한다고 말할 수도 있다. 내가 그들에게 주는 활동은 그리 신경 써야 하거나 교육적이지는 않은 활동들이지만 나는 최소한 평화로운 교실을 만들기 위해 노력한다.

다행히 수업 계획이 있는 경우 나는 그것을 따른다. 나는 계획된 내용을 읽어 주고 그것을 칠판에 적는다. '정숙'에 관한 규칙에는 크게 신경 쓰지 않고, 소리가 통제만 된다면 문제 될 것이 없지만 학생들이 나에게 집중하고 모두 필기를 하고 있는지, 어떤 학생이 나에게 집중하지 않고 있는지는 확실히 감독한다. 또한 나는 말없는 경고, 말로 하는 경고, 복도에서의 면담으로 이어지는 징계에 관련한 절차를 지킨다. 하지만 그래도 학생이 응하지 않으면 나는 주저 없이 경비를 불러 그 학생을 교실에서 내보낸다. 학생들이 나를 무시하지 않게 만들면 수업은 더 원만하게 진행된다. 다른 학생들은 나의 '선'이 어디쯤인지 알아내려고 할 것이다. 내가 학생들에게 허점을 보이고 그들이 나를 무시해도 될 것처럼 보이면 많은 아이들이 그렇게 할 것이다. 그러나 내가 그것을 용납하지 않겠다는 뜻을 분명히 비치면 그들은 시도조차 하지 않을 것이다.

교육과정과는 관계없는 이런 업무는 대부분의 교직자들이 처음 교원 계약서에 서명할 때는 미처 생각지 못하는 것이지만, 어쨌든 이런 것도 업무의 일부이다. 당신은 당신이 살고 있는 주(state)의 법과 계약서에 나와 있는 수업 계획 시간, 쉬는 시간, 점심 시간 등에 관련된 업무 내용에 대한 설명을 숙지해야 한다. 이용당하지 않도록 하는 것은 당신 책임이며, 이런 책임을 다른 사람에게 떠넘길 수는 없다.

학생들 안아 주기

두 인격이 만나는 것은 두 화학물질이 접촉하는 것과 같다. 반응이 일어나면, 둘 다 변화한다.

—칼 구스타프 융(Carl Gustav Jung)

부모들이 안아 주지 않고 만져 주지 않는 아기는 잘 자라지 못한다. 많은 학생들이 그와 비슷한 이유로 잘 자라지 못한다. 아무도 그들을 안아 주지 않고, 손잡아 주지 않고, 어깨를 만져 주며 "괜찮아!"라고 말해 주지 않는다.

그렇다. 학생과의 신체적 접촉은 사람에 따라 부정적으로 받아들일 수도 있고, 슬프게도 그저 한 번 안아 주는 것을 성적인 모욕으로 오해하여 교사의 전문성을 의심하게 되는 경우도 생기기 때문에 매우 민감한 문제가 아닐 수 없다. 이를 인식하고 나는 '전문 포옹가(pro-hug)'가 되었다. 사실 나는 매일 문 앞에서 인사를 하며 나를 안아 주던 아리샤라는 학생을 가르친 적이 있다. 그녀도 내가 그렇게 해 주기를 바라는 것 같았고, 솔직히, 나를 신경 써 주는 사람이 최소한 한 명이라도 있다는 느낌을 받아 기분이 좋았다. 그래도 학생을 만질 때 나는 그들의 경계를 최대한 존중하며 조심하고 그들에게도 나의 경계선을 알려 준다.

나는 남자아이들은 여자아이들과는 다르게 취급한다. 나는 나의 순수한 애정에 대해 십대 소년에게 혼란을 주고 싶지 않다. 그에 대한 나의 관심은 인간으로서, 그리고 교사로서 가지는 것이지 결코 연애의 상대로서는 가지는 것이 아니다. 나는 남자아이에게는 어깨까지만 닿는 포옹을 한다. 나는 우리의 관계에 명확한 기준을 가지고 유지하려 한다. 그들의 행동에 대한 상담을 마무리할 때는 그들과 악수를 한다. 조는 것을 깨우거나 주의를 끌고 싶을 때는 그들의 어깨를 살짝 때린다. 가끔 그들이 농땡이를 피울 때 내 연필로 그들의 옆구리를 살짝 찌르기도 한다. 낄낄대는 웃음과 "알았어요, 알았어요."하는 말 뒤에 그들은 다시 학업으로 돌아간다.

내가 한 학생과 단 둘이 있다면 그 학생이 남자아이건 여자아이건 나는 교실 문을 열어 놓고, 몸짓으로 언제든 그들의 고민을 들어 주고 상담할 수 있다는 뜻을 전하는 동시에 우리의 관계가 학생과 선생님의 관계라는 것을 분명히 한다. 이러한 몸짓에는 학생으로부터 약간 떨어져 서거나, 앉아서 학생의 눈을 바라보며 이야기하는 동안 격식을 갖추고 바른 자세를 유지하는 것이다. 또한 목소리를 차분하게 유지하며 그 대화를 하는 동안에도 네 가지의 지침을 기억한다.

나는 나의 동료 교사가 교사로서의 역할과 친구로서의 역할을 혼동하는 것을 보았다. 그녀는 어떤 남학생이 그녀를 마치 성적 대상으로 인식하는 듯한 포옹을 하는 것을 막지 않았다. 이것 때문에 불편하지 않느냐고 그녀에게 물었을 때 그녀는 약간 그렇다고 했지만 학생이 그녀를 싫어하게 될까 봐 겁이 난다고 했다.

학생과의 바람직한 신체적 접촉과 그렇지 않은 신체적 접촉 사이에는 명백한 선이 있다. 그러나 따뜻한 포옹이 필요한 학생을 외면하는 차가운 사람이 되어서는 아무도 도울 수 없다. 그렇게 외면당한 학생은 “나는 너를 신경 쓰지 않아.”라는 메시지를 받게 되는 것이고, 당신은 학생과 가까워지는 것에 대한 두려움에 굴복하는 것이다. 대신, 그에게 따뜻한 관심과 포옹을 선사하라.

오르내림

> **아무도 진심으로 꽃을 대하지 않는다. 시간을 들이기에는 너무나 작다. 우리는 시간이 없다. 그리고 보는 데에는 시간이 든다. 친구를 사귀는 데 시간이 드는 것처럼.**
>
> —**조지아 오키프**(Georgia O'Keeffe)

일 년 중 가장 힘든 시기는 1학기이다. 나는 이제 학생들을 처음 만났고, 학생들도 나를 처음 만났다. 내가 지침을 세우고 계속 그것들을 지킨다면 2학기는 순조롭게 흘러갈 것이다. 학생들은 내 행동이 임의적인 것이 아니며 내 과제에는 분명한 목적이 있다는 것을 이해할 것이다. 규율 문제에 관한 내 반응은 시기적절하며, 공정하고 합리적이며, 학생과의 소통을 할 때 나는 진실을 담는다. 학생들은 이러한 나의 노력에 보답해 준다.

2학기는 보통 순조롭게 진행된다. 3학기까지 많은 학생들은 공부를 소홀히 하고 그들이 다른 학기에 받는 성적보다 낮은 성적을 받아 간다. 4학기가 되면 그들은 100% 나와 일심동체가 되어 노력한다. 그들은 진학하려면 어떻게 해야 하는지 알고 있고, 그들이 어려움에 부딪힐 때 내가 그들을 도와줄 것이라고 믿고 있다. 그들은 내가 학습하는 데 적절한 환경을 만들어 주고 유지해 줄 것이라고 확신하고 있다. 수업을 스스로 즐기는 학생들을 보는 것은 즐거운 일이다. 그들은 실제로 수업을 받기를 원하고, 성공하기를 원한다.

4학기는 학생들이 가장 학업에 열의가 넘치고 행동도 조신해지는 시기이기 때문에 나는 가장 어려운 내용을 4학기에 다룬다. 한 해가 끝나갈 즈음, 나는 다시 이 학생들을 가르칠 수 없다는 사실에 슬퍼진다. 나는 학생들의 몸짓 하나하나, 그들의 말 한마디 한마디에 귀를 기울이기 시작한다. 이런 것들을 나의 마음속 저편에 고이고이 간직한다. 나는 내가 맡았던 아이들을 오래도록 기억하고 싶다.

반성을 위한 질문

1. 개학 첫날, 당신은 어떤 메시지를 학생들에게 전달하고 싶은가?
2. 당신의 메시지를 전달하기 위해 어떤 단계를 거칠 것인가?
3. 당신이 싫어하는 것(불만거리)은 어떤 것인가?

4. 당신의 학생들은 당신의 자신감을 어느 정도로 인식하고 있는가?
5. 당신은 학생들의 점수를 어떻게 알리는가?
6. 당신의 채점부에서 더 개선할 점이 있는가? 만약 그렇다면, 어느 부분인가?
7. 당신은 학생들을 안아 주는 것에 대해 어떻게 생각하는가?

제 7 장

당신에게 던져진 사소한 일들

> **사소한 일에 진정한 위대함이 있고, 일상적인 생활의 따분한 일들은 참으로 숭고하며, 영웅적인 것은 시성식(諡聖式)의 가치만큼 보기 드문 미덕이다.**
>
> **—해리엇 비처 스토(Harriet Beecher Stowe)**

사소한 일들은 생활을 달콤하게 한다. 나는 처음으로 나의 남편의 손을 잡았던 일, 나의 여동생과 함께 하프마라톤을 완주했던 일, 나의 아들이 행복하게 통학 버스에 탔을 때 행복한 눈물을 닦았던 일, 그리고 학생들이 새로운 개념을 이해하여 밝게 빛나는 눈들을 보았던 일을 생각하곤 한다. 나는 이 장에서 그런 일들에 대해 얘기하려는 것은 아니다. 나는 준비되지 않은 채 교사에게 주어진 사소한 일들에 관하여, 그리고 당신이 잘못된 직업을 선택한 것처럼 느끼게 하는 사소한 일들에 관하여 말하기를 원한다. 만약 당신이 사소한 일들을 그대로 둔다면,

그것들이 당신의 모든 날들을 파괴할 수 있을 것이다.

교실 생활의 다양한 책임과 구성요소들에 대한 접근을 학생들과 함께 상호작용하기 위한 네 가지 지침으로 구성하여 이 책에서 기술했다는 것은 그리 놀랄 일이 아니다. 만약 그런 지침들이 실질적이라면 나는 그것들을 배울 것이다. (1) 학생들을 나에게 허튼소리를 하는 것을 허락하지 않고, (2) 문제에 초점을 맞추도록 하고, (3) 큰 틀을 보고, (4) 나의 가치관을 굽히지 않는 것이 나의 학생들이 잘 배울 수 있게 하는 것이다. 걱정과 사려 깊고 정중한 방법으로 세세한 일들을 다루는 것을 통하여 긍정적인 학습 환경을 창조하고 유지하는 것이 나의 궁극적인 목표이다. 여러분도 그렇게 할 수 있을 것이라고 생각한다.

수업 시작하기

당신은 살아 있는 화살인 당신의 아이들을 앞으로 진전하게 하는 활이다.

—**칼릴 지브란**(Kahlil Gibran)

나쁜 시작은 전체 수업 시간을 방해할 수 있다. 당신이 하루의 수업을 계획하는 데 사용하는 동일한 에너지로 각 수업 시간에 초점을 맞추고 잡음이 사라지도록 노력하지만, 울리는 벨소리, 학생들의 잡담소리, 그리고 사물함이 쾅 하며 닫히는 소리에 사로잡히기는 쉽다.

나는 확실한 방법으로 학급을 구조화하는 것은 학생들에게 어떤 것을 신뢰하게 하는 것이고, 나는 그들의 생활에서 서로 다른 부분들을 조직하는 데 그들을 도울 수 있기를 희망하는 조직적 모델로서 지원하는 것이다. 벨이 울린 후에, 나는 항상 교실 안으로 걸어가 '좋은 아침'이라고 말하고, 출석부를 집어 들고 출석을 빨리 부른다. 이것은 수 초 만에 학생들의 대화들을 끝내고 자리에 앉게 하여 교실의 분위기를 순환시킬 수 있다. 나는 출석을 부른 후에 주위를 둘러본다. 만약 누군가가 여전히 얘기하고 있다면 나는 그들을 주시하면서 얘기를 그만하길 기다린다. 이러한 주시는 대개 어떤 대화도 끝내게 만든다. 만일 어떤 학생의 책상 밑에 그의 발이 없다면, "좋습니다, 회전합시다."라고 말한다. 몇 가지 이유로 '회전한다(swivel)'라는 단어는 매우 효과적이다. 나는 프로 교사가 자신의 교실에서 이 언어를 사용하는 것은 화내지 않고 학생들을 예의 바르게 앉게 함으로써 벌을 주지 않도록 하는 것이라고 들었다(**지침 4: 당신의 가치관을 굽히지 말라**). 나는 아직도 회전이라는 말을 사용하고 있다. 때때로 나는 한 학생을 쳐다볼 것이고, 그러면 그 학생은 자신의 책상 밑에 자신의 발을 슬그머니 넣을 것이고, 웃으면서 "회전한다!"라고 말할 것이다.

'회전한다'라는 말은 나의 트레이드마크가 되었다. 나는 학생들이 행동, 말, 뛰어난 그림과 같은 무엇인가와 결합시키는 것을 좋아함을 알게 되었다. 이러한 예측은 그들의 성격에 있어서 최소한의 어떤 면이 한결같기 때문에 성공적으로 나타날 수 있는 영향력 있는 모습을 만드는 것을 돕는다. 이러한 것들은 학생들이 긴장을 풀고 수업을 하는 것을 돕는 기반이 된다.

만일 학생들이 그들의 구두가 있는 아래를 보려고 한다거나 그들의 책상 위에 있는 노트를 보고 있다면 그들은 수업을 시작할 준비가 되지 않은 것이다. 교실을 훑어봄으로써 나는 그들이 나를 볼 때까지 그들을 주시하거나, 그들에게 그들의 주의를 두고 있는 것에서 벗어나라고 부탁한다.

때때로 학급이 소란스럽고, 한두 명 이상의 학생들이 얘기하고 있곤 한다. 이런 일이 일어나면 나는 "준비되었나요?"라고 묻는다. 학생들은 항상 내가 수업을 할 준비를 하라는 의미로 이야기했다고 생각하고, 모두 회전하고, 말하는 것을 멈추곤 한다. 물론, 때때로 학생은 "아니요, 준비되지 않았어요."라고 말할 것이다. 내가 웃음을 보내고 학생들이 웃음으로 답례한다면, 나는 우리가 시작할 수 있다는 것을 알게 된다. 학생들이 미소로 답하지 않으면 나는 점잖게 "여러분은 오늘따라 수업을 시작하는 게 힘들군요. 잠시 시간을 줄 테니 최선을 다해 수업을 준비해 주세요. 자, 이제 수업을 시작하겠습니다."라고 말한다. 그리고 나는 수업을 시작한다.

그 해 동안 더 좋아진 학생들을 알게 되면, 나는 학생들의 주의를 특별히 집중시키기 위한 효과적인 추가의 방법들을 생각해 냈다(**지침 2: 문제에 집중하라**). 나는 뉴욕에서 전학 온 다루기 힘든 아이인 켈빈에 대한 경험이 있다. 그는 신발을 좋아했다. 그는 항상 새로운 신발을 신는 것은 물론 끊임없이 새로운 신발을 찾기 위해 카탈로그를 봤다. 한번은 그가 아버지께서 150달러짜리 새로운 에어조던 신발을 그에게 보낼 것이라고 말했다. 그의 생활로부터의 이러한 사소한 정보를 통해 켈빈은 내가 사용할 수 있는 방법에 힌트를 제공해 주었다. 다음 날 수업에 들어갔을 때, 나는 켈빈의 책상 위에 신발 카탈로그가 있는 걸 보았다. 나는 "좋아. 켈빈, 나는 네가 새로운 신발을 고르기 원한다는 걸 알고 있지만 카탈로그를 치워 주었으면 해. 너희 아버지는 네가 생각하는 것보다 더 빨리 그 신발을 보낼 거야."라고 말했다. 그는 카탈로그를 집어넣었다. 나는 그에게 그의 아버지에 대해 나에게 말한 것을 들었다는 것을 알려 주었고, 그의 신발을 사는 그의 아버지를 존경하는 것을 알게 한 것이다. 이러한 방법은 켈빈에게 나의 요청을 따르게 하기에 충분했다.

일상적 협의사항, 방향, 그리고 의논

학습은 재능이 능력이 되면서 세련된 불꽃이 된다.

—**로이** L. **스미스**(Roy L. Smith)

학생들의 주의가 모아졌다면 바로 학습으로 전환해야 한다. 일과는 교사와 학생 사이에 또 다른 연결을 만든다. 나는 재빨리 지난 시간의 수업 내용을 요약하고, 오늘 배워야 할 것을 설명한다. 이러한 일들은 학생들에게 우리가 수업 기간을 통해 배우는 지적 목록으로 주어지는 것이다. 나는 내가 수업을 시작한 후 내용을 목록에 추가했을 때 학생들이 합리적 연습들로 그것을 받아들이는 데에 자발적이지 않음을 알게 되었고, 과제로서 보는 것을 알게 되었다. 이러한 이유로 나는 현장에서 새로운 구성요소들을 덧붙일 필요가 없도록 수업의 각 부분이 얼마나 많은 시간을 요구할 것인지 마음속으로 준비하고 신중하게 계획을 세우려고 노력한다. 물론 모든 계획이 완벽하지는 않을 것이다. 내가 연습을 덧붙여야 할 경우에, 나는 학생들이 불평하는 것을 받아주지 않는다. 나는 하루의 수업에 걸릴 시간을 잘못 판단했음을 인정한다. 그런 뒤 나는 "내일의 수업에 대하여 주요 항목을 여러분들에게 주려고 해요."라고 말하고, 새로운 연습에 대해 설명을 시작한다. 그들을 촉진하기 위한 여분의 과제의 틀로, 나는 그 게임에 유리하게 되기를 원하는 그들의 욕구에 호소한다.

한번은 학생들에게 과제에 대한 방향들을 제시해 주어야 할 시점에 도달했을 때, 나는 즉시 모든 방향을 제시해 주기 위하여 간단한 유인을 하였다. 내가 한 해의 시작을 나의 어린 학생들과 이 작업을 하면, 그 응답은 대개 "선생님은 우리가 무엇을 하기를 바라세요?"와 같은 것이었다. 그러면 나는 그 방향 제시를 반복한다. 그러면 아이들은 "좋아요, 우리는 처음 두 부분은 알겠어요. 그런데 마지막 부분은 뭐예요?"라고 묻는다. 나는 재차 방향 제시를 반복하면서 나 자신이 좌절하고 있는 것을 발견하였다. 나는 학생들이 과제를 끝낼 때까지, 혹은 칠판이나 과제종이에 쓰기를 위한 교육를 제공하는 시간 내내 지도를 해야 한다는 것을 알게 되었다. 대부분의 학생들은 매우 쉽게 지도할 수 있지만, 어떤 경우에는 더 많은 지도를 했음에도 불구하고 학생들이 혼란스러워하기도 한다. 한 해 동안 나는 한 번에 해 줄 수 있는 지도의 양을 증가시킨다.

나는 학급 토론 동안 질문을 할 때 마음으로 다음과 같은 부가적인 방법을 유지한다(**지침 3: 큰 틀을 보라**). 나는 한 번에 하나의 질문을 하고, 누군가를 부르기 전에 3~6초 동안 기다리는 시간을 사용한다. 이것은 긴 기다림처럼 보일 수 있으나, 그것은 질문과 대답 모두에 생각할 것을 요구하는 메시지를 보내는 것이며, 그러한 생각은 수업 시간을 활용하는 데 매우 가치 있다. 이 연습은 급히 하려는 것에 주의시키고 불쑥 대답하려는 학생들에게 깊은 반성을 촉구하게 한다. 그리고 이러한 방법은 느리게 생각하는 학생들과 한 가지 대답에 관하여 생각하기 힘들어하는 학생들뿐만 아니라 매우 빠른 사고의 전환으로 생각이 깊은 학생들도 포함하여 토론을 확장시키게 한다.

학생의 대답이 주제에서 벗어났거나 혹은 그 대답이 틀렸다면 어떻게 하는가? 학생이 주제에서 벗어났다면, 나는 학생의 이해의 간격에 다리를 놓음으로써 학생이 방향을 바꾸도록 노력할 것이다. 예를 들어 내가 노예제도 문학에 관한 단원을 가르친다고 하자. 흑인영가에 관한 토론을 하는 동안 나는 표현을 향상시키기 위한 형태로 찬양을 하였는데, 한번은 한 학생이 "선생님은 흑인영가들이 노예제도로부터 생겨났기 때문에 좋았다고 생각하시죠?"라고 질문했다.

심호흡은 이들 이야기 안에 있는 긴 길로 인도한다(**지침 2: 문제에 집중하라**). 나는 "여러분은 어떻게 생각하나요? 이는 끔찍한 상황을 '가치 있게' 만드는 것인가요, 아니면 우리가 이 질문에 관하여 다른 방법으로 생각할 필요가 있을까요?"라고 되묻는다.

이러한 특별한 상황에 대한 생각은 학생들이 나에게 표현하는 개인적인 도전으로부터 한 발자국 물러서게 하는 것이었다. 이 일반적인 방법은 학생과 그의 급우들의 생각을 한 단계 더 나아가도록 격려하고, 주제의 폭을 넓혀 주며, 약간 높은 수준의 사고에 몰두하게 한다.

나의 질문이 명백히 맞고 틀림의 대답을 가지고 있다면, 나는 학생의 틀린 대답을 정확한 대답으로 옮기려고 노력한다. 나는 마음속으로 학생의 첫 번째 대답을 생각하면서 동일한 질문을 다시 하고 대답을 기다린다. 그 누구도 친구들 앞에서 무안당하기를 좋아하지 않으며, 특히 십대들은 이를 매우 곤혹스러워 한다. 만약 내가 노예 해방령이 공포된 날짜를 묻고 학생들이 1776년이라고 대답한다면 나는 그가 노예와 주인보다 다른 관계의 생각을 하고 있다는 것으로 그들을 안심시킬 것이다. "여러분은 대영제국으로부터 독립한 미국에 대하여 생각하고 있군요." 이렇게 하면 그 학생은 체면을 구기지 않았고, 나는 나의 가치를 굽히지 않았으며(**지침 4: 당신의 가치관을 굽히지 말라**), 나는 자유롭게 그 질문을 다시 할 수 있게 된다.

많은 청소년들은 노골적인 질문에 "모르겠어요."라고 반응하는 습관이 있다. 대개 그들이 의미하는 것은 "나는 관심 없어요."이다. 나는 대답으로서 '나는 모릅니다'라는 것을 수락하지 않는다는 것을 그들에게 보여 준다. 나는 학생들의 삶에 그 질문을 관련시킴으로써 개인적 추측을 좀 더 자극할 수 있도록 생각하거나 좀 더 친숙한 용어를 사용해서 그 질문을 다시 한다. 예를 들면 내가 데이나에게 왜 노예들이 흑인영가를 만들었다고 생각하는지 물었는데, 그녀는 "몰라요."라고 대답했다. 나는 "데이나, 너는 언제 노래를 부르니?"라고 또 다른 질문으로 그녀를 촉진했다.

그녀는 잠시 생각하고는 "교회에서, 차 안에서, 그리고 가끔은 여동생과 함께요. 잘 모르겠는데요…. 많은 장소들에서요."

나는 약간 더 깊게 질문을 했다. "너는 왜 노래를 부르니?"

"노래가 즐겁기 때문이죠. 저는 들으면서 느끼죠. 그리고 노래를 이해하면서 느껴요."

나는 계속해 질문했다. "데이나, 「이 세상은 거의 끝나고 있다」라는 서정시를 읽어 주겠니?"

"좋아요. '브루더, 당신의 조명 조정과 전자통신을 유지하세요, 당신의 조명 조정과 전자통신을 유지하세요, 당신의 조명 조정과 전자통신을 유지하세요, 당신의 조명 조정과 전자통신을 유지하세요.' 세상이 끝났다고 업신여기기 위하여."

"고맙다, 데이나. 이제 너는 왜 이 노래의 작곡가가 그것을 불렀다고 생각하니?"

"음, 저는 이 세상에 그 누구도 그처럼 노래를 부를 수 없기 때문에 신이 그의 노래를 듣기 원한다고 생각해요."

데이나는 알았다. 그리고 그녀는 자신이 너무 걱정하고 있음을 알게 되어 놀라게 되었다.

결국 나는 그들이 그 자리에서 벗어나기 위해 모른다고 대답하면 그 질문에 관한 질문을 해 모든 학생들을 격려한다. 『호밀밭의 파수꾼』을 가르치는 동안 나는 "홀덴 카울필드(Holden Caulfield)는 '박물관에서 제일 좋은 것은 모든 것이 있어야 할 곳에 있기 때문이며, 아무것도 움직이지 않고 아무것도 다르게 있지 않기 때문'이라고 말했어요. 여러분은 왜 홀덴이 자연사 박물관에 관하여 그렇게 느꼈다고 생각하나요?" 라고 질문한다.

만약 아무 생각 없이 응시가 이어진다면 나는 "이 질문에 관한 또 다른 질문들이 있나요?"라고 물을 것이다. 나는 누군가를 호명하기 전에 약 10~20초 정도 기다린다. 그리고 "라선드라, 홀덴은 이 이야기 속의 초점이 어디에 있다고 말하고 있니?"라는 질문을 던지는데, 이는 내가 그녀가 이 책에서 말하고 있는 사실을 알고 있다는 전제하에 이루어진다.

"그는 학교에 있다고 주장했지만 그는 일찍 떠났어요. 그는 정말로 그의 삶이 어디로 가는지 알지 못했어요. 음! 알겠어요. 아마도 박물관 –어떠한 변화도 없는–에 있는 것은 그에게 평온함을 느끼게 했던 것 같아요."

소설의 실질적인 면에 관한 질문 혹은 그들이 알려고 하는 또 다른 개념과 내용적 측면에 다시 초점을 맞추는 것은 학생들에게 질문에 관한 내용의 틀을 형성하도록 돕는다. 그들은 틀을 잡는 질문을 이해하는 데 성공했기 때문에 처음의 질문에 답을 하려고 자발적인 노력을 한다. 이것은 그들이 이미 가지고 있는 사고의 도구들에서 그들이 자신감을 갖도록 돕는다.

불충실한 전환점들

어떤 것은 그것을 함으로써 배운다. 당신은 그것을 안다고 생각하지만, 노력할 때까지는 아무런 확신도 가지지 못한다.

—소포클레스(Sophocles)

수업의 한 부분에서 다른 부분으로 전환하는 시간은 학생들이 잘못된 행동을 가장 많이 하는 시간이다. 많은 교사들이 전환하는 동안 혼란을 경험하는 이유는 수업 계획표들을 검토하는 데, 혹은 수업을 시작하기 전에 찾아야 할 페이지 혹은 다른 어떤 것들에 시간을 많이 사용하고 있기 때문이다. 학생들은 기다려야 하고, 게으른 학생들은 성실한 학생들보다 좀 더 많은 장난을 하는 경향이 있다.

나는 나의 학생들이 항상 무언가를 해야 하도록 하며, 확고한 조직만이 이를 가능하게 한다고 확신한다. 우선 매일 아침, 나는 나의 수업 계획들을 읽은 후 그날 사용할 모든 것을 꺼내 놓는다. 나는 내가 필요로 할 순서대로 나의 책상 위에 수업 계획표, 학생들의 과제, 책을 쌓아 둔다. 나는 두 번째, 세 번째, 그리고 계속하여 이동하는 수업에서 처음의 힘을 잃지 않는다. 만약 내가 무엇을 준비하는 동안 학생들이 기다려야 한다면, 나는 늘 그들에게 전념할 수 있는 작은 과제를 준다. 예를 들어 나는 수업 계획표를 나눠 주면서 그들에게 필기구를 준비하라고 말한다. 그들이 말할 수 있는 시간 혹은 과제와 상관없는 어떠한 행동도 할 수 있는 시간을 가지지 못하게 한다.

나는 나의 학급 학생들에게 빠르게 말한다. 이는 내가 질문이나 실행을 위하여 시간을 내 준다는 의미가 아니다. 이것은 나의 학생들에게 대략적으로 연습을 위하여 허락된 모든 시간을 준다는 의미이다. 나는

"질문을 위한 시간으로 5분이 있어. 이해가 되지 않는 것은 무엇이죠?" 라고 물을 것이다. 또한 나는 "너희는 10개의 문제들을 풀어야 해. 너희는 2분에 한 문제를 완성해야 해. 나는 너희에게 이 과제를 완성하는 데 20분을 줄 거야."라고 말할 것이다. 나는 그들에게 내가 그들을 위한 계획과 높은 기대를 가지고 있다고 말한다. 그들은 내가 그들의 능력을 잘못 예측하거나 과제의 어려움을 잘못 측정했을 때도 이런 것들에 잘 반응한다. 그러한 경우에는 학생들이 나에게 알려 주어 나로 하여금 적절한 조정을 하게 한다.

수업 끝내기

대부분의 아이디어는 그들이 도약하는 것보다 다른 마음으로 옮겼을 때 더 잘 성장한다.

—**올리버 웬델 홈스**(Oliver Wendell Holmes)

매 수업의 마지막에 나는 그날의 수업을 요약하고 다음 날을 위하여 계획된 수업에서 오늘 배운 것을 어떻게 활용할 것인지 학생들에게 말한다. 이것이 학생들에게 종료와 질문을 요청할 수 있는 약간의 마지막 시간이라는 것을 알려 주는 것이다. 나는 늘 수업을 마치는 종이 울리기 2~3분 전에 수업을 마치고, 그들이 자리를 뜨기 전에 약간의 휴식을 할 수 있는 시간 동안 말할 수 있도록 허락한다. 그리고 또 다른 수업으로 이동한다(**지침 3: 큰 틀을 보라**). 나는 이와 같은 2~3분의 시간에 다음과 같은 사실들을 발견한다. '수다스러운 케이시'가 그들의 생활에서 새로운 어떤 것을 공유하기에는 충분한 시간이고, 내성적인 학생들은 조용하게 앉아 있는 것을 부끄럽게 여길 수 있게 만들 정도로 오랜 시간은 아니며, 또 말하려는 것에 관한 생각을 강요하지도 않는 시간이라는 것이다. 이러한 시간 동안 학생들은 나에게 과제에 관한 질문들을 자유롭게 할 수 있는 것은 물론 다음 날 결석할 것이라고 알리기도 하고, 그들이 놓칠 수 있는 과제를 얻기도 한다. 이러한 방법은 학생들이 조급하게 정리하지 않아도 되게 하고, 내가 필요로 할 때 그들의 주의를 모을 수 있도록 해 준다.

과제: '교사 영역'

어려움의 가운데 기회가 있다.

—앨버트 아인슈타인(Albert Einstein)

선생님들은 한 학년 동안 수천 파운드의 종이처럼 보이는 것을 받는다. 우리는 학생들이 각각 조직화될 것이라고 기대하지만, 우리가 스스로에게 그것들을 요청하지 않는다면 이러한 요청은 공정하지 않은 것이다. 나는 다음과 같은 방법을 추천한다. 첫날부터 당신의 '교사 자료', 즉 부서 정보, 의뢰서와 기타 문서, 일반 능력 정보, 위원회 문서, 학급 규칙과 교수 요목, 끝없는 명부 갱신, 학생 핸드북, 그리고 학급 자치회 정보를 알파벳 폴더를 이용하여 분리하고 정리하라.

이 파일들은 심지어 당신이 교실에 없을 때도 도움이 될 수 있다. 어느 날 나는 수업 계획 기간 동안 복사기를 사용하기 위해 줄을 서서 기다리고 있었는데, 관리자가 걸어와서 "리드누어 선생님, 타냐의 어머니가 오셨어요. 선생님이 타냐의 성적표를 보여드리는 것이 필요할 것

같습니다."라고 말하였다.

나는 나의 수업 계획 기간의 귀중한 20분을 낭비했는가? 아니다. 나는 정리해 둔 파일 덕분에 길게 서 있던 줄에서 빠져 나오지 않아도 되었다. 나는 "당신이 제 교실에 가셔서 그 학생의 성적표를 타냐의 부모님께 보여 주셨으면 좋겠습니다. 그 학생의 성적표는 제 책상 위에 있는 파일들 중 학습자치회라는 폴더 안에 있습니다. 그 파일들은 알파벳 순으로 되어 있어 쉽게 찾을 수 있을 것입니다."라고 말했다. 나는 복사를 마친 후 교실로 돌아와 나의 파일을 검토하였다. 확신하건대 관리자는 타냐의 성적표에서 어떤 문제도 발견하지 못하였을 것이다. 이는 모든 사람을 행복하게 한다.

나는 또한 당신이 계속해서 검토하고, 언급하고, 개정하려는 목적을 위하여 당신의 책상 위에 쌓아 둘 수 있는 정리함을 두기를 권한다. 나의 수령대장은 현장에서 계속된 학생들의 목록들을 정리하여 정리함에 둔다. 특별한 행사를 위한 학교 일정도 거기에 있고, 새로운 정책들에 대한 설명도 있다. 어떤 학생이 나에게 합창단이 12시 30분부터 연습이 있기 때문에 가야 한다고 말한다면 나는 합창단의 지휘자가 나에게 준 메모로 그 시간을 확인할 수 있다. 나의 대답을 지지할 서류들이 논쟁의 가능성을 제거할 수 있다.

결국, 당신의 학교가 한 해를 시작할 때 나의 경우와 동일하다면, 당신은 전화 목록, 특별한 날을 위한 일정, 휴일 목록, 학교 시험 목록 등 여러 가지 목록을 받는다. 이것을 한곳에 보관하는 것이 좋다. 학교의 첫 주 동안 나는 학생들을 좀 더 쉽게 다루기 위하여, 그리고 내가 어떤 의문을 가졌을 때 쉽게 해결하기 위하여 나의 책상 위에 이러한 시트를 붙이는 데 시간을 사용한다. 이러한 작업은 연말에 시트들을 떼어 낼 때 날 매우 만족스럽게 만들어 준다.

물론 문서를 잘 다루는 교사는 학생을 조직하고 일정한 궤도에 오르도록 도울 수 있는 정보를 가지고 학급을 운영해야만 한다. 나는 나의 폴더 체계에 원본 문서들을 갖고 있지만 모든 것을 보기 위해 발췌한 내용들을 붙여 놓는다. 예를 들면 나는 수업종의 일정들을 프린트해서 밝게 채색된 종이 위에 등급을 매겨 교실에 붙여 둔다. 또한 나는 우리 학교에서 강조된 군 졸업 일정을 복사하여 붙인다. 나는 고학년을 가르치지는 않지만, 학생들 모두가 매일 그 내용들을 훑어볼 것이다. 이러한 일정을 붙여 놓는 이유는 그들이 마지막 목표로 향할 수 있도록 도우려는 비언어적 메시지이다(**지침 4: 당신의 가치관을 굽히지 말라**). 만약 학생들 중 한 그룹이 졸업일을 알아보러 온다면 그들에게 알려 줄 수 있을 것이다.

과제: '학생 영역'

> **우리는 처음부터 우리의 습관을 형성하고, 그때 형성된 우리의 습관이 우리를 만든다.**
>
> —**존 드라이덴**(John Dryden)

당신은 그해의 과정이 끝나면 학생들에게 다양한 과제를 어떻게 돌려줄지 생각하라. 나는 학생과 당신 모두에게 도움이 되는 방법으로 그것을 다룰 수 있는 두 가지 조직적 접근을 추천한다.

과제를 위한 중재 및 회복 체제

매 수업 시간의 과제를 위하여 폴더를 만들고, 분명한 목록으로 폴더함을 유지하라. 나는 서류를 목록화하고 등급이 매겨진 과제들을 나누는 시각적 단서를 주는 방법으로 책상을 정리한다. 학생들이 내가 문서 업무를 분류하고 운영하기 위하여 이러한 폴더들을 활용하는 것을 보는 것은 중요하다. 이러한 방법은 좋은 조직 실제를 담당하는 것은 물론, 과제를 잊어버리지 않으려는 학생들을 안심시키고 "나는 그것을 바꾸기로 했어요!"라고 양해를 구하는 학생들에게 허락하거나 단념하게 할 수 있다. 드문 일이지만, 과제를 잃어버린 경우에, 나는 그 학생에게 어떤 처벌도 없이 그것을 찾을 수 있는 시간을 하루 준다(**지침 2: 문제에 집중하라**). 이것은 논쟁할 필요 없이 교수적 시간을 절약하게 하고, 만약 내가 우연히 다른 수업에서 수업을 할 때 학생의 과제를 우연히 파일화했다면 내게도 검토할 기회를 주는 것이다. 나는 어떻게든 진정으로 원하는 것은 '다시 하는 것'으로 학생에게 기회를 준다.

중요한 일에 대한 장기 저장을 위한 체제

어떤 과제를 위하여 목록화된 포트폴리오 체제를 유지하는 것은 그해 동안의 학생의 진보를 추적할 수 있는 좋은 방법이다. 영어 교사인 나는 각 학생의 매일의 쓰기 과제를 보관하기 위해 쓰기 폴더를 마련한다.

이것을 관리하는 것은 매우 쉽다. 나는 플라스틱 우유 바구니에 '쓰기 폴더'라는 라벨을 붙인다. 그리고 특별 수업 시간에 각각을 분류한다. 그때 나는 각각의 학생의 개인적인 폴더를 만들고 그것을 적절한 수업 폴더에 보관한다.

매 시간 나는 되돌려 받은 쓰기과제를 각 학생의 폴더에 보관하며, 폴더와 종이를 건네준다(이는 내가 이 활동에 얼마만큼의 시간을 사용하기를 원하느냐에 달렸다.). 나는 나의 설명과 코멘트들을 읽을 시간을 학생들에게 준다. 그런 뒤 학생들은 다시 폴더에 자료를 돌려 놓음으로써 수업의 특별 폴더에 보관한다. 학생들이 다음 과제의 구상 단계에 있을 때, 나는 그들이 예전의 실수를 확인해 볼 수 있도록 다시 쓰기 폴더를 볼 수 있는 기회를 준다. 이것은 특히 진짜 연구 논문을 처음으로 작성하는 데 쓰기와 관련된 모든 세부적인 관심을 가져야 하는 11학년 학생들에게 도움이 된다. 무엇이 어디로 가는지에 관한 학생들의 기억을 되살리는 데 도움을 줄 수 있는 오래된 과제들을 보관하라.

종종 학생들은 집에 그들의 '첫 A를 받은 과제'를 가져가길 원한다. 그러면 나는 그들이 그것을 다시 가지고 와서 그들의 폴더에 넣어둘 것을 약속받은 후 허락한다. 그들이 그럴 때에는 그들의 부모의 칭찬에 관하여 공유할 이야깃거리를 늘 가지곤 한다.

왜 모든 문서들을 보관하는 것을 주장하는가? 가끔 어떤 문서들은 나의 고등학교의 학생들의 주요한 조직적 기술로 보완되기도 한다. 문서들을 대다수 잃어버리거나, 쓰레기 취급을 하거나, 문서를 보관하는 데 눈 하나 깜짝하지 않는 것처럼 보이기도 한다. 그래서 내가 학년 말에 모든 학생에게 쓰기로 가득 찬 두꺼운 폴더들을 나누어 주었을 때 학생들은 8월의 작문들과 6월의 작문들 사이의 차이를 발견하는 데 효과를 발휘하게 될 것이다. 처음에는 많은 학생들이 "내가 올해 이렇게 많은 일을 해냈어요!"라며 자랑스러워한다. 나중에는 자신들의 초기 에세이 몇 개를 훑어보고 난 몇몇 학생이 "나는 그때에는 철자를 제대로 쓸 수 없었지."라고 성취 정도를 말한다. 그러면 또 누군가가 "이제 이 파일을 가질 수 있나요?"라고 소유권을 말한다.

대리 교사

사람은 그들이 정말로 즐기는 것을 할 때 항상 좋은 동료가 된다.

—사무엘 버틀러(Samuel Butler)

어느 날, 10대 청소년들은 누군가의 손에서 벗어나면서 무서운 존재가 되기도 한다. 이런 연령의 아이들은 그들이 약하고 어리석다고 알고 있는 누군가에게 잔인할 수 있고, 몇몇 다른 아이들은 그들의 잘못된 행동을 정당화하려 할 것이다. 대리 교사들이 좋은 동료가 되어 그들의 학생을 돕는 것은 모든 선생님의 책임이다. 대리 교사에 대한 좋은 경험을 갖게 하는 데 도움이 되는 몇 가지 지침을 다음과 같이 제시한다.

당신의 학생들을 준비시켜라. 가능하다면 당신의 아이들에게 당신이 결근하려는 날을 알려라(추가적인 통지는 '싸움 계획'을 생각하는 그들을 부추길 것이다). 그날의 수업 계획은 보류하고, 당신이 규율을 어떻게 다룰 것인지 설명하라. 나는 나의 학생들에게 항상 내가 그들이 나를 대하는 것처럼 대리 교사를 대할 것임을 안다고 말한다. 그러고 나서 몇몇 나의 학생들이 나의 요청에 따르지 않을 것을 대비하여 수행하기 편리한 문서를 대리 교사에게 제공할 것이다.

당신을 대신할 대리 교사를 발탁하라. 당신은 좋은 대리 교사가 누구인지 듣고 관찰해 보면 간단히 알 수 있다. 스미스 선생님이 다음 수업을 대신하였을 때 모든 시간 동안 안전한 것처럼 보였는가? 아마도 그는 너무 엄격하거나 과잉 반응하는 경향이 있을 수도 있다. 존스 선생님은 교실을 가로지르며 수업을 대행하는가? 아마도 그녀는 너무 관대할 것이다. 당신이 동료들 방에서 대리 교사들을 만났을 때 대리 교사들에게 자신을 소개함으로써 알게 된다. 아이들이 무슨 말을 하는지 작은 소리에도 귀를 기울여라. 마음속에 담아 둔 이러한 모든 정보들로 당신의 대리 교사를 선택하라. 내가 선택한 대리 교사는 조용하고 단호하며 사랑이 충만한 은퇴한 교사였고, 나는 그 교사를 결근하는 날에 맞추어 미리 '예약'할 것이다. 학생들은 "그 선생님에게는 버릇없게 굴 수 없어요."라고 말한다.

대리 교사와 수업 모두를 확실히 준비하라. 이는 출석 명단의 복사본을 준비하고 대리 교사에게 도움이 되는 선생님들의 이름과 방 번호를 남기는 것을 기억해야 한다는 의미이다. 그리고 당신은 당신이 가르칠 각각의 수업에 대하여 계획된 문서와 내어 줄 과제를 세심히 검토해야 한다. 나는 비평가가 되어 대리 교사와 함께 그날의 일들에 대해 다룰 것이다. 나는 학생들이 그들의 공책과 교과서의 도움으로 보충할 수 있는 수업 계획표를 만들 것이다. 그리고 대리 교사에게 학생들이 답을 찾는 데 도움이 되는 참고 자료를 제공한다. 나는 대리 교사에게 수업을 마칠 때 수업 계획표를 검토하고 내가 부재중에 무엇을 하였는지 알 수 있게 학생의 자료들을 모아 두라고 부탁할 것이다. 또한 나는 그들이 빨리 마칠 것을 대비하여 학생들이 완성할 수 있는 단어 게임이나 단어 퍼즐들을 준비해 둘 것이다. 이러한 매체는 학생들의 흥미를 이끄는 것으로서, 학생들은 수업을 방해하는 오락이나 재미있는 다른 활동 대신에 이루어질 것이다.

당신이 좋은 대리 교사를 선택하였다고 확신할지라도 당신이 없을 때 당신의 자료가 없어지지 않게 책상을 잠가 두는 것이 좋다. 나는 항상 나의 책상을 잠그고 대리 교사를 위해 분명한 수업 계획, 학생 명단, 자리 목록, 도와줄 수 있는 교사의 이름, 참조 형태, 출석표, 펜과 연필, 여분의 교재, 여분의 공책들이 포함된 폴더를 준비해 둔다. 이렇게 한곳에 모든 매체를 준비해 둠으로써 대리 교사가 준비될 수 있게 하고, 당신의 자료를 흐트러뜨리는 일 없이 안전하게 보관할 수 있다.

다시 출근하여 당신이 결근한 동안의 수업에 관한 훌륭한 보고서들을 읽는 것은 멋진 일이다. 몇몇 보고서들은 내가 다른 것들보다 좀 더 현명했다는 것을 알게 하지만, 그들 모두에게 항상 긍정적이지는 않다. 나는 모든 수업에 대한 그들의 보고서를 읽고 그들의 협력에 대해 감사한다. 그들은 그들 자신을 자랑스러워한다. 고등학교 학생들은 행동으로 나타나지는 않지만 수업하는 대리 교사에게 실질적으로 무엇인가 배운다.

교과서 관리

몇 가지 것들로 그에게 책임감을 부여하기보다는 도움을 줄 수 있으며, 당신이 그를 신뢰한다는 것을 알도록 해 주어야 한다.

—부커 T. 워싱턴(Booker T. Washington)

학교는 분실되고 파손된 교과서들을 다시 준비하는 것 때문에 매년 수천 달러의 비용을 소모한다. 학생들이 필요할 때 교과서를 구할 수 있고, 학년 말에 파손되지 않은 책은 되돌려 주는 책임을 갖게 하는 방법들을 결정하는 것은 학급 담임교사의 책임이다. 별로 효과적이지는 않지만 빠르게 교과서를 끝내려고 노력한 몇 년 후에 나는 느린 사람을 위하여 여러분이 노력하는 방법보다 더 효과적인 방법을 선택할 수 있었다.

학년 초에 나는 학생들에게 교과서를 나눠 주는 동안 학생들이 혼자 힘으로 완성할 수 있는 수업을 고안한다. 나는 교과서 표지의 안쪽에

서명하고, 교과서에 대한 일반적인 주의사항을 언급한다. 그리고 학생의 이름을 쓰도록 한다. 나는 교과서의 번호가 기록된 종이에 학생들이 사인하도록 하고, 학생이 교과서에 사인한 날짜를 기록한다. 이러한 방법으로 나는 교과서를 받은 모든 사람과 교과서의 번호를 기록한다. 그러면 학년 말에 나에게 교과서를 빌려 간 학생이 어떤 학생인지 의문을 갖지 않아도 된다. 나는 간단히 교과서 배부 목록에 그 학생이 서명했는지를 확인해 보면 된다. 만약 목록에 기록되어 있지 않았다면 그는 얼마의 돈을 학교에 빚진 것이다.

교과서의 또 다른 문제점은 일단 학생들이 교과서를 받았는데도 막상 교과서가 필요한 수업에 가져오지 않는다는 것이다. 만약 학생들이 교과서를 가져오지 않았을 때 한숨과 눈을 부릅뜨는 것이 유일한 벌이라면 수업에 교과서를 가져오라는 추가적인 노력은 별 의미가 없을 것이다. 빠짐없이 교과서를 가져오는 학생들은 선생님이 교과서를 가져오지 않는 학생들을 책임 있게 관리하지 않는 것을 좋지 않게 생각할 것이다. 모든 선생님은 선생님과 순종하는 학생, 순종하지 않는 학생들을 위하여 좌절을 유지하는 체제를 제안해야 한다.

내게 효과가 있었던 체제는 나의 부서 직무에 의해 나를 통과해 가는 것이었다. 나는 학생들에게 100점을 받고 싶은 사람은 손을 들라고 요청한다. 변함없이, 몇몇의 의심스러운 눈빛을 한 학생들과 함께 학생들이 손을 들었다. 나는 "좋아. 너희들에게 100점을 줄 거야."라고 말한다.

"무슨 뜻이에요?"라고 학생들이 묻기 시작했다.

"이 점수가 무엇인지 궁금한 건가요? 좋아요. 매일 여러분이 수업에 교과서를 가져오면, 나는 교과서 검사를 할 거예요. 만약 여러분이 교과서를 가지고 왔다면 여러분은 그때마다 100점을 유지할 거예요. 하지만 만약 여러분이 교과서를 가지고 오지 않는다면 그때마다 10점씩 잃게 될 거예요. 만약 여러분이 두 번이나 교과서를 가져오는 것을 잊어버린다면 어떤 일이 일어날지 알겠지요?"

학생들은 "선생님은 또 10점을 감점하시고, 점수는 80점이 될 거예요."라고 외칠 것이다.

"맞았어요. 따라서 여러분이 C를 받을 수도 있고 A를 받을 수도 있지요. 만약 여러분이 10번이나 교과서를 가져오는 것을 잊는다면 어떻게 될까요?"

누구도 이런 질문을 듣는 것을 좋아하지 않지만 누군가가 "평가등급에서 0점을 받게 될 것입니다."라고 대답한다.

"맞았어요. 성적을 내는 데 0점은 여러분의 평균을 낮게 할 수 있겠죠. 나는 여러분이 수업에서 통과하길 원한다면 교과서를 잘 준비해야 한다는 점을 이해하길 바라요. 매일 교과서를 가져오는 것이 좋은 준비 방법이겠죠. 다른 방법으로는 또 무엇이 있을까요?"라고 덧붙여 묻는다.

그러고 나서 나는 숙제와 함께 종이, 펜, 연필을 가져오는 것에 관한 짧은 토론을 계속해서 이끌고, 휴식을 취하여 피곤하지 않게 한다. 이러한 방식으로 나는 학생들에게 나의 계획이 무엇인지 설명하고 학생들이 이러한 계획에 차질이 없도록 설명을 덧붙인다.

만약 당신이 이러한 체제를 세웠다면, 이 체제가 적용되는 방법에 관한 몇몇 질문에 관한 답을 계획하라.

학생: 좋아요, 우리가 교과서를 가져오지 않는다면 그때 우리는 10점이 감점되었는데 교실에 그냥 앉아 있어야 하나요?

선생님: 좋은 질문이네요. 여러분은 동일한 위반에 두 번이나 벌을

줄지에 관하여 관심이 많은 것처럼 보이네요. 내가 맞았나요? **(지침 2: 문제에 집중하라)**

학생: 예. 그건 너무해요. 저는 교과서도 없이 교실에 앉아 있기는 싫어요.

선생님: 나도 동의해요. 그건 아마 매우 지루할 거예요. 여러분이 교과서를 가져오지 않은 것에 대하여 감점을 하고, 그 시간 동안 교과서를 빌려 줄 거예요(**지침 4: 당신의 가치관을 굽히지 말라**).

학생: 그럼 공정하네요.

나의 체제에서 모든 학생들은 100점을 받으면서 수업을 시작하고, 그들은 마음대로 할 수 있는 이점이 있는 완벽한 시험점수를 가지게 되는데, 이는 일 년에 네 번의 기회를 부여한다. 또 다른 방법은 매 학기당 10회 무작위로 교과서를 검사하고, 교과서를 가지고 있는 학생들에게 10점을 주는 것이다. 매 학기가 시작될 때, 만약 학생들이 그런 습관을 가지고 있지 않다면 그들이 이제 교과서를 가져와야 할 때라는 것을 알려 준다. 대부분의 학생들은 이와 같은 훈련을 요구하지 않지만 그것이 필요한 몇몇 학생은 늘 있기 마련이다. 결국, 교과서를 가지고 오는 것에 대한 점수 부여는 매 학기 평균적으로 양심적인 학생들(대개 학급의 과반수)에게 보너스로 부여된다. 그 방법을 따라서 그들은 옳은 것을 하는 동안 옳다는 것이 확인되는 것을 느낀다. 그리고 나는 그들이 필요로 하는 교과서가 없는 채로 나타나는 학생들의 소수가 초조해하는 것을 경험했다.

화장실 허가

사람의 마음은 관찰을 통하여 그리고 논쟁을 거치지 않고 변한다.

—윌 로저스(Will Rogers)

화장실에 가는 것은 지루한 강의에서 혹은 경련을 유발하는 책상에서 벗어나려는 완벽한 방법이다. 선생님으로서 우리는 학생이 정말로 화장실을 가야 하는지 알 수도 없고, 그렇다고 해서 우리가 그들과 함께 화장실에 갈 수도 없다. 대부분의 교사들은 학생들이 화장실에 가겠다고 요청하면 수업에서 나갈 수 있도록 허락하는데, 그들이 우리의 믿음을 이용하지 않길 바랄 뿐이다. 어떤 선생님들은 어떤 수업에서도 학생들이 교실을 나가는 것을 허락하지 않는다.

당신이 이러한 선택을 하는 것이 편안하지 않다면 중립적으로 생각하라. 나는 학생들에게 다음과 같이 말한다. "나는 여러분이 48분 동안 교실에 있어 주길 바라요. 나는 급한 상황들이 일어날 수 있다는 것을 알아요. 그래서 나는 화장실을 다녀오는 체제를 만들었어요. 여러분은 각 쿼터(역주: 수업시간을 4등분하여 1/4에 해당하는 시간)를 통과하면 한 번 화장실에 갈 수 있어요. 여러분은 쿼터 동안 언제라도 그것을 사용할 수 있지만, 단 그 쿼터들 중 한 번만 화장실을 갈 수 있어요. 이는 쿼터 동안의 휴식을 위한 체제입니다. 계획을 실행할 것이고 여러분도 좋아할 거예요. 예전에 나는 방광염이 있는 학생을 가르친 적이 있는데, 그 학생에게는 한 쿼터당 한 번 이상의 급한 상태를 허락했어요. 만약 여러분이 그러한 증상이 있다면 의사의 진단서를 가지고 오세요. 나는 기꺼이 여러분이 필요할 때 화장실에 가도록 할 거예요."

처음에는 학생들이 불합리한 것들을 발견하고 내가 그 정책을 시행

할 것이라고 믿지 않았다. 그들은 내가 화장실에 갈 수 있도록 정해진 매 시간을 나의 평가책에 기록하고 있는 것을 보여 주거나, 나에게서 "아니. 너는 화장실에 갈 수 없단다. 너는 이미 너의 급한 상태로 허락된 시간을 사용했잖니."라고 말하는 것을 들었을 때부터 믿기 시작했다. 학생들은 나의 수업 시간은 의미 있고, 그들은 도망갈 수 있는 방법을 생각하는 것을 멈추어야 한다는 것을 알게 되었다. 이러한 방법으로 그들은 나와 논쟁할 어떤 이유도 찾지 못했고, 우리는 쉽게 수업으로 되돌아 갈 수 있었다.

당신은 예외를 허락하는가? 나는 종종 허락한다(**지침 3: 큰 틀을 보라**). 수업을 듣기 위해 교정을 가로질러 가까스로 수업에 들어온 학생이 있었다. 우리 학교에서는 수업의 처음과 마지막 10분 동안은 학생들이 화장실 가는 것을 허락하지 않았다. 그래서 그녀는 수업의 처음 10분 후에 화장실을 갈 수 있도록 요청하는 방법을 배웠다. 그녀는 흥분을 해소할 수 있었고, 다른 학생들이 그녀가 없음을 눈치 채지 못하게 하여 교실로 되돌아갈 수 있었다. 그녀는 또한 그녀가 수업에서 놓칠 수 있는 것을 얻기 위하여 적당한 순간 동안 기다렸다. 이 체제는 그녀에게 매우 필요한 특별한 기대를 얻기 위하여 그녀의 방법을 차별화시키는 데 효과를 가지고 있었다.

가정 학습 과제

> **당신이 더 이상 참을 수 없을 만큼 갑갑한 장소에 있고, 모든 것이 당신에게서 등을 돌려도, 그 흐름을 돌리려는 장소와 시간을 위하여 포기하지 말라.**
>
> —**해리엇 비처 스토**(Harriet Beecher Stowe)

나는 포스터 크기의 종이를 코팅하여 상세히 기술된 4개의 색인카드들로 구성된 가정 학습 판을 준비한다. 나는 그것을 커다란 정사각형 모양으로 벽에 붙여 둔다. 나는 매일 아침 그날의 기록과 매 시간의 나의 수업을 위한 예습으로 가정 학습 과제를 펜으로 적어 놓는다. 그 판은 코팅되어 있기 때문에 관리하기 쉽다. 나는 과제를 위하여 공간이 필요하면 더 오래된 날짜들을 지운다.

가정 학습 판은 다음과 같은 많은 일들을 완수하게 한다.

- 학생들은 교실을 둘러볼 때, 그들에게 그날 밤에 해야 할 가정 학습이 있다면 즉시 확인할 수 있다. 그들은 수업의 일부로 주려는 가정 학습 과제를 알게 된다. 이것은 벌이 아니다. 그들은 또한 그날 밤에 해야 할 과제의 분량을 측정할 수 있다. 그래서 그들은 놀라지 않는다.
- 결석한 사람은 2주 동안 놓친 가정 학습 과제에 관한 기록을 발견할 것이다.
- 관리자들과 부모들이 이 교실에 왔을 때, 그날에서 2주 전까지 내주었던 가정 학습 과제에 대한 시각적 기록을 볼 수 있다.
- 가정 학습 판은 교실 앞에 있기 때문에 서서 읽을 수 있다. 나는 나

의 계획된 책에 언급되지 않는 페이지 수와 다른 정보를 언급할 수 있다.

- 가정 학습 과제를 얻는 것은 나의 책임이 아니라 학생의 책임이다. 이는 자기의지를 가르치는 데 도움이 된다.

읽기 과제

그는 지혜가 필요하다면 당신이 지혜의 문으로 들어가는 것을 경매하기보다는 당신이 자발적으로 입구로 인도할 것이다.

—**칼릴 지브란**(Kahlil Gibran)

나는 영어를 가르치며, 소설을 읽는 것은 내 수업에서 중요한 부분이다. 나는 학생들이 무엇을 읽고, 언제 우리가 그것을 읽을 것인지 아는 것을 좋아한다는 것을 알게 되었다. 각각의 책을 배분해야 하기 때문에 나는 주, 날짜, 읽을 페이지, 그리고 설명할 어휘들이 조직화되어 있는 넘기는 차트를 만든다(**〈그림 2〉** 참조).

나는 학생들이 북마크로 사용하기 쉬운 4×5인치 종이에서 많은 정보를 얻을 수 있기 때문에 과정을 단순화한 스프레드시트 프로그램을 사용한다.

학생들은 그들의 주를 계획하기 위하여 넘기는 차트 안에서 정보를 사용할 수도 있고, 혹은 그것을 무시할 수도 있다. 그것은 그들의 선택이다. 나는 그들의 선택에 관하여 가치판단을 하지 않으며 학생은 그들의 결정권을 유지한다.

학생들은 넘기는 차트를 보기 때문에 변함없이 '다독'의 밤을 안다.

〈그림 2〉 넘기는 차트 견본

노예 소녀의 생활에서의 사건들

작가: Harriet Jacobs

어휘와 읽기

1월 19일 주			
월 : 휴일 화 : pp. 11-43 수 : pp. 44-70 목 : pp. 71-96 금 : pp. 97-121	1. 백인 2. 어머니의 3. 근면한 4. 모독 5. 수용하다 6. 촛대	7. 사취하다 8. 미식가 9. 짐작 10. 향유 11. 노력 12. 육체의	13. 동산 14. 노고 15. 비열한 16. 속박 17. 회상 18. 빈틈없는

1월 26일 주			
월 : pp. 122-144 화 : pp. 145-166 수 : pp. 167-178 목 : pp. 179-192 금 : pp. 193-223	19. 악의 20. 경멸 21. 지방 22. 짜증나게 하다 23. 이민시키다 24. 매장	25. 큰 가지 26. 간청하다 27. ~을 해방하다 28. 퍼지다 29. 복종 30. 보복	31. 어두운 그림자 32. 곤경 33. 시인 34. 마멸하다 35. 만들어진 36. 엷은 색조

2월 2일 주			
월 : pp. 224-248 화 : pp. 249-263 수 : pp. 264-278 목 : pp. 279-295 금 : pp. 296-303	37. 파 싸움을 일삼는 38. 포기하다 39. 지옥인 40. 유독한 41. 찢다 42. 허용어구	43. 나무라다 44. 놀람 45. 항의하다 46. 유발하다 47. 분개 48. 직업	49. 수다 50. 경찰관 51. 기쁘게 하다 52. 추측 53. 조달하다 54. 간격

그들은 또한 우리가 책을 함께 읽고, 그들이 빠르게 처리한다면 우리는 그 페이지를 읽는 데 좀 더 많은 시간을 가질 것이고 좀 더 적은 가정 학습 과제가 있을 것이라는 것을 안다. 이는 모두에게 좋은 것이다.

이러한 넘기는 차트들은 학생들에게 모순되지만 내가 가르치는 것만큼 인기가 많다. 학생은 학교 밖으로 나와 있지만 과제가 무엇인지 안다. 그리고 그가 수업을 유지하고 싶다면 그는 그런 것들을 쉽게 할 수 있다.

프로젝트 과제

> **성공적인 결론을 가져오는 하나의 가치 있는 과제가 반만 끝낸 과제 50개만큼의 가치가 있다.**
>
> —B. C. **포브스**(B. C. Forbes)

나는 연구 논문과 같은 확장된 수업에서 학생들에게 그들의 노트에 기록하게 함으로써 한 명의 프로젝트 조직자로 세우고, 프로젝트의 용어로 언급한다. 나는 내가 평가와 함께 있는 어떤 과제로서 프로젝트의 각 부분을 다루면 전체로서 프로젝트가 학생들을 위하여 좀 더 많이 운영된다는 것을 알게 되었다. 그들은 그것을 큰 덩어리로 보지 않고, 고비를 넘기고, 작은 단계들의 모음으로만 본다. **〈그림 3〉**과 같이 강조(볼드) 글씨와 많은 설명, 그리고 각각 구성된 과제의 마감일을 포함하여 학생들이 필요로 할 부가적인 매체들에 대한 자료를 포함시킨다.

프로젝트 조직자들이 창조하는 것이 진전된 계획이고 발달된 작업일지라도 그것은 오랫동안 계속된 시간을 절약하는 데 목적이 있다. 프

〈그림 3〉 견본 프로젝트 구성자

『호밀밭의 파수꾼』에 관한 주제의 연구 논문

마감일:
논제 진술: 3월 31일 화요일
25 공책 카드: 4월 2일 목욕일
요약: 4월 3일 금요일
초안: 4월 8일 수요일
완성: 4월 22일 수요일

분량: 3~5페이지, 제목의 장은 포함되지 않으며 인용된 페이지 적기.
마지막 논문의 점수: 3개의 에세이 평가
총체적인 프로젝트 점수: 4개의 가정 학습 평가, 4개의 퀴즈 평가, 3개의 에세이 평가.

1. **가능한 주제**
여분의 연구 논문 주제로서 다음의 주제에서 한 가지를 선택하라.

- 10대의 태도
- 10대와 부모와의 관계
- 데이트와 관련된 딜레마
- 10대의 생활에서 억압의 영향
- 변화를 수용하는 무능
- 삶의 선택에서 불안정의 영향
- 모독과 미국 문화
- 형제 죽음과 그것이 살아 있는 형제들에게 미치는 영향
- 젊은 10대들의 망상
- 독립한 10대의 행동
- 고등학교 실패
- 10대를 위한 기숙사 생활

2. **논문 진술** **점수:** 1개의 가정 학습 평가
논제 진술을 여러분의 논문의 초점에 맞춰 발전시킨다. 공책 카드에 논문을 적어 **3월 31일 (목요일)**까지 제출한다.

〈그림 3〉 (계속)

3. 공책 카드 **점수**: 3개의 가정 학습 평가

3×5인치 크기의 공책 카드 묶음을 3월 30일 월요일까지 마련하라. 이 공책 카드에 논문을 뒷받침하기 위해 어떤 인용을 했는지 기록하라. (**공책 카드 형식을 위한 지침**에 대하여 언급하라.) 연구 논문에는 3개의 출처를 가지고 있어야 한다. 논문에 사용된 출처들이 이미 교과서에 나와 있는 것들을 사용해서는 안 된다. 출처는 여러분이 읽은 책이나 기사에서 찾아야 하지만 『호밀밭의 파수꾼』을 이용할 수도 있다. **4월 2일(목요일)**까지 적어도 **25개의 공책 카드**를 완성하고 제출해야 한다.

4. 요약 **점수**: 1개의 퀴즈 평가

일단 연구를 구성하고 논문의 범위를 결정했으면, 절과 절로 어떻게 요약할 것인지 결정해야 한다. 여러분의 논문 진술은 시작에 요약을 제시해야 한다는 것을 기억하라. 1~2페이지 요약을 타이핑하거나 손으로 써서 **4월 3일(금요일)**까지 제출하라.

5. 연구 논문

여러분의 요약을 활용하여 연구 논문을 써라. 다음의 사항에 주의하라.

- 여러분의 생각을 지지할 수 있는 인용을 사용하라. 그것들이 그저 좋아서라는 이유로는 인용하지 말라. 내부의 문헌을 위하여 수업의 지침을 따르라.
- 여러분의 논문 진술의 소개 절에는 마지막 문장이 있어야 한다.
- 여러분의 논문 진술에 포함된 절 안에 처음과 마지막 문장이 있어야 한다.
- 여러분의 논문 진술에 초점을 맞춰라! 독자가 논문 읽기를 마쳤을 때 그들은 여러분의 논문에서 증명한 것들이 사실이라는 확신을 가지게 해야 한다.
- 수정하라. 초안을 쓴 것만으로 만족하지 말라. 논문을 천천히 큰 소리로 읽고, 만약에 여러분의 논문이 매끄럽다면 들을 수 있을 것이다.
- 여러분의 손으로 써라. 만약 여러분이 큰 글씨로 논문을 썼다면 다섯 페이지는 써야 한다. 여러분이 작은 글씨로 썼다면 3~4페이지 정도만 써도 된다.
- 여러분의 논문을 타이핑한다면 Century Schoolbook, Courier, 혹은 Times New Roman 폰트(글씨체)의 11~12포인트 크기를 사용하라.
- 제목 페이지와 참고 문헌 페이지를 만들고, 참고 문헌은 학급 치침을 따르라.

〈그림 3〉 (계속)

초안 **점수**: 3개의 퀴즈 평가

여러분의 초안은 다음을 포함하여야 한다.

- ❑ 제목 페이지
- ❑ 요약
- ❑ 내부 인용이 포함된 3~4페이지의 연구 논문
- ❑ 인용문(참고 문헌) 페이지

초안은 **4월 8일(수요일)**까지 제출하라.

최종적인 초안 **점수**: 3개의 에세이 평가

초안에 관한 나의 주의와 제안점에 대해 읽고 나서 초안을 바탕으로 다시 쓰거나 타이핑하라. 최종본에 포함되어야 하는 것은 다음과 같다.

- ❑ 제목 페이지
- ❑ 3~4페이지 분량의 내부의 인용과 함께 교정한 연구 논문
- ❑ 인용문(참고 문헌) 페이지

최종적인 논문은 **4월 22일(수요일)**까지 제출하라.

로젝트는 모두 기록되기 때문에 무엇을 했는가에 관한 매일의 논쟁이 없다. 몇 가지 이유 때문에 프로젝트 조직자들은 나의 학생들에게 동일한 사물에 대하여 말하는 것보다는 운영될 일련의 단계적 프로젝트를 보여 주는 것이 더 효과적이라고 말한다. 구성원들은 보고, 작업을 하는 것에 의해 스스로 사실을 발견한다.

프로젝트 조직자는 학생들에게 많은 선택들을 준다. 그들은 각각의 영역에서 평가를 받기 때문에 몇 가지 과제, 모든 과제, 혹은 그 중 아무거나 하나를 할 수도 있다. 이는 그들의 선택이다. 나는 확실하게 과제를 늦게 내면 감점을 할 수도 있고, 과제를 받아 주지 않을 수도 있음을 상기시킬 수 있다. 이러한 사항은 모두 미리 계획된다. 이러한 계

획에는 여러 가지 선택이 있지만 학생, 부모, 행정가, 상담자, 선생님과의 논쟁은 없으며, 부정적인 반작용도 없다. 이것은 선생님이 학생에게 책임에 대해 가르치는 방법이다.

평가 관리

오로지 유연하게 창조적인 사람만이 진정한 미래를 운영할 수 있다. 그 사람은 두려움이 없고 확신에 가득 차 있으며, 참신함으로 직면한다.

—**에이브러햄 매슬로우**(Abraham Maslow)

평가 날에는 나는 늘 줄을 늘려서 학생들 책상 사이의 공간을 벌려 둔다. 이러한 간단한 조치는 학생들에게 내가 평가하는 데 얼마나 신중을 기하는지 시각적으로 보여 주는 것이다. 나는 컨닝하려는 학생들을 이동시키고, 그러고 나서 가능한 수업의 휴식시간을 늦춰 자리를 균형 있게 한다.

평가 전날 나는 학생들에게 중복 선택, 짧은 답, 에세이, 혹은 종합과 같이 기대되는 평가의 유형에 관하여 말한다. 각각의 평가 질문 유형은 서로 다른 수준의 이해에 도전하게 하고, 시험에 대비하여 학생들에게 준비 유형을 제공해야 할 것이다. 나는 늘 평가에서 에세이 일부가 얼마나 가치가 있는 것인지 설명하며, 때때로 나는 그들이 답에 대하여 생각할 기회를 주기 위하여 두세 개의 가능한 에세이 주제를 발표한다.

학생들이 평가를 완성하는 데 얼마나 오랜 시간이 걸릴지는 문제가 되지 않지만, 쉽게 끝내는 학생들은 늘 있기 마련이다. 모든 평가 전에 나는 평가를 완성하면 다 마쳤다는 신호로 평가지를 뒤집어 내려놓고 앉아 있으라고 말한다. 그러고 나서 그들은 재빨리 그들의 고개를 숙이고 책을 읽거나 또 다른 수업의 과제를 한다. 나는 평가지를 다 걷을 때까지 그들을 괴롭히지 않는다. 여전히, 산만하고 지루해하고 말하기를 원하는 쉽게 끝낸 학생들이 늘 최소한 한 명씩은 있기 마련이다. 평가를 받고 있는 학생들의 집중이 흐트러졌을 때, 나는 크게 "쉬"라고 말하면서 전체 학급을 소란하지 않도록 경고한다. 그러나 나는 소리를 크게 하여 학급을 소란스럽게 하지는 않는다. 대신에 나는 말없이 그들의 책상에 잡지를 가져다주면서 돌아다닌다. 그러면 나는 소란스러워지는 학생들이 나의 메시지를 알아차릴 것을 알고 있으며, 그 학생은 난처해하지 않으면서 조용히 할 것이고, 나는 그러한 행동에 감사한 마음을 전할 것이다.

반성을 위한 질문

1. 당신의 수업 시간 시작은 어떠한가? 당신이 바꾸고자 하는 부분이 있는가?
2. 당신은 수업을 시작하기 전에 학생들에게서 어떤 태도를 기대하는가?
3. 당신은 당신의 수업 계획에서 일관된 구조를 가지고 있는가? 있다면, 그것은 무엇인가?
4. 당신은 어떻게 당신의 문서 업무를 조직화하는가?
5. 당신은 대리 교사가 수업을 잘하게 하기 위하여 준비하는 방법이 있는가? 당신은 그것을 어떻게 개선할 수 있겠는가?

6. 당신은 교과서를 배분하고 돌려받는 운영을 어떻게 하는가?
7. 화장실에 가는 것을 어떻게 다루는가?
8. 당신은 학생들에게 가정 학습에 관해 어떻게 알려 주는가?
9. 평가일은 평소와 어떻게 다른가?

제 8 장

기대와 책임

삶은 재미있는 것이다. 당신이 가장 좋은 어떤 것을 받기를 거절한다면, 당신은 매우 자주 그것을 얻는다.

—W. 서머셋 몸(W. Somerset Maugham)

나는 학생들이 그들의 한계를 이해하고 동의할 때 좀 더 편안해진다고 믿는다. 학생들이 한계 속에서 살고 있으며 교실 안에서 그들의 사회적·학문적 목표들을 성취할 수 있을 때 모든 사람이 승리하는 것이다. 학생들이 이러한 목표들을 성취하는 데 실패하면 모든 사람이 지는 것이다. 교사로서 그들의 동료, 학습, 그리고 우리와의 관계의 모든 측면을 위하여 우리의 기대를 분명히 할 책임이 있다.

나의 기대를 명백히 하는 것은 내가 매우 관심을 가지고 그들을 대한다는 것을 보여 주는 것이다. 나는 그들이 정시에 그들의 과제로 되돌아올 수 있음을 안다. 그들은 집단으로 수업을 받을 수 있고, 성공적으로 어려운 프로젝트를 완성할 수 있다. 또한 명확한 기대는 내가 그들 스스로 규칙을 따르고 이해의 한계를 뛰어넘기 위하여 도전하는 데 도움이 될 수 있도록 충분히 돌보는 것임을 보여 주는 것이다. 지속적으로 동일한 제한 안에서 수업을 하는 것—마음 내키지 않아 하는 것에 관계되는 것, 늦은 작업, 행동, 혹은 학업—이 어렵다는 것을 적절한 태도로 나의 학생들에게 알려 주어야 한다. 기대는 변하지 않아야 하고 모든 학생들에게 마찬가지여야 한다.

출석

펼쳐진 빛에는 두 개의 길이 있다. 초 혹은 거울이 그것을 반영한다.

—**에디스 워튼**(Edith Wharton)

나의 고등학교 시절에는 학생들이 부모님께서 써 주신 결석 사유에 대한 쪽지를 이틀 안에 제출해야 인정이 되었다. 나는 출석에 관하여 이 규칙을 따른다. 학생들은 내가 결석한 두 번째 날에 제시하는 쪽지는 받아 주지 않는다는 것을 알고 있다. 만약 그들이 항의한다면 나는 그들에게 학생규칙, 나의 책상 위에 제출된 파일, 그리고 학교의 정책을 상기시켜 준다. 그들은 늘 수긍하지는 않지만, 이것은 나에게로 향하는 그들의 몇 가지 분노를 잠재우고, 이후로 같은 실수를 하지 않도록 하는 방법인 것이다.

아울러 나의 고등학교 시절에는 현장 체험, 클럽 회의, 대학 방문, 학교 버스가 늦는 것 등의 특별한 상황을 위하여 결석 사전 승인, 교장 권한 결석이라는 '기호 0'이라는 방법을 사용했었다. 학생들은 종종 나의 수업에 결석했을 때 '기호 0'에 해당되는 상황이었다고 나에게 말하려고 한다. 그러나 나는 "선생님께서 오닐 선생님께 물어보실 수 있잖아요!", "선생님은 제가 거짓말하고 있지 않다는 것을 알고 계시잖아요!"라는 항의에도 불구하고, 증거 서류를 받지 않는 한 그 어떤 상황도 '기호 0'으로 인정하지 않는다. '좋은' 아이, '성가신' 아이와 같은 불평들은 아무 문제가 되지 않는다. 증거 서류가 없는가? 그렇다면 기호 0을 받을 수 없는 것이다. 합법적인 요구들을 가지고 있는 학생들은 늘 만기일 가까이에 증거 서류를 가져오곤 한다.

결석에 대한 기록에 모두 왜 이렇게 민감한 것일까? 고등학교 학생들은 매년 20일의 결석이 허락된다. 만약 20일을 넘기면 그들은 지역 출석 위원회에 건의를 해도 자동으로 진급할 수 없다. 그러나 기호 0의 결석은 허락된 20일에는 포함되지 않는다. 솔직히 나는 학생들이 일 년에 20일만 수업을 놓치기를 바란다. 첫 학기에 20일을 놓친 대부분의 학생들은 두 번째 학기에서도 20일을 놓친다. 그들은 그들의 호소가 받아들여지지 않았을 때 몹시 놀란다. 그리고 그들은 많은 결석 때문에 진급에 실패한다. 단순한 진실은 대부분의 학생들이 학교를 가장 중요하게 여기지 않는다는 것이다. 그들은 가끔 부모님이 직장에서 돌아올 때까지 어린 동생을 돌보기 위해 집에 있어야 하기 때문에 학교에 오지 못할 때도 있다. 부모가 직업을 잃는다는 것은 그 가족이 먹을 수 없다는 것을 의미하는 것이므로 거기에는 논쟁의 여지가 없다. 그리고 돈을 벌기 위해 대부분의 학생들은 일주일에 25~35시간 동안 일을 한다. 그들의 부모님은 직업을 얻는 이러한 결정에 포함되어 있지 않고, 십대들이 직장과 학교 둘 다에서 실질적으로 잘해 나갈 수 있는지에 관한 논의는 없다. 일을 해서 얻는 소득으로 버스를 타는 것과 자동차를 운전하는 것의 차이, 혹은 물려받은 옷을 입는 것과 명품 옷을 입는 것의 차이가 있는 선택에서, 학생은 쉬운 것을 선택한다. 그래서 교육은 고통스럽다.

학교는 학생들에게 즉각적인 만족스러움과 보상을 제공할 수 있도록 경쟁해야 한다. 그리고 내가 지적한 것처럼 어떤 선생님이라도 십대 학생을 수업에 참여하게 하는 데 한계가 있기 마련이다. 나는 여전히 학생들이 진정한 흥미를 느끼는 것에 도움을 주려고 애쓰고 있고, 그들이 자신을 위하여 가져야 하는 사랑을 키우는 데 좀 더 나은 전문가라고 믿으며, 저성취 혹은 낙제하는 소수의 아이들도 구제하는 것을 좀 더 좋아해야 한다고 생각한다.

수업 형성

잔디의 모든 잎사귀들은 "자라라, 자라라."라고 몸을 굽히고 속삭이는 천사를 가진다.

—**탈무드**(The Talmud)

장기결석과 관계된 또 다른 문제들은 학생들의 학습에 있어서 간격을 만드는 결과로 이어지며 교사들이 학습에 관한 문서들을 작성하는 과제로 남게 된다. 나의 학교에 있는 학생이 5일 동안 결석한 후에 수업에 돌아오면 교사는 그것을 수용하지 말아야 한다. 솔직히 나는 교사라는 직업을 가진 초기에는 이러한 정책을 엄격히 따르지 않았다. 나는 그러한 학생들이 수업에 되돌아왔을 때 그들의 학습을 기록하고 그것에 대한 평가를 받아야 한다고 생각했다. 나는 내가 관대함으로써 나의 학생들을 돕고 있다고 생각하였는데, 실질적으로는 그들에게 상처를 주고 있었다.

그래서 나는 희망적인 방법을 찾아냈다. 일 년의 4분기의 학기 중 1분기에 해당하는 학기가 끝날 때, 나는 나 역시 문서들과 다양한 과제들에 압도되어 있음을 알게 되었다. 이들 대부분은 주초에 배포되어야 했다. 나는 내가 정리한 대답의 키들을 검토해야 했고, 과제의 특별한 목적은 나 스스로 기억하여 다양한 수업의 기록들을 재검토해야 했다. 다시 말해 이러한 문서를 평가하는 것이 진짜 힘들었고, 그래서 학생 수업의 총제적인 질은 매우 빈약하게 되었다. 이러한 틀 밖의 수업은 조금도 전환되지 않았고 학습되지 않은 것처럼 보인다. 이는 모든 사람이 지는(lose-lose) 상황에 놓이게 하였다.

나는 윈-윈(win-win)으로 만들기로 결심했다. 나는 칠판에 다음과 같은 알림 사항을 크게 적어 두기 시작했다. 어떤 수업이든 5일을 빠지고 돌아오면 0점을 받을 것이다. **이러한 규칙에는 예외가 없다.** 나는 내가 5일이나 결석한 학생들을 수업에 받아들인다면 결국은 빈약한 수업의 질과 놓친 과제로 빈약한 결과를 획득할 것이라고 설명하고 나의 이러한 정책만이 그러한 문제를 해결할 수 있다고 강조하였다. 어쨌든 학생들이 나의 정책을 이해하지 못할 수도 있지만 그들이 순서를 건너뛰고 장을 읽거나 10장을 읽은 후에 4장과 5장을 읽으면 소설－소설을 즐기는 것 자체로 내버려 둠－의 특징을 이해하는 것을 기대할 수 없을 수 있다. 나는 우리의 수업 과정은 동일해야 한다고 설명을 덧붙였다.

나는 칠판에 그해 수업 정책에 관한 규칙을 적었고, 그 후 그것을 교실의 일정 영역에 늘 고시해 두었다. 몇몇 학생들만이 그것을 지키려고 노력했다. 제2장에서 언급했던 데릭이라는 학생은 11학년 우등반 영어 수업을 듣는 신경질적인 아이였다. 저학년 시절에 데릭은 그의 삶에서 사랑을 발견하였다. 그는 관심과 애정이 거의 없는 알코올 중독 가족 출신이었다. 그의 새로운 관계는 이러한 결핍을 보충해 주었고, 쉽게 학교 수업을 우선순위로 가져오게 했다. 예를 들면 데릭은 그의 여자친구의 교실에 가기 위해 교정을 가로질러 가는 방법을 선택하였고, 심지어 그는 나를 위하여 지각한다고 생각하였다. 사실, 나는 데릭이 확실한 근거 없이 지각하면 문을 닫고 그를 락아웃으로 보낸다. 데릭은 어김없이 내 수업을 빠졌다. 아마도 그의 여자친구와 함께 있을 수 있는 귀중한 시간에 영어 수업을 선택하라고 강요했기 때문일 것이다. 그는 많은 수업을 빼먹고 있었다.

나는 종종 나의 우등반 학생들에게 짝을 이루어 수업을 할 것을 요청한다. 데릭은 늘 매우 유능한 학생인 켄과 짝이 되었다. 나는 켄이 혼자서 수업받기를 원하고 있다고 생각했다. 그러나 나는 어쨌든 세 번째 쿼터(역주: 1년을 4학기로 나누었을 때 세 번째에 해당하는 학기) 동안 비평적 읽기, 용어 정의하기, 작문하기 등과 같은 시 프로젝트에서 짝을 이루어 수업을 하였다. 프로젝트 조직에 관한 문서에 나는 구성원 모두가 각각 프로젝트를 위한 책임이 있다는 것을 강조해 준다. 데릭과 켄은 함께 진척도를 만들고 있는 것을 볼 수 있었다.

시 프로젝트가 끝날 즈음 어느 날, 켄은 훌륭한 과제를 제출했다. 모든 작업은 켄의 이름 아래 데릭 존슨이라는 것을 제외하고 그가 모두 손으로 썼다. 데릭은 결석하여서 이것을 받을 수 없었기 때문에 다음날까지 기다려야 했다.

내가 그에게 말을 하자 데릭이 항의하기 시작했다.

"하지만 선생님은…" 그는 말하기 시작했고, 목소리는 점점 작아졌다.

"그래, 내가 뭐라고?"라고 되물었다(**지침 2: 문제에 집중하라**). 그러나 데릭은 대답이 없었다. 나는 데릭에게 프로젝트 제출까지 4일이 더 남았다고 말하였다. 그는 고개를 가로저었다.

나는 이런 시 묶음을 평가하는 데 2주가 걸렸고, 그동안 나는 데릭으로부터 아무것도 받지 못했다. 그는 내가 켄의 프로젝트를 켄에게 돌려주면 그것을 복사하려는 것 같았다. 내가 과제를 돌려 줄 준비가 되었을 때, 나는 데릭에게 홀에서 이야기를 나누자고 하였다(**지침 2: 문제에 집중하라**).

"데릭, 너는 시 프로젝트를 제출하기에는 늦었다는 것을 아니?"

"선생님은 늦게 그것을 제출할 수 있다고 말씀하셨잖아요."라고 그가 항의했다.

"나는 너에게 4일 안에 제출하라고 말했고, 그날은 2주 전 금요일이었어. 과제의 만기일은 이미 2주가 지났단다."

"내일까지 제출해도 될까요?"

나는 그의 고집에 감탄했지만 나의 규칙을 무너뜨릴 수는 없었다. "안 된다. 들어가자꾸나."

데릭은 평균 56점으로 세 번째 쿼터를 실패했다. 내가 쿼터 평가지를 나누어 주던 날, 나는 수업 후 그에게 나머지를 한 쿼터 동안 그의 평균을 올리기 위하여 어떤 계획이 있는지 물었다(**지침 4: 당신의 가치관을 굽히지 말라**).

"잘 모르겠어요."라고 그는 대답했다.

"왜 너는 세 번째 쿼터를 실패했다고 생각하니?"

"선생님께서 제 시 프로젝트를 받아주지 않으셨기 때문이에요."

나는 칠판에 쓰여진 늦은 과제 제출에 관한 내용을 가리키며, "저것은 너에게도 적용된단다."라고 말하였다.

"알아요, 하지만 저는 선생님께서 프로젝트를 받아주실 거라고 생각했어요."

"데릭, 이제는 너의 학기 평균을 올리기 위해 무엇을 해야 하는지 알겠지?"

"네. 정시에 과제를 제출하는 것이죠."

"바로 그거야. 너는 학기를 통과하려면 다음 쿼터에 적어도 B^-는 받아야 해." 나는 그를 위하여 순간적으로 점수를 산출해 냈다(**지침 3: 큰 틀을 보라**). "네가 전에도 B를 받은 적이 있으니까 너는 다시 B를 받을 수 있을 거야!"

"네." 하며 그가 동의했다.

데릭은 여전히 느리게 조금씩 작업을 하였지만 모든 것을 5일 안에 하였다. 그리고 그해의 최종 과제일이 다가왔다. 독립적인 읽기 프로젝트는 수업의 마지막 날이 마감일이었다. 그러나 데릭은 과제를 제출하지 않았다. 데릭은 그 과제에 대하여 0점을 받았고, 평균을 내었을 때 나의 과제에서 통과를 요구하는 B^-를 얻는 것에 실패했다.

나는 나의 평가가 끝나기 전에 그 일로 데릭의 아버지를 불렀고, 그 상황에 대하여 설명했다. 나는 당신의 아들이 제출하지 않은 프로젝트를 다음날 12시 30분까지 제출한다면 받아주겠다고 데릭의 아버지에게 말하였다(**지침 3: 큰 틀을 보라**). 그는 나에게 감사해 했고, 데릭이 그것을 제출할 것이라고 나에게 확신을 주었다. 나는 점심 먹을 때와 회의를 할 때 나의 문을 잠그지 않고 갈 것이라고 덧붙였고, 데릭이 나의 책상에 그의 과제를 놓을 수 있도록 하였다. 나는 데릭이 과제를 쉽게 제출할 수 있도록 나의 규칙을 잠시 덮어 두기로 하였다.

그 다음 날, 나는 정오에 분과 바비큐 모임을 위하여 모임 장소로 갔다. 우리가 접시에 음식을 채우기 위하여 줄을 섰을 때, 데릭의 프랑스어 선생님이 전할 말을 가지고 나에게 다가왔다. "데릭이 그의 프린터가 고장 났기 때문에 좀 더 늦게 갈 것이라고 당신에게 말해 달라고 부탁했어요."

나는 그녀에게 고맙다고 했지만 속으로는 "나는 과제를 타이핑하라고 요구하지 않았어. 12시 30분이 마감이야! 만약에 내가 교실로 돌아갔을 때까지 나의 책상에 과제가 없다면, 나는 절대 그것을 받지 않을 거야."라고 생각했다.

내가 교실로 돌아왔을 때, 나의 책상 위에는 아무것도 없었다. 데릭은 2시 5분에 그의 여자친구와 함께 들어왔다. 나는 시계를 한 번 보고, 다시 그를 보았다. 그는 그의 과제를 들고 나의 책상으로 왔다. 나는 그것을 받지 않았다.

"데릭!" 나는 말하였다. "너의 아버지가 너에게 이 과제를 나에게 언제까지 제출해야 한다고 말씀하셨니?"

"아버지는 나에게 시간을 말하지 않았어요."

거짓말. 데릭은 그의 프랑스어 선생님께 늦게 제출할 것이라고 말했다. 만약에 정해진 제출 시간이 없었다면 어떻게 늦게 제출하겠다고 했을까?

"데릭, 너는 너무 늦었어. 너는 이 학기를 실패하는 것을 선택한 거야."

"왜 내가 실패해야 하나요?" 그는 여전히 실패한 것을 받아들이지 않았다. 그는 그의 평가점수를 보기를 원했고, 그는 나에게 다시 생각해 주기를 원했다. 나는 그에게 간단명료하게 너무 늦었다고 다시 말했다 (**지침 4: 당신의 가치관을 굽히지 말라**).

그것은 슬픈 일이지만 나는 그가 여름학교에서 한 과목을 수강하길 희망하였고, 내가 심하게 대한 것이 아님을 알아 주길 바랐다. 나는 그를 책임 있게 잡고 있었다. 성인이 아동들을 가르칠 때 가장 중요한 몇 가지는 세상이 돌아가는 법을 이해하는 것, 그들의 행동에 책임을 지는 것, 그리고 결과가 된 선택을 받아들이게 하는 것이다. 데릭의 생활에서 그 누구도 그가 이런 것들을 이해하게 하려는 충분한 지도가 없었다. 나는 계속해서 데릭을 도와줄 말들을 속삭였지만 그는 아직 들을 준비가 되어 있지 않았다.

당신의 관심 공유하기

현실적으로 가능하지 않은 것이 현실이 되기도 한다.

—**마저리 윌리엄스**(Margery Williams)

어느 날 나는 어떤 학생이 내게 귀를 기울이고 있다는 것을 알았을 때, 나는 좋지 않은 행동 유형에 주의를 기울이는 것이 편안해진다. 나는 개인적으로 왜 친구들과 함께하지 않는지, 혹은 그가 수업에서 왜 실패했는지 물을 것이다. 나는 학생들이 이러한 상황을 해결하는 것을 도와줄 수 있는 모임을 만들려고 노력하였다.

나는 앞에서 언급하였던 뉴욕에서 온 학생인 켈빈과 함께 그런 모임을 개최하였다. 그는 나를 위하여 그리고 우리 학급의 대부분의 학생들을 체크하면서 끓어오르는 분노를 참는 것을 배웠지만, 그를 쉽게 화나게 하는 한 학생이 있었다. 그녀의 이름은 샤니스였다. 그녀는 매우 자주 학교에 오지 않았지만, 그녀는 학교에 오면 켈빈의 머리카락, 그의 지적능력, 그가 너무나 좋아하는 신발들에 관하여 부정적인 말을 하는 것을 알 수 있었다. 그는 자리에서 일어나 그녀에게 몸을 숙이고 위협하였다. 그러나 샤니스는 비웃곤 하였다.

켈빈과 나는 샤니스가 이 모임에 참여하기 전에 좋은 관계를 맺고 있었다는 것을 알고 있었고, 그래서 나는 재빨리 그의 좌석 뒤에 늘 그녀를 앉게 하여 수업을 시작하였다. 하지만 이러한 사건이 몇 번 반복된 후 나는 켈빈에게 나와 함께 산책을 하자고 요청했다.

"켈빈, 등 뒤에 무엇이 있는지 알고 있니?"라고 물었다.

"뭐라구요?" 켈빈은 뒤를 보기 위하여 목을 돌렸고, 손으로 그의 재킷의 뒤를 위아래로 훑었다. "말해 주세요. 리드누어 선생님! 제 등에 뭐가 있나요?"

"큰 빨간 버튼."이라고 내가 말했다.

그가 나를 조심스럽게 쳐다보았다.

"단지 샤니스와 나만 그것을 볼 수 있어."라고 말을 계속하였다. "그녀가 매 시간 그 버튼을 눌러 너를 미치게 만들었다. 그 버튼을 숨기려면 무엇을 해야 할까?" **(지침 2: 문제에 집중하라)**

"저도 몰라요."

"무엇 때문에 그녀가 너를 그렇게 화나게 하는지 그 이유를 아니?"

"그녀는 자기가 무슨 이야기를 하는지 몰라요."라고 켈빈은 화를 내면서 대답하였다.

"그래, 너는 그녀가 무엇을 말하고 있는지 알면서도 모른다고 하고 있네?"

"아니에요! 저는 정말 몰라요."라고 그가 주장하였다.

"너는 샤니스를 통제할 수 있는 특별한 무엇인가를 가지고 있지 않니?"

"저는 그녀를 무시할 수 있고, 그녀가 말을 하고 있을 때 아프게 그녀의 입을 때릴 수도 있어요." 그는 마지막 부분은 농담이라고 하였고, 나는 그가 정말 농담을 하고 있다는 것을 알았다.

"그래, 첫 번째로 말했던 방법을 시도해 보자."

나는 샤니스가 결코 다시 그의 버튼을 누르는 것을 보지 못했다. 켈빈은 그가 말한 것을 시도했던 것이다. 그는 그녀를 철저히 무시했다. 몇 번이나 어떠한 반응도 하지 않자 샤니스는 켈빈에 관한 부정적인 말을 완전히 멈추었다.

부모 포함하기

메리는 친구들의 영향을 과도하게 많이 받는 지적이고 예쁜 15세 학생이었다. 그녀는 항상 남들이 그녀에게 하라는 것을 하길 원하지 않았지만, 그녀는 어떤 방법으로든 그것을 하는 경향이 있었다. 그러나 학교가 개학하였으나 메리는 종종 수업에 빠졌고, 그녀가 참석해야 할 때 잘 참석하지 않았다.

나는 부모를 면담하는 것이 교실에서 기대하는 것만큼 생활을 잘하지 못하는 학생들을 다루는 최소한의 나의 노력임을 기억하고 있다. 몇몇 그녀의 다른 선생님들이 한 것처럼 나도 그녀의 어머니를 불렀다. 나와 메리의 어머니는 메리와 함께 그룹회의를 가졌다. 우리는 메리에게 그녀가 알아야 할 것, 그녀에게 가르치고 싶은 것, 그녀가 성공하기를 바라는 모든 것을 말했다. 그러나 그렇게 하려면 그녀가 매일 학교에 와야 한다고 말했다. 메리는 들었고, 그녀의 어머니는 매우 협조적이었다.

메리는 다시는 나의 수업을 빼먹지 않았다. 그녀는 수업에서 자발적으로 그녀의 생각을 공유하기 시작했고, 때때로 그녀가 원하는 만큼 빠르게 어떤 것을 얻을 수 없었지만, 그녀는 노력하였고, 그 결과 그녀의 수행은 증진되었다. 나는 첫 번째 학기의 마지막 무렵에 그녀의 어머니에게 진전 정도를 알려 주기 위해 전화를 했다. 메리가 전화를 받았다. "제게 문제가 있나요?"라고 그녀가 물었다.

나는 네가 훌륭하게 수업에 참여하고 있다고 너의 어머니께 말씀드리려고 전화를 했다고 당당하게 말했다(**지침 2: 문제에 집중하라**).

"정말이에요?"라고 메리가 되물었다. "내일 다시 전화해 주세요. 어머니는 지금 여기에 안 계세요. 어머니께서 저에 관하여 듣는다면 매우 좋아하실 것 같아요."

나는 다음 날 메리의 어머니께 말할 것을 약속하였고, 다음 날 메리 어머니와 대화를 나누면서 그녀가 자랑스러워했다고 나에게 흥분하며 말하는 그녀의 어머니의 목소리를 들을 수 있었다. 십대들과 투쟁하는 부모들은 그들 자녀의 부정적인 행동에 관하여 전화를 받는 데 더 익숙하여 긍정적인 행동에 관한 전화를 받는 것에 크게 놀란다. 메리는 그 후에 좀 더 자기주장을 하게 되었다. 그녀는 좋은 행동과 문제를 해결하는 기술에 모범적이었다. 그녀는 혼란스러워하거나 빈약한 행동을 보이는 다른 학생들을 지도하는 것을 강화하였다. 그녀는 학급에서 우정을 쌓는 것을 진심으로 도왔다.

완전히 다른 유형의 학생인 저메인도 비슷한 경우였다. 저메인의 IQ는 평균보다 아래에 있었고, 그는 늘 내향적이고 방어적이었다. 처음에 그는 내가 어떠한 개념을 이해하는 것을 도와줄 때 그것이 자기가 다른 아이들보다 능력이 떨어지기 때문이라고 생각하는 데 온 힘을 썼다. 하지만 시간이 지나면서 그는 나를 신뢰하기 시작하였고, 몇 가지 새로운 행동을 서서히 변화시키기 시작했다(**지침 3: 큰 틀을 보라**).

저메인은 더 이상 따지기 좋아하는 급우들과 함께하는 대화에 몰두하지 않았다. 그는 메모하기 시작하였고 혼란스러울 때 말하기 시작했다. 나는 관심을 두기는 했지만 아무 말도 하지 않았다. 나는 내가 저메인의 새로운 행동에 대하여 조언을 해야 한다면 그것들에 대하여 자의식을 가지게 될 것이라고 확신했다. 그리고 그는 내가 "잘못했어."라고 생각하는 것을 알아차리고 "나는 어쩔 수 없어."라고 생각하고 예전의 방법으로 되돌아갈까 봐 걱정했다. 그래서 나는 조용히 기다렸고, 그는 자신이 결정한 행동을 계속하였으며, 그의 점수는 F에서 D, 그리고 C로 올라갔다. 저메인의 진전을 몇 달 동안 지켜본 뒤, 나는 그의 집에 전화를 걸었다. 나는 어머니에게 초반의 문제에 관하여 말하였고, 그러고 나서 그것들을 극복하기 위하여 어떻게 함께 노력하였는지 설명했다. 그녀는 감동했다.

이는 학생들을 독려할 수 있는 좋은 예였고 학생들이 그들 자신들을 신뢰하기로 결심하고, 그들의 책임성이 있을 때 부모들에게 전화했던 좋은 예이다. 모든 전화는 단지 5분이면 되지만 그 효과는 늘상 다투는 학생과 그들의 부모들의 부정적 사고에 긍정적인 파문을 일게 하였다.

학생면담

만약에 내가 어떤 학생을 걱정하고 있고, 학교에서 일대일로 그들과 이야기하고 싶지 않다면, 가끔 나는 학생을 집으로 부르기도 한다. 나는 부모가 아닌 **학생**을 부른다. 나는 과제를 내지 않은 것, 실망스러운 행동, 그리고 일반적인 관심사항들에 관하여 이야기한다. 한번은 킴에게 전화를 했다. 그녀는 세 번째 쿼터에서 11학년 영어 우등반으로 옮겼고, 그때 우리는 문학적 사고문제를 토의할 때 교사가 학생을 지도하지 않고 또래집단의 활동으로 진행하고 있었다. 사실 킴은 그러한 활동에 잘 적응하지 못했다. 그녀는 복통을 일으키고, 불평을 하는 것은 물론 나를 자극하기도 하였다. 그녀는 많이 결석하였고 과제를 제출하지 않곤 하였다.

처음에는 나는 째려보기, 직시하기, 머리 흔들기와 같은 비언어적인 경고로 킴의 불평을 다루었다(**지침 1: 학생들이 허튼소리를 하지 못하도록 하라**). 그리고 대부분의 동료들이 간단히 그녀를 무시하는 것을 선택했기 때문에 나는 오랫동안 그녀를 무시하는 것을 계속했다. 그들은 우리가 순조롭게 항해해 왔기 때문에 그녀가 수업을 방해하는 것을 바라지 않았다. 나는 킴이 그들로부터 어떤 실마리를 잡았다고 생각했다. 하지만 그렇지 않았다. 그녀는 점점 더 나빠졌다.

우리가 토니 모리슨의 『솔로몬의 노래(Song of Solomon)』를 읽기 시작했는데, 킴은 그것을 싫어했다. 그래서 그녀는 우리가 책을 읽는 것을 계속해야 하는지, 그만두어야 하는지에 관하여 학급투표를 허락해 달라고 하였다. 그녀의 시도는 성공적이지 못했고, 그것으로 충분했다. 나는 그날 밤 그녀를 집으로 불렀다. 나는 킴이 밝은 젊은 여성이라고 생각하였는데 나의 이러한 생각을 지지할 수 있는 어떠한 구체적인 증거를 나에게 보여 주지 않고 있다고 말하였다. 나는 그녀에게 우등반이 너에게 잘 맞지 않고 학습적 요구도 적절하지 않기 때문에 내년에는 정규 12학년 영어반으로 갈 것을 제안하였다(**지침 4: 당신의 가치관을 굽히지 말라**).

킴은 참을 수 없는 또 다른 한계에서 잠잠해졌다. 나는 그녀에게 영화로 보지 않은 책을 선택하여 개별적인 읽기 과제를 해 올 것을 원한다고 말하였다.

그녀는 말문을 열었다. "왜요?"라고 말하면서 훌쩍거렸다. "그것은 공정하지 않아요. 나는 벌써 소설의 반을 읽었어요."

"나는 네가 너의 마지막 개별적 읽기 영역을 정말로 읽지 않고 영화로 보았다는 것을 멜리사에게 자랑하는 걸 들었어. 나는 나의 평가를 이미 마쳤기 때문에 너에게 0점을 주지 않았어. 그러나 나는 네가 이 수업에 나오는 동안 영화로 만들어지지 않는 책을 읽었다고 나를 확신하게 만들기를 바란다."

"저는 다른 소설의 반을 읽었어요."라고 킴이 말했다.

"하지만 너는 그 소설을 다 읽어야만 점수를 받을 수 있어."라고 나는 대답하였다. "너는 평가를 받지 않았고 여전히 그것을 받아야 해. 이것은 매우 공정한 거야." (**지침 2: 문제에 집중하라**)

나는 킴에게 불평하는 것과 계속해서 결석하는 것을 멈추고 수업에서 보기를 바란다고 말하고 대화를 마쳤다.

물론, 그녀는 불평하는 것을 멈추었고 수업에서 과제를 받았지만 킴은 결코 완벽히 참여하는 학생은 되지 못하였다. 출석 위원회는 나의 수업에 대한 그녀의 출석결과와 그녀의 다른 수업에서의 출석결과를 인정하지 않았고, 그녀는 우리 학교에서 처음의 한 학기 동안 모든 수업을 다시 들어야 했다. 그녀는 그녀의 방식을 주장하면 그것이 받아들여질 것이라고 생각했다. 그녀는 그 체제가 개별적으로 맞지 않아 힘든 방법으로 배워야 했다. 한 가지 좋은 점은 실패를 유발하는 행동을 하는 나의 다른 학생들에게 본보기가 되었다는 것이다.

집에 있는 킴에게 전화한 나의 목표는 나의 수업에 포함되길 바라며, 거기에서 성공할 수 있도록 돕겠다는 것을 말하는 것이었다. 비록 전화가 이러한 목표를 이루기에는 짧다고 생각되지만, 그것은 과정에서 남아 있는 수업을 할 수 있도록 허락하는 것이었다. 나의 희망은 킴이 앞으로 수업을 통과하기 위하여 요구될 것들을 심사숙고하려고 노력하고 있을 때 그 전화를 기억하길 바란다는 것이다.

다행스럽게도, 나는 많은 학생들에게 전화하여 분명히 성공적으로 극복할 수 있었다는 것을 강조해 둔다. 내가 레지널드, 첼시, 그리고 브라이언에게 전화하여 그들이 제출하지 않은 과제에 대하여 말하였을 때, 그들은 수업 중에 물을 수 없었던 곤란한 질문들을 하였다. 전화를 걸었던 학생들 중 한 명은 아침에 깨워주는 전화를 해 주기도 했다. 그들 모두 쉽게 통과하였다.

이러한 개인적인 접촉은 겨우 몇 분밖에 걸리지 않고, 그것은 진정한 차이를 만들었다. 당신이 변하기를 원한다는 것이 꼭 행동의 변화를 필요로 하지 않으며, 심지어 당신이 변하기를 원한다고 하여 학생을 변화시키는 것도 아니지만 다른 방법으로 변화시킬 수 있는 방법이 여전히 있을 것이다. 당신이 집에 전화하여 말하는 것은 많은 학생들을 안이라는 영역에 있게 하는 것이다. 이러한 아이들이 바라는 마지막 사항은 그들의 선생님이 집에 전화했을 때 어떠한 이유를 가지도록 하는 것이다. 나는 가능한 한 당신이 많은 것을 발견했으면 한다. 이러한 정책에 대한 인식이 '실수하는' 학생들을 격려할 것이고 그들은 당신으로부터 조금의 관심을 얻을 수 있을 것이다. 그들에게 그것을 주어라. 그들은 당신의 시간을 가치 있게 만들 것이다.

학생이 실패했을 때

우리는 어떤 스위치를 전혀 조절하고 있지 않다고 생각하면, 그 스위치는 가장 깊은 잠을 자는 것이다.

—애니 딜라드(Annie Dillard)

나는 무슨 일을 해도 실패하게 되는 아이들 때문에 나 자신과 늘 싸운다. 이런 아이들은 통과하기 위한 어떤 이유도 찾지 않고, 모든 사람들은 그들이 주장하는 것을 멈추도록 만드는 것처럼 보이는 것 외에도 학교에 출석해야 할 어떤 이유도 발견할 수 없다.

하급생인 데몬트레가 전형적인 예다. 그는 싸움에 말려들어 정학을 당했다. 그는 우리 학교로 전학을 왔는데 다시 전학을 가게 되었다. 그는 그의 선생님들에 의한 두 번째 평가로 그의 어머니에게 용기를 북돋워 주기도 했고, 그는 그의 실패도 그들의 탓으로 돌리곤 했다. 그는 수업에 늦게 왔는데도 불구하고 즉시 잤으며, 나의 경고들을 무시하였고, 내가 그를 락아웃에 보내는 이유를 궁금해했다. 그는 나에게 자신을 무식하게 되길 바랐다고 비난했다.

나는 종합시간에 데몬트레의 어머니를 불렀다. 우리는 그녀가 직장에서 집으로 돌아온 저녁에 이야기를 나누었지만 그녀는 이미 피곤한 상태였다. 그래서 아들의 이러한 일들에 관한 이야기를 듣기를 진정으로 원하지 않는 것처럼 보였다. 그녀는 나의 말투에 관하여 소리 질렀다. 그녀는 몇 번 나에게 인종차별주의자라고 했다. 여러 번의 전화 후에야 우리는 논쟁거리가 아닌 것에서 벗어나 대화를 할 수 있었고, 데몬트레가 수업에서 아무것도 하지 않고 있다는 진정한 문제들을 다루기 시작하였다. 데몬트레의 어머니는 나에게 그가 제출하지 않는 과제들을 알려 주기를 원하였고, 그에게 그것을 완성할 충분한 시간을 주기를 바랐다. 나는 과제 제출 기간을 지키는 것은 학생의 책임이라고 설명했다. 그리고 나는 늦은 과제에 대한 5일의 유예기간에 대한 과제 제출 규칙을 설명하였다. 그녀는 나에게 하나의 예외를 만들어 줄 것을 부탁하였다. 나는 동의하였다. 데몬트레에게는 내가 알 수 없는 어떤 문제가 여전히 있었다. 나는 그가 과제를 할 능력이 있지만 그것을 하지 않는 것이라고 확신하였다. 나는 5일의 유예기간이라는 규칙에 또 다른 예외를 만들 필요가 없었다. 나는 마지막 기회가 우리 모두가 필요로 하는 기회가 되길 바랐다. 이것은 그에게는 그가 진정으로 무엇인가를 보여 줄 기회였고, 나에게는 멀어진 아동과 만날 수 있는 기회였다(**지침 3: 큰 틀을**

보라).

나는 앉아서 데몬트레가 제출하지 않은 과제들, 제공된 확장된 지침들, 교재에 관한 참고 문헌들, 그가 읽어야 할 것들에 대하여 기록하였다. 나는 약 일주일 늦게 수업에서 그에게 이러한 과제 묶음을 주었다. 2주 후에 그가 드디어 과제를 제출하였으나 내가 주지 않은 과제가 하나 있음을 알았다. 나는 즉시 그에게 주지 않았던 과제를 내 주었고, 데몬트레는 나에게 거짓말쟁이라고 하면서 화를 내며 교실에서 나갔다.

나는 저녁 무렵 그의 어머니와 대화를 나누었다. 두 번째 쿼터 마지막 무렵, 내가 데몬트레에게 내 주지 않은 과제 하나가 있었다고 말했다. 그녀는 아들을 통과시켜 주기를 바랐다. 나는 비명을 지르고 싶었지만, 다시 한 번 그 상황을 상세히 설명하였고, 두 번째 쿼터가 끝날 때까지 데몬트레의 어떤 과제라도 받을 것이지만, 결국 과제 제출이 너무 늦어져 그는 F를 받을지도 모른다고 그녀에게 말했다.

그녀는 동의하였지만 그 날 이후 데몬트레로부터 아무것도 받을 수 없었다. 그의 어머니와 나는 다음 달 동안 일주일에 한 번씩 만나 대화를 나누었다. 나는 나의 시간을 낭비하는 것은 아닌가 하는 생각이 들었다. 나는 그녀와 모든 것을 공유했기 때문에 관심을 가지고 나에게 전화해 달라고 말했다. 나는 그녀에게 나의 집 전화번호를 알려 주었다. 그러나 그녀는 결코 내게 전화하지 않았다.

나는 그 해 동안 가끔 데몬트레를 보았지만, 그는 나의 교실에서 모든 수업 기간 동안에 늘 최하위는 아니었지만 나의 기대에 결코 부합하지는 않았다. 나는 그의 행동에 대한 원인들을 생각해 보았다. 데몬트레의 어머니는 그가 가진 유일한 부모였고, 그녀는 잘못된 위협들로 가득 차 있었다. 그럼에도 불구하고 그는 그의 어머니가 그의 무책임한 행동에 신물이 나기 전에 시간이 흘러 갔다는 것을 알고 있었고, 또한 힘들고, 비참하고, 경제적으로 어려워져서 전일제 직업을 얻고자 하는 것도 알고 있었다. 그래서 그는 고등학교 시간을 편히 쉬기 위해 활용하였다. 그는 미래의 다른 길을 선택할 수 없다는 억압과 매력이 없다고 생각하였다. 그는 스스로 이것을 받아들였고, 그것에 관하여 내가 할 수 있는 것이 아무것도 없었다.

대린은 데몬트레와 유사한 학생이었으나 중요한 차이점 세 가지를 가지고 있었다. 그는 어렸고, 자신의 행동에 책임을 졌고, 어떤 문제 행동도 하지 않았다. 그해가 시작되었을 때, 대린은 D로 신입생 영어를 통과하였다. 그해의 중반쯤 되자 과제는 거의 제출하지 않았고, 그는 십대 청소년들이 받아야 하는 평균을 달성하지 못하고 실패하였다. 다시 나는 일반적인 단계를 따랐지만, 그의 실행에는 변화가 없었다. 나는 규칙적으로 그의 어머니와 이야기했지만 대린이 과제를 하게 할 수 있는 방법에 대하여 아무 말도 할 수 없었다.

그해가 끝날 무렵 대린은 그의 마지막 편지에서 단지 몇 줄로 나에게 모든 것을 설명했다. "제가 올해 좋았던 것은 학교에 나올 수 있었던 것과, 조금은 노력하려고 했다는 것입니다. 그러나 지금 저는 노력하지도 배우지도 않고 있습니다. 저는 이 수업을 싫어했던 것이 아니라 제 자신이 싫었습니다." 그는 그의 실패에 대하여 책임 있게 받아들였다. 나는 그가 그 자신을 싫어한다고 말한 것을 듣고 놀라지는 않았지만 최소한 그는 데몬트레처럼 책임전가는 하지 않았다. 이것 때문에 나는 그가 학교에 계속 다님으로써 성공의 기회를 가질 수 있기를 희망하였다.

훌륭한 촉진

많고 좀 더 강력한 실천은 아름다운 당신에게서 비롯된다. 당신은 시간을 위한 영웅이다. 이것이 힘이다. 이것은 세상의 영광이다. 그리고 이것은 매일 밤 당신의 것이다.

—아그네스 드 밀레(Agnes de Mille)

학생들은 생각하는 어떤 것을 말하는 것, 그리고 해야 할 것을 말하는 것이라는 두 가지 기대로 조건화된다. 그들이 기대하는 것을 그들에게 주는 것 대신에 나는 나의 수업에서 구조주의적 접근을 통해 그들을 놀라게 하려고 노력한다. 그들이 생각하는 것을 말하게 하는 것 대신에 나는 그들 스스로 주제를 확장해 가도록 격려한다. 나는 그들에게 우리의 수업 규칙에 대한 이유도 생각해 보도록 격려한다. 학문적으로 그리고 행동적으로 학생들은 그들의 개인적 경험을 흥미에 연관지어 이해하려고 스스로 노력한다. 이러한 이해는 내가 줄 수 있는 어떤 설명보다 훨씬 더 효과적으로 안내하게 하는 힘이 있다.

분명한 것은 학생들이 무엇을 공부해야 하고 무엇을 기억해야 하는지에 대하여 말해 주는 것이 어떤 주제를 좀 더 확장시키려고 격려하는 것보다 쉽다는 점이다. 그러나 더 쉬운 방법을 선택하는 교사들은 직관적으로 알고 있음에도 불구하고 그렇게 해야 하고, 진정한 학습에 대한 경험을 통하여 생각에 몰입하기도 하고, 놀랍게도 어떤 사람이 원인이 되기도 하고, 해답을 찾는 데 종잡을 수 없게 되기도 한다.

나는 질문 방식을 통하여 학생들에게 반영을 촉진한다. 때때로 나는 스페인어로 질문을 요청하거나 사투리를 사용해서 그들의 흥미를 불러일으키기도 한다. 나의 질문을 해석할 수 있는 학생들은 자신과 그들의 동료를 위하여 영어로 질문을 바꿔서 해 볼 수 있고 그렇게 함으로써 더 똑똑하다고 느낀다. 이 방법은 어떤 토의가 지루해졌을 때 주의를 집중시키는 데 효과적이다.

정통이 아닌 개입

> **선생님들은 학생들이 배우기를 갈망하게 하는 영감 없이 차가운 철을 망치질하는 것을 가르치길 시도한다.**
>
> **—호레이스 만**(Horace Mann)

나는 사람들에게 더 높은 수준의 매력과 가능성이 있다고 믿게 한다면 더 높이, 더 창조적인 수준에서 수행하려고 한다는 것을 알고 있다. 표준에 기초한 교육과정은 새로운 개념을 소개하기 위한 좋은 출발점들이지만, 그것들은 모든 학생에게 적합한 것은 아니다. 저소득층의 소수인종 학생들은 종종 그들의 실질적 읽기 능력보다 한 학년 혹은 그 이상으로 낮은 읽기를 하고, 그들의 읽기 이해력은 훨씬 더 뒤떨어진다. 나는 해독하는 기술과 이해하는 것 모두 개선하기 위하여, 그리고 나는 학생의 성취 수준을 높이기 위하여 아주 재미있는 문학, 흥미로운 영역, 인종적 정체성을 찾을 수 있는 교육과정을 구성하여 보충한다. 내가 이렇게 학생들에게 다가가고 그들을 관심 있게 대하자, 그들은 부끄러움을 잘 타고, 그들의 부족한 점이 무엇인지 잘 알게 되었고, 그들은 자신들이 할 수 있고 성취할 수 있다는 건강한 자존감을 가지고 있다는 것도 알게 되었다. 이러한 요인들은 나의 교수적 결정에 영향을 미친다. 모든 교사들의 도전은 수업의 유형에 따라 나타나고 그들의 특별한 집단에서 아동들의 성취를 높이기 위하여 심사숙고한다.

나의 학생들은 문법적 질문들에 일제히 대답을 하는 것을 좋아하고, 반 친구들이 이야기를 할 때 주의 깊게 듣는다. 나의 몇몇 동료 교사들은 내가 나의 수업 계획안에 계획된 읽기 목록에서 벗어나 대중 연설을 끼워넣고, 카드놀이를 하려 한다고 지적한다. 나는 나의 학생들을 몰입시키고 이러한 접근들은 어떤 수업에서도 할 수 있다고 대답한다. 이러한 접근은 그들이 학습하는 문을 열게 하는 것이다. 학습의 문이 일단 열리면, 나는 그 문을 밀어 넓힐 수 있다.

높은 기대 유지하기

당신이 할 수 있는 것이 무엇이든, 혹은 당신이 꿈꾸는 것이 무엇이든 그것을 하라. 대담함은 천재성, 힘, 마술을 가지게 한다.

—요한 볼프강 폰 괴테(Johann Wolfgang von Goethe)

학년이 끝날 무렵에 대부분의 교사들은 학생들이 과제를 할 생각이 없어 포기하기 때문에, 일부러 과제를 많이 배정하지 않는다. 그러나 나는 다른 생각을 가지고 있다. 학년 말에 나는 이러한 학생을 위해 3.5쿼터를 계획한다. 그들은 그때까지도 도전적인 과제를 위한 준비가 되어 있다. 그들은 나의 교수 유형을 이해하였고, 그해를 시작한 이래 성숙되어 왔다. 아직은 그들이 포기할 때가 아니라 온 힘을 다해 할 수 있는 모든 것을 함으로써 좋은 인상을 줄 때인 것이다.

이것은 내가 한 해 동안 한 것들이다. 우리 학군은 12학년 통과를 위한 최종 과제에 구두 발표를 요구한다. 나는 11학년에게 이러한 기술을 배우고 연습할 수 있는 기회를 주기를 원한다. 그리고 나는 9학년도 이런 활동에서 제외되기를 원하지 않는다. 이 시기는 사람들 앞에서 자신의 의견을 발표하는 방법을 배우는 데 전혀 이르지 않다. 나는 세 가지 방법으로 수업을 고안하고 각각 많은 흥미로운 내용들을 받아들인다.

신입생 영어

나의 9학년 학생들은『동물 농장』을 읽는 것으로 학년을 마친다. 소설에서 발견한 주제에 대해 5문단으로 된 에세이를 과제로 내는 대신에 나는 그 소설에 나오는 동물들이 힘을 얻기 위해 사용된 전술의 몇 가지를 사용할 기회를 그들에게 주기를 원했다. 그 대답은 민주주의 과정을 통하여 수행할 과제와 대표자를 선택하는 것이다. 대중 연설의 요소에 포함되는 것은 학생들에게 프로젝트의 한 단계로서 쓰기를 포함하고, 학급 대표자로서 선택된 이유에 대하여 연설을 하도록 하는 것이 포함된다.

나는 그 수업을 위하여 연설을 시범 보이고, 우리가 함께 쓴 요소들과 나의 연설에서 나타난 요소들에 관하여 토론한다. 그러면 그들은 논쟁상의 문제들에 관한 그들 스스로의 연설을 쓰는 것에 몰입하게 되지만 곧 몰입에서 벗어나게 된다. 그들은 문제의 한 측면만 선택하는 것을 편안해하지 않았다.

"어떤 쪽이 옳은가요?"라고 나에게 물었다.

"여러분이 그것을 설명할 수 있는 한 양쪽 다 옳아요."라고 나는 대답하였다.

그들은 펄쩍뛰었다. 우리는 양쪽을 지지하기 위해 몇 가지 이유들을 브레인스토밍한다. 그런 뒤 그들은 다시 쓰기로 되돌아가 몰두한다.

연설 날에 나는 나의 신입생들이 그들의 머리를 좀 더 단정하게 하였다는 것을 알아차렸다. 그들의 옷도 좀 더 단정하였다. 그들은 걱정은 했지만 침착하게 행동하려고 노력했다. 그들은 한 명씩 연설을 하였고, 나에게 큰 영향을 미쳤다. 그들은 내가 그들을 위하여 투표할 것이라고 확신하였다. 나는 그해에 받았던 모든 유형의 과제보다 이런 과제에 몇몇의 학생들이 더 많은 노력을 한다는 것을 알았다. 그들은 이 과제를 접했을 때 그들의 연설에 진정한 변화가 없었음에도 불구하고, 그들은 이 수업을 이해하고 그들의 실행을 기뻐했다.

그들은 연설을 할 때 마치 오이처럼 새파랗게 긴장했다. 그들의 마지막 연설을 읽었을 때 나는 그들이 질적으로 다르다는 것을 알게 되었다. 퀴나는 나에게 다음과 같이 말하였다. "과제를 하는 동안 가장 기억에 남는 것은 걱정은 되었지만 어떻게든 그 과제를 하여 연설을 했다는 것입니다." 그들은 그들에게 할 수 있는 생각을 확대시켰다. 헬레나는 다음과 같이 썼다.

> 저는 영어 수업에서 작문을 가장 좋아해요. 올해 작문에 대한 저의 열정은 점점 더 특별해졌어요. 지금 저는 설득력이 있는 에세이를 쓰는 것을 좋아해요. 선생님은 아마도 저의 작문이 발전했다는 것을 발견하실 수 있으시겠지만, 철자법은 그렇지 않다는 것도 발견할 수 있을 거예요. 그래도 올해 가장 기억에 남는 과제는 연설을 한 것이었어요. 우리는 우리의 관점에서 본 것으로 다른 사람들을 설득해야 했어요.

어떤 것이 그녀를 몰두하게 했을까? 이러한 과제를 통해 헬레나는 새로운 수준의 작문 기술들을 배웠다. 그녀는 이것을 5문단 에세이 과제를 통해서는 결코 성취할 수 없었을 것이다. 학급 간 연결의 힘은 창조성과 성취력을 키웠다.

중급생 영어

나의 11학년 정규 영어반 학생들은 『태양 아래 건포도(A Raisin in the Sun)』를 읽었고, 그것을 행동으로 표현하기 원했다. 우리는 그들 중에 우리가 필요로 하는 지주를 선택한다. 그러면 나는 역할을 할당하였다. 연설할 부분을 가지고 있는 모든 사람들을 위하여 각각의 인물이 각각의 장면에서 다른 학생들에 의해 연기되었다.

우리는 요구되는 드라마 기술에 관하여 토론하였고, 몇몇 학생은 구체적인 예를 제공하기 위해 시범적으로 연기를 한다—시범은 가장 좋은 방법이다!

각 장면의 연기자가 그들의 교재를 읽고 연기하는 것을 연습하고, 그러고 나서 연극을 한다. 각 학생들의 연기에 나는 물론 각각의 학생들도 비평을 한다. 그들은 각 학생들의 연기에 대하여 부정적, 긍정적 피드백을 하나씩 제공한다. 나에게는 각각의 학생들을 위하여 코멘트를 모으고 검토해야 하는 어려운 과제가 생기지만 그것은 매우 가치가 있는 일이다. 내가 코멘트를 돌려줄 때 학생들은 숨을 죽이고 기다린다. 그리고 그 코멘트들은 그날 그 힘을 입증한다.

우수 중급생 영어

나의 11학년 우등반 학생들은 『솔로몬의 노래』 읽기를 마쳤다. 그들이 그 주제의 정체성을 이해하는 것을 돕기 위해 그 책을 철저히 분석하였고, 나는 각각의 학생들에게 정체성을 다루기 위해 서로 다른 시와 짧은 소설을 나누어 주었다. 그러고 나서 그들이 고른 것을 요약하고 솔로몬의 노래와 비교하는 1~3분 정도의 연설을 쓰게 했다. 마지막으로 나는 그들에게 두 개의 부분을 관련시켜 두 개의 방법을 잘 설명할 수 있는 내용으로 4문단의 에세이를 쓸 것을 요청한다. 이 프로젝트의 형태는 그들이 다음 해 동안에 완성해야 하는 상급 프로젝트와 매우 유사한 것이었다.

그들은 불평하였지만, 프로젝트 조직에 목록화되어 있는 만기일을 보자 곧 작업을 하기 시작했다. 연설까지 이틀밖에 남지 않았던 것이다! 물론 이러한 학생들은 내가 결코 들은 적이 없는 가장 설득력 있는 몇 개의 연설을 발표한다. 그들은 좋은 시선과 자세를 유지한다. 가장 좋은 것은 내가 그들을 자랑스러워한다는 것이었다. 그들은 다른 학생들과 나에게서 피드백을 받으면 빛을 발했다.

내가 발견한 것이 있다면, 만약에 어떤 학생이 어떤 것도 할 수 없다는 것을 확신한다면 그것으로 됐다는 것이다. 학생들은 연설을 걱정하지만 나는 그들이 그것을 할 수 있다고 기대한다. 이러한 기대는 그들이 대중 앞에서 연설하게 함으로써 끌어 올릴 수 있도록 지원하였다. 나는 다음 기회에 또 다른 선생님이 나의 학생들에게 연설하는 과제를 줄 것이라고 확신하며, 그들은 그들의 능력을 의심하지 않는 것은 물론, 심지어 그들의 사고의 질에 좀 더 집중할 것이다.

칭찬과 작은 보상

행복이 목적은 아니다. 그것은 여러분이 여행하기로 선택한 태도이다.

—요기 아리트 데살(Yogi Arit Desal)

누군가가 당신의 등을 두드리면서 당신에게 잘한다고 말하는 것을 좋아하지 않는가? 학생들은 그것을 매우 좋아한다.

토의나 활동이 특별히 잘 되었을 때, 나는 수업 마지막에 학생들에게 감사하다고 말한다. 나는 관대하게 해야 할 어떤 것이 있을 수 있고, 기적적인 날들이 있을 수도 있다. 아이들은 칭찬이 진짜일 때, 그리고 그들이 칭찬을 받을 때 그들이 성장한다는 것을 안다.

우리는 학생들에게 거짓 칭찬을 퍼붓기를 원하지 않고, 또한 우리는 자유롭게 벌주기를 원하지도 않는다. 아동들이 나태하고 참여하지 않는 날, 즉 "우리가 여기에 있기 때문에 협력을 해야만 한다."고 하는 이러한 날들은 불평을 늘어놓을 수 있다. ("학생들이 여러분의 생활 밖으로 빠져 나가고 있어요. 주의하세요!") 나는 나의 학생들이 몰입하게 하는 어떤 것도 하지 않았던 것으로 기억하고, 나는 몰두하지 못하게 그들을 제지하지도 않았다.

종종 어떤 선생님은 한 학급을 조금 더 격려할 필요가 있다고 느낄 수 있다. 당신은 그들의 눈으로 그것을 봐야 한다. 그들은 지치고, 배고프고, 지루해하기도 한다. 이런 경우 나는 나의 학생들을 돌볼 것이고, "얘들아, 너희들 모두 지쳐 있구나! 단 것을 좀 줄까?"라고 말한다. 이러한 제안에 그들의 눈은 반짝거린다. 나는 각각의 학생들에게 한 개씩의 사탕을 나누어 주고 나서 그날 함께 움직인다. 작은 사탕 하나가 그들을 나와 함께 움직이게 하곤 한다.

나는 또한 학생이 모든 사람을 위하여 학급에서 좋은 일을 하였을 때 사탕을 사용한다. 가끔 쓰기 과제 동안에 나는 교실을 돌아다니며, 모든 사람의 과제를 보기도 한다. 연필과 펜으로 백지를 채우면서 나는 생각들이 날아다니는 것을 볼 수 있다. 그들이 과제를 끝냈을 때 나는 각 학생들의 책상 모퉁이를 돌면서 사탕을 조용히 놓고 지나간다. 그들은 대부분 감사하다고 속삭이며 미소를 보낼 것이다. 몇몇은 쓰기를 계속하기 위해 감사를 표현하고 나중에 사탕을 먹을 것이다.

나는 보통 사탕을 첫 학기 동안만 사용한다. 두 번째 학기에 그들은 좀 더 성장해 있고 스스로 원하기 때문에 학급 규칙을 준수하며 학급에서 행동하고 활동한다. 그들은 내면적으로 스스로를 자랑스러워하기 때문에 외부적 보상을 필요로 하지 않는다.

반성을 위한 질문

1. 늦게 제출한 학생들의 과제에 대한 당신의 규칙은 무엇인가?
2. 당신은 학생들의 학문적, 사회적 문제를 돕기 위해 학생들과 어떤 관계를 가지는가?
3. 학생들의 부모에게 전화하게 되는 교실 문제나 사건을 기술하라.
4. 당신은 어떤 상황일 때 집에 학생을 부르는가?
5. 당신은 실패를 선택하는 학생을 어떻게 다루는가?
6. 당신은 당신의 교실에서 호기심을 촉진하기 위해 무엇을 하는가?
7. 한 학년 동안 당신의 기대를 높게 유지하기 위해 어떻게 하는가?
8. 당신은 학생들이 특별히 과제를 잘했을 때 어떤 방법으로 칭찬을 하는가?

제 9 장

학생, 교육과정, 그리고 당신

> 꽃봉오리의 단단한 위험은 꽃을 피우는 위험보다 더 고통스럽다.
>
> —아나이스 닌(Anais Nin)

수업은 창조적인 행위이다. 그것은 학생들이 전에 있지 않았던 그들의 마음에서 무언가를 창조하는 것을 도우려는 시도이다. 아시시의 성 프란치스코는 자신의 손으로 일하는 사람은 노동자이고, 자신의 손과 머리로 일하는 사람은 장인이고, 자신의 손과 머리와 마음으로 일하는 사람은 예술가라고 하였다. 당신은 무엇이 되고 싶은가—노동자? 장인? 예술가?

교단 뒤에 숨어서 변화가 없는 단조로운 강의를 하는 선생님은 노동자이다. 학생들에게 질문을 하고 목소리에 변화를 주면서 강의를 하는 사람은 장인이다. 그러나 교단 뒤에서 나와 질문을 하고, 개인적인 경험들을 끼워 넣고, 사물을 보는 다양한 관점을 제공하고, 그리고 다른 목소리로 말하는 선생님은 예술가이다. 예술가는 학생들과 가장 많은 연결되어 있는 선생님이다.

선생님들은 종종 수업 시간을 위해 수업 전의 한 부분들인 '손'과 '마음'을 계획하고 조직할 수 있다. '마음'은 즉흥적인 경향이 있다. 예를 들어 당신은 학생들의 관심을 얻기 위해, 혹은 수업에 그들을 집중시키기 위하여 새를 부르거나 춤을 추려고 하지는 않는다.

그러나 예술가가 예술의 유형이 있는 것처럼, 선생님들은 가르치는 유형이 있다. 당신을 가르친 모든 선생님들을 생각해 보라. 그들은 당신의 주의를 집중시키고, 당신이 정말로 배우게 하기 위하여 무엇을 했는가? 아마도 춤추고 새를 부르는 것은 당신에게 한 조각의 쿠키가 제공된 것처럼 좋은 경험일 것이다. 당신은 아마도 칼 샌드버그(Carl Sandburg)의 '안개'에 나오는 고양이 발걸음을 흉내 내거나 학생들에게 큰 소리로 읽어 주는 것 같이 특징 있는 목소리로 가장하지는 않을 것이다. 그러나 당신은 학생들에게 이러한 일을 하도록 초대할 수 있을 것이다. 그리고 만약 당신이 수업 전에 민요를 불러 주의를 집중시키려 한다면, 전체 학급이 함께 노래하는 것을 고려해 보라. 당신에게는 있고 다른 사람에게는 없는 예술가가 되어라. 우리의 특별한 학급 학생들을 발견하려는 우리 모두는 학생들의 주의를 집중시키는 방법, 학습에 주의를 집중시키는 방법을 고안할 것이다.

배움의 사랑을 재점화하라

> **사람과 사물 사이의 갈등은 우리 모두를 감동시키려 하는 기대이다. 그리고 때때로, 할 수 있는 어떤 것에 대해서 접근하려는 역할을 가지지 못한 채, 환경의 희생자가 되는 것을 좋아하고, 실패하여 진 역할로 편안함을 선택한다.**
>
> —**멀 셰인**(Merle Shain)

모든 선생님들은 학생들이 수업의 진행과 행동을 사랑할 수 있도록 돕기를 원하지만, 우리는 이것이 얼마나 어려운지 안다. 많은 학생들은 교실에 도착했을 때, 호기심이라는 그들의 감각은 철저히 방해가 된다. 과거 선생님들과 그들의 부모들은 그들에게 단지 하나의 옳은 답이 있다고 말했다. 그래서 그들은 모든 문제를 해결하는 무수히 많은 방법에 대한 조사를 마음대로 할 수 없다.

나는 이것이 고등학생들이 쓰기 과제를 불가능한 것이라고 생각하게 하는 이유라고 믿는다. 그들은 에세이를 쓰는 올바른 방법이 하나만 있는 것이 아님을 이해하는 데 힘들어한다. 나는 그들에게 적합한 방법을 말해 주고, 그리고 그 방법이 무엇인지 찾아낼 도구들을 그들에게 주는 데 초점을 맞춘다. 우리는 웨빙(webbing), 개요 짜기, 자유로운 작문, 그리고 많은 다른 개시 글을 쓰는 것에 관해서 이야기한다. 시작할 때 그들은 "네, 어떤 게 맞는 건가요?"라고 묻는다.

나는 나의 입장을 고수하면서 말한다. "좋은 방법은 너에게 가장 좋은 생각이 생기게 하는 방법이다. 네게 와닿는 것, 그리고 노력할 수 있는 방법 하나를 선택해라." 그들은 내가 각 유형에 점수를 매기는 방법을 본 후에는 대부분 이후 과제를 자신에게 가장 편한 방법으로 작문을 한다. 그리고 해가 갈수록 많은 학생들이 내가 원하는 것은 그들이 논리적으로 설명하고 그것을 뒷받침하는 것임을 알게 된다. 정말 영감을 불러일으키는 것은 어떻게 분명해지는가? 켄의 사례를 보면서 생각해 보자.

> 나는 에머슨이 인간의 뇌의 통로에 관하여 무엇을 설명하는지에 관하여 생각하였고, 새로운 통로를 창조하는 것보다 미리 맞추어진 통로에 있는 것이 어떻게 더 쉬운지에 대하여 생각하였다. 나는 우유장수(토니 모리슨의 『솔로몬의 노래』에 나오는 주인공)가 이 수업을 배웠다고 생각한다. 그는 마침내 그의 부모들이 그에게 무엇을 가르쳤는지 궁금해했다.

이것은 내가 교직을 사랑하는 이유이다. 켄은 에머슨의 생각을 그들의 삶에 적용했을 뿐만 아니라, 문학작품의 등장인물의 삶에도 적용했다. 이것은 생각하고, 배우고, 이해하는 수준에 대한 완벽한 예이다. 우리가 분석하는 도구를 학생들에게 줄 때, 그리고 그들의 삶에서 관련성을 찾을 때 그들은 무엇이든 배울 수 있다.

연극만큼 간단한 것은 교육과정에서 의미와 목적을 한 학생이 발견하는 데 필요한 생기를 제공할 수 있다. 로레인 한스베리(Lorraine Hansberry)의 『태양 아래 건포도(A Raisin in the Sun)』에서 어머니는 베니사에게 다음과 같이 말한다.

> 얘야! 네가 생각하기에 누군가를 가장 사랑했던 때는 언제니? 그들이 모든 사람을 위하여 좋은 일을 하고 어떤 것을 용이하게 한 것은 언제니? 물론 시간이 없어서 너는 학습을 통하여 배울 수 없었을 수도 있었을 거야. 그것은 세상이 그를 그렇게 채찍질했다는 이유로 그가 가장 낮아지고 자신을 믿을 수 없을 때야.

이것은 정말로 진실이라는 것으로서 나를 깨우쳐 주었다. 나는 영화를 보았고 책도 여러 번 읽었지만 이 특별한 수업을 할 때까지 이 말을 연결지을 수 없었다. 이 대목에서 나는 읽기를 멈추고 그것에 관하여 말하였다. 나는 학생들에게 그들의 삶에서 이러한 예를 볼 수 있는지 물어보았다. 그들이 이야기하기를 주저했기 때문에 나는 내 남편이 좋은 감정이었을 때 사랑하기 쉬웠던 방법을 공유했다. 그러나 그의 감정이 나빠지거나 일에 몰두해 있거나 일 때문에 누군가에게 화를 내고 있을 때, 나에게는 그를 사랑하는 것이 조금은 힘들었지만, 그가 가장 나를 필요로 할 때 나는 그를 버리지 않았고, 나는 내가 할 수 있는 것은 무엇이든 해서 그를 도왔다고 말했다.

이 시점에서 한 학생이, 그리고 또 다른 학생들이 마음을 열었고 여자친구, 남자친구, 그리고 부모들과의 관계에 관하여 정보를 공유하기 시작했다. 브라이언이라는 소년은 긍정적으로 크게 좋아했고 "그래요, 저는 선생님이 무슨 말을 하시는지 알아요."라고 말했다. 나는 그의 머리에서 일어나는 생각을 엿볼 수 있었다.

일주일 후에, 브라이언은 그의 여자친구인 로빈을 데리고 나의 수업에 들어왔다(그들은 다른 시간에도 나의 수업에 온 적이 있었다). 그녀는 무엇 때문에 화가 난 것처럼 보였다. 나는 "안녕."이라고 인사했고 그녀는 뒤에서 미소를 지었다. 브라이언은 개인적으로 그녀의 마음 상태를 이야기하는 것처럼 보인다.

로빈은 "브라이언, 나는 오늘 하루가 별로야."라며 화를 냈고 "나 좀 내버려 둬."라고 했다.

그녀는 브라이언과 거의 헤어지려는 시점에 도달해 있었다.

브라이언이 "알았어. 헤어지자."라고 절반은 농담으로, 절반은 심각하게 말했다.

나는 두 사람 모두를 잘 알기 때문에 브라이언에게 편안하게 말을 하였다. "어머니가 뭐라고 말씀하셨는지 기억해 볼래? 사랑하는 사람이 우울할 때 그 사람이 너를 얼마나 필요로 하는지 알고 있니?" **(지침 4: 당신의 가치관을 굽히지 말라)**

그는 웃으면서 말했다. "오, 맞아요." 그러고 나서 그는 여자친구를 부드럽게 보면서 "로빈, 나중에 보자!"라고 말했다. 그녀가 웃으며 그에게 잘 가라고 인사하고 나에게 감사의 미소를 지었다.

나는 또한 아이들에 관한 기초적인 철학을 요약하고 있기 때문에 베니사의 어머니의 말을 좋아한다. 다루기 쉽고 의욕이 넘치는 사람을 사랑하는 것은 쉽지만 무감각하고 화를 잘 내는 사람을 사랑하는 것은 어렵다. 그러나 후자는 우리를 필요로 하는 아동들에게 해당되는 말이다. 가장 우리를 필요로 하는 이들은 아이들이다. 우리가 어떤 일이 있어도 그들과 함께 있을 것임을 보여 준다면, 그들은 결국 학습자와 인간으로서 자신감을 확립할 수 있을 만큼 우리를 신뢰하고 믿게 될 것이다.

아이들은 그가 사랑스럽고, 그의 결정을 신뢰할 수 있으며, 잘할 수 있다는 자신감을 가질 수 있도록 누군가로부터의 무조건적인 사랑을 느낄 수 있어야 한다. 그러면 성공은 가능하게 된다. 아동들이 교실에 들어오기 전에 아동의 삶이 이미 나타난다고 간주하는 교육자들은 무책임한 것이다. 우리가 가르치는 대부분의 아이들은 성숙된 가정에서 오지 않는다. 대부분의 학생들은 선생님들과 관리자들이 그들의 교육적인 과제로 가득 차 있는 어려움 때문에 좌절하고 있는 혼란스러운 학교에 다니고 있다.

교사로서 우리는 한 과목을 가르치는 데 피곤해하는 사람이 되거나 학생을 가르치는 데 피곤해하는 사람이 되기도 한다. 나는 우리가 어떤 상황에서도 피곤할 수 있지만 우리에게 힘을 줄 수 있는 방법을 선택하였는가 하는 의문을 제기한다. 우리가 목표를 결정하기 전, 학생을 배치하였을 때 우리는 문제를 아주 조금 설명하고 더 많은 미소를 지으며, 소수와의 부모 회의와 좀 더 많은 칭찬를 보내야 한다. 이러한 것은 학생들이 배움을 선택하게 만드는 충분한 이유가 될 수 있다.

인생 수업

> **당신의 임무는 당신의 일을 찾고 그것에 온 마음을 다하여 당신 자신에게 주는 것이다.**
>
> **―석가모니(Buddha)**

대부분의 청소년들은 선생님들이 생활에서 학생들이 겪는 어려움을 이해하지 못한다고 생각한다. 이러한 어려움은 부모, 형제, 서로 다른 선생님, 코치, 그리고 관리자들과의 일에서 매일 일어난다. 나는 학생들에게 그렇지 않다는 것을 보여 주려고 노력한다. 나는 그들에게 삶에서 자신은 곤란하게 만드는 사람들에 대한 이야기를 나누는 포럼을 열기를 희망하며 이러한 상황에서 가질 수 있는 나의 경험들을 말하였다. 그러고 나서 우리는 작문으로 '문제 해결'을 하였다. 나는 그들이 확실히 합류하게 만든다.

우리는 작문을 마친 뒤에 공유한다. 나는 어른으로서 그들이 매일 어렵고 무능한 사람들과 접촉하게 될 것이라는 사실을 강조한다. 나는 이러한 문제들을 어떻게 다루는지 설명한다. 나는 나의 남편이 동일하게 어려운 일을 한 것에 관하여 말했다. 이는 학생들이 "나만 이러한 상황에 있어."라는 태도로부터 "나는 지금 이러한 것을 어떻게 다루어야 하는지 배우는 것이 필요해. 이러한 사람들은 사라지지 않아."라는 태도로 움직이게 하는 데 도움이 된다.

그것은 일반적으로 모든 사람들에게 공통적이며, 특히 청소년들에게는 그들이 어떤 문제를 혼자서 다룸으로써 느끼게 된다. 우리는 이러한 고립된 느낌을 감소시키기 위해 좀 더 많은 일을 할 수 있고, 우리 학생들의 정신 건강과 미래 세대의 리더를 증진시킬 수 있다.

학생들이 알고 있는 것을 가르쳐라

> **그 누구도 당신이 무지하다고 폭로할 수 없지만, 이는 당신의 지식의 발현에 이미 절반을 잠들게 하는 것이다.**
>
> —**칼릴 지브란**(Kahlil Gibran)

모든 선생님의 도전은 학생이 이미 알고 있는 것으로부터 새로운 통찰력과 지식을 제공하는 것이다. 때때로 이것은 주제와 관련된 제목 혹은 규칙을 평가하는 것도 포함한다. 때로는 도전적인 과제를 완성할 수 있고 복잡한 내용을 숙지할 수 있다고 학생들을 믿게 하는 것도 포함한다. 아동들은 각각 깨어 있기도 하지만 잠들게 내버려 두기도 하는 것은 세상에 대한 감각을 만들려는 욕구를 생기게 하여 성장시키려는 것이기도 하다.

나는 사우스다코타 주립대학교에서 제공하는 세미나와 인턴십에 있는 동안 이 진실을 알게 되었다. 나의 동료 인턴들과 나는 우리가 곧 일하게 될 라코타 사람들에 관한 정보로 넘쳐 있었다. 그들이 우리를 가르치는 하나의 상징은 처방적 장치였다. 그것의 기초적인 개념은 모든 사람은 정신, 영혼, 신체, 그리고 감정이라는 4개의 본질적인 부분을 가지고 있다는 것이었다. 각 부분은 구조 안에 어떤 연결로서 표현되고, 만약에 구조들이 부드럽게 순환된다면 각각의 연결은 동일한 길이가 되도록 요구된다. 나는 이 상징에 강하게, 그리고 즉시 연결되었다. 왜냐하면 이것은 내가 늘 직관적으로 필요하다고 느꼈던 개인적 균형에 대해 명확히 설명해 주었기 때문이다. 이 처방적 장치는 내가 예전에 상상하거나 언어화할 수 없었던 개념들을 만들어 주었다. 내가 나의 생활에서 필요한 균형을 표현할 이러한 무능은 여름 동안 내가 사우스다코타주립대학교에 있게 한 이유였다. 나는 탐구하였다. 이 처방적 장치가 나를 라코타 사람과 함께 일하고, 그들에 관하여 학습하게 하는 계기가 되었던 것이다.

학생들은 각각의 그들의 주제에 '내적인 것'을 요구하고, 우리는 가능한 출발점을 발견해야 한다. 시작하기 좋은 장소는 감정적인 반응을 일으키는 것들에 있다.

예를 들면 노예제도는 나의 학생들에게 감정적 반응을 일으키게 하는 적절한 주제였다. 나의 학생의 약 80%가 흑인이었고, 그들 중 소수만이 노예제도에 관해 특별한 것을 알고 있었다. 노예 문학에 관한 우리의 단원은 그 주제에 접촉할 수 있는 기회를 그들에게 주었고, 그 속에는 그들이 매우 화가 나거나, 부끄럽게 여기거나, 그들 자신이 알아보기에는 두려운 것들도 있었다. 우리는 노예제도 안에서 해리엇 제이콥스(Harriet Jacobs) 자신의 삶에 대한 사실적 설명을 읽을 수 있었다. 우리는 '톰 아저씨'라는 노예에 대한 시와 노예제도는 정당하다고 믿는 백인에 의해 쓰여진 수필을 읽을 수도 있었다. 나는 박물관을 방문하거나 노예에 초점을 맞춘 영화를 보려는 학생들에게 여분의 점수를 주었다. 나는 학생들이 부끄럽게 여길 수 있는 그들의 선조에 관하여 이야기하기 시작할 때 교재와 연결된다는 것을 안다.

나는 백인여자이고, 가족은 미국 중서부에 살고 있으며, 남북전쟁에 참가해 본 적이 없다. 노예제도에 관해 그들에게 가르치는 나는 누구인가? 그들은 스스로 수업에서 교재에 연결되는 다리를 알았기 때문에 나에게 배우는 것을 선택하였다. 그들은 그들의 진실 안에서 교육과정이 의미하는 바를 알게 되었다.

교육의 가치

당신이 좋아하는 지식은 읽거나 분석하거나 연구하지 않으면 당신의 것이 되지 않는다. 당신이 어떤 것을 정말 좋아한다면 어떠한 도표를 제공하기보다는 독특한 실물을 제공하여 당신을 그 지식에 빠져들게 해야 한다.

—**제서민 웨스트**(Jessamyn West)

왜 당신은 그 과목을 가르치는가? 당신이 나라면 그것이 당신의 흥미를 끌기 때문에 가르칠 것이다. 당신은 상원의원이 얼마나 오래 사무실에 있었는지, 혹은 닭가슴살 가격이 얼마인지와 같은 사소한 일을 기억할 수 없을 때 그것에 관하여 불가사의한 사실을 기억할 수 있다. 당신은 그 과목을 사랑하기 때문에 가르친다. 그러나 다른 사랑들과 마찬가지로, 만약 그것을 소홀히 한다면 그 열정은 흐지부지되어 버린다. 우리는 학생들에게 우리의 과목에 흥미를 유발하여 유지하게 하고 평생 학습자가 되어 살라고 말할 의무가 있다. 이것은 MTV 리얼리티쇼를 더 많이 보는 학생들로부터 반짝거리는 마술적인 반응을 일으키게 하는 계획된 수업에 대한 하나의 방법이다.

교사로서 우리는 학생들에게 그들이 불가능하다고 생각하는 선택들도 주는 상황을 만들어야 한다. 서니 덱커(Sunny Decker)가 그녀의 『비어 있는 스푼』에서 "그것이 그들의 일부라면 그들 자신의 진실을 발견해야만 한다."라고 말한 것은 옳았다. 마이클에게 가장 기억에 남는 과제를 나에게 말해 달라고 했을 때 그의 마지막 편지에는 다음과 같은 내용이 적혀 있었다. "가장 기억에 남는 과제는 우리가 과제를 위하여 『동물농장』이라는 책 3페이지나 읽었을 때였어요. 저는 그날 밤 책을 다 읽었어요. 저는 가끔 책 읽는 것에 사로잡히게 되는 것 같아요."

이러한 말에는 누구에 의해서도, 그리고 누구에게도 주어질 수 없는 자긍심도 있다. 그것은 스스로에게 주는 선물이다. 마이클은 스스로에게 책을 다 읽은 것에 대한 선물을 주기로 했다. 지금 그는 선택할 수 있다는 것을 알고 있고, 그가 다른 하나의 책을 가지고 다시 선택을 할 가능성은 더 높다. 마침내, 그는 아주 조금씩 스스로 자신의 관점을 넓혀 나갔다.

학생들은 선생님들이 그들에게 주는 확실한 선택들을 버리는 습관이 있다. 그들은 "그건 너무 어려워요!" 혹은 "나는 그것을 할 수 없어요.", "엄마는 항상 내가 수학이 형편없다고 말했어요."라고 말할 것이다(**지침 1: 학생들이 허튼소리를 하지 못하도록 하라**). 이러한 각각의 진술들은 "그 과제는 나를 위한 선택이 아니에요."라고 말하는 것과 같다. 나는 내가 11학년 수업에서 시 단원을 소개할 때 이러한 메시지는 더 분명하게 듣는다. 나는 그 얘기를 듣고 나의 기대를 설명한다(**지침 2: 문제에 집중하라**). 나는 그들에게 시가 간결하고 집약되어 있기 때문에 내가 가장 선호하는 작문 유형이라고 말한다. 그리고 우리는 누군가가 나를 경멸하면 심장 박동과 맥박과 같은 당신의 몸은 어떻게 반응하는지에 관하여 말하였다. 그러고 나서 "그것이 시란다."라고 나는 말한다. "그것은 몇 가지 단어로 강력한 것이 된단다." 나의 학생들은 머리들이 끄덕이기 시작한다. 그것은 깊은 개념이지만, 그들은 나의 예로서 사용된 상황과 연관지을 수 있기 때문에 이해하는 것이다.

나는 그들이 잃어버리기 전에 정말 그들을 끌어들일 수 있는 어떤 극적인 것을 하는 것이 그 수업에서의 주요한 방법이다. 나는 나 자신의 글과 잡지에서 읽은 시에 대한 나의 마음과 나의 삶에 대해 아이들에게 이야기하는 것을 선택했다(**지침 4: 당신의 가치관을 굽히지 말라**). 학생들은 나의 수업에서 그들의 작문들을 공부한다. 그들은 흥미를 느낀다. 그들은 여전히 시를 이해하고 쓰는 것이 마치 큰 산을 넘어야 하는 것처럼 어렵다고 생각할지도 모른다. 하지만 그들은 결국 이 노력이 왜 가치 있는지 이해할 수 있다. 이 시점에서, 나의 역할은 그들에게 산의 아래에서 올라갈 수 있는 장비와 시작할 수 있는 기반을 마련해 주는 것이다. 우리는 문학의 용어 목록을 작성하고, 그것들을 정의하고 검토한 뒤 나의 시에서 예를 찾아본다. 누군가 비유를 확인한다. 또 다른 누군가는 은유에 관하여 언급한다. 그러나 이것들은 우리가 알고 있는 것을 목록화한 기술들이다.

"그래서 모든 문학적 기법들이 각 시에서 활용되지 않나요?"라고 누군가가 질문을 한다. 많은 고등학교 학생들이 이런 유형의 질문을 하지만, 그들은 "이미 알고 있어야 한다."라고 하는 것 때문에 어떤 모르는 것을 드러내는 데 두려움이 있어 질문하기를 꺼리기도 한다. 그러나 학생들은 수업에서 편안함을 느끼기 때문에 질문을 하는 것도 편안하게 느낀다. 왜 작가들이 문학적 기법을 사용하는가에 대한 토론이 계속하여 진행한다(**지침 2: 문제에 집중하라**).

결국 나의 학생들은 시를 읽으며 너무 쉽다고 말한다. 그리고 그들은 시를 읽고 말하는 데 어려움이 있었지만 불가능하지는 않았다. 그들은 그들의 자신의 시를 써서 시 모임에 참가하고, 모든 사람은 적어도 하나의 새로운 시를 읽고, 칭찬을 받으면 다음 단계로 넘어간다. "여러분은 그것에 몰두했다.", 그리고 "너는 간다. 소녀에게!" 그들은 서로 다른 에너지를 얻는다. 그리고 대개 조용한 학생이 정말로 아름다운 글을 써서 모든 사람들을 놀라게 하곤 한다. 나는 특히 우리에게 놓여 있는 신과 죽음에 관한 시를 쓴 수줍은 학생인 신을 생각한다.

그 시 단원은 학생들에게 그들이 읽어 보지 않은 시를 분석할 것을 요청하는 시험으로 끝난다. 내가 그들이 이것을 해야 하는 단원의 시작에서 그들에게 말했다면 그들은 쓰러졌을 것이다. 하지만 지금 그들은 도전할 준비가 되어 있다. 그들에게 어떤 시를 주어도, 그들은 그것을 알아낼 수 있다.

이러한 엄격한 시험을 준비하기 위해 우리는 학생들이 본 적이 없는 시를 분석하는 팀 작업을 검토해야 한다. 경쟁은 무섭지만, 나는 학생들이 엔젤로와 휴즈, 그리고 디킨슨과 세익스피어를 비교 분석하는 것을 자랑스럽게 지켜본다.

몇몇의 마지막 편지들은 나에게 이러한 시 단원의 수업에 대하여 언급하였다. 데이브는 말할 때 천천히 자신을 표현하는 몸집이 큰 아이였지만 그는 작문에 열정을 가지고 있었다. 그는 "올해 가장 기억에 남는 과제는 시를 쓰는 것이었어요. 그것은 아무것도 아니었지만 느낄 수 있었기 때문에 가장 기억에 남아요."라고 썼다. 그는 느낌이 그의 일부라고 여겼기 때문에 시 역시 그의 일부분이 될 수 있었다. 그의 눈은 새로운 선택에 눈을 뜨게 되었다.

T.J.는 나에게 시는 그의 선택의 범위 내에 있다고 알려 주었다. 그는 "우리가 시를 쓸 수 있게 되었을 때, 쓰여진 시는 정말로 마음으로부

터 와야 하는 것임을 나에게 알려 주었어요."라고 썼다. 또한 그는 이러한 시를 읽는 것으로부터, 나는 어찌되었든 시를 좋아하는 것으로 발전했다고 덧붙였다. 나는 T.J.가 집에서의 문제들을 공유하는 매력적인 풋볼 선수였다고 말하고 싶다. 그는 불가능하다고 생각했던 방법으로 문학과 만났다. 결국 그의 세계관은 확장되었다. 나는 그때 내가 시 단원 수업에서 성공했다는 것을 알게 되었다.

학생들의 관심을 끌어 올리는 방법

> **세상의 어떤 곳에도 영원한 것은 없다. 재능도 그럴 것이다. 그 무엇도 재능을 가지고 실패하는 사람들보다 더 평범하지 않다. 천재도 그럴 것이다. 대가 없이 천재가 될 수 없다. 교육은 혼자서 하는 것이 아니다. 세상은 교육 받은 알코올중독자들로 가득 찼다. 완고와 결심은 혼자서 전능하다.**
>
> **—캘빈 쿨리지(Calvin Coolidge)**

나는 늘 나의 학생들이 그들의 관심에 힌트를 얻으려고 말하는 것을 듣곤 한다. 이는 내가 그들이 힘들이지 않고 반응하려는 것도 교실에서 포함할 수 있다고 나에게 말하는 것이다. 예를 들면 랩은 내가 특히 좋아하는 음악의 종류는 아니지만 최신의 랩 가수들을 알려고 노력한다.

몇 해 전 어느 수업의 마지막 날에, 나는 라마르와 켈빈이 자신들이 쓴 랩에 관하여 말하는 것을 들었다. 나는 두서없는 이야기를 계속하다가, 내가 그들에게 그중 하나를 읽을 수 있는지 물어보았다. 그들은 좋아하였고, 나는 많은 랩 가수들을 조사하여 주의 깊게 살펴보았고, 행동은 터무니없지만 실질적으로 정말 영리한 사람들이라는 것을 알게 되었다. 켈빈은 나를 유심히 보았다.

나는 "나는 풋내기 같은 머리를 하고 텔레비전에 나온 쿨리오를 봤어. 그가 토크쇼에 나왔는데, 나는 그가 지적이라고는 생각하지 않았어. 하지만 내가 틀렸어. 그는 명료하고, 논리적이고, 매우 설득력이 있었어."

켈빈도 "맞아요. 랩 가수들은 그들의 랩이 팔리기 때문에 좋아하는 것처럼 보였어요. 그러나 사실은 그들이 똑똑하지 않으면 그들의 노래는 팔리지 않아요!"라고 말했다.

그때 종이 울렸고 우리는 잠재적으로 왜 똑똑하지 않으면 팔리지 않는가에 대한 재미있는 토론을 중단해야만 했다. 그러나 나는 두 소년들과 그들에게 의미심장한 주제에 연결될 수 있어서 기뻤다. 나는 그 후로 그들로 인해 평가에 대한 새로운 관점을 가지게 되었다. 내가 그들을 너그럽게 봐주었기 때문에 그들이 나의 관심들을 너그럽게 봐줄 수 있게 된 것이다. 즉 이는 우리 관계가 좀 더 나아졌다는 것을 의미한다. 그리고 이것은 우리가 서로를 더 가깝게 수용하고 이해할 수 있는 관계를 만들어 주었다.

당신은 학급의 결정들을 알리는 데 학생들의 흥미를 파악하는 통찰력을 사용하라. 학급의 재담꾼은 정말로 똑똑하지만 정작 그의 지적능력을 위한 표현 수단이 없다는 것을 잊지 말라. 그가 눈을 빛내면서 그에게 관심을 불러일으키는 것이 무엇인지 발견하라. 그가 좋아하는 주제로 수업에서 가르칠 것을 그에게 요청하라.

그는 그의 동료들에게 알려진 방법으로 내용을 제공할 것이라는 것을 믿어라. 그리고 그가 결코 당신에게 없는 내용으로 연결하는 방법을 인정해야 한다는 것을 명심하라.

'관계적인' 과제 만들기

삶에서 당신의 과제는 결정적인 유혹이다.

—파블로 피카소(Pablo Picasso)

학생들이 과제들과 더 많이 연결될수록 그들의 과제는 좋아질 것이다. 나는 소설을 읽은 후에 소설의 주제로 브레인스토밍을 할 때 이것이 사실임을 발견하며, 이들 주제들은 연구 논문의 주제가 될 수 있다(195쪽의 프로젝트 조직자의 견본을 참조하라). 나는 나의 교육과정에서 제공한 목록으로부터 신중히 소설을 선택한다. 나의 학생들이 우정이라는 주제를 결정했다면 우리는 소년의 친구들의 질투가 결국 비극으로 끝을 맺게 되는 내용을 다룬 『분리된 평화(A Separate Peace)』를 읽을 것이다. 학생들이 교실에서 적합한 언어 사용에 대한 논쟁을 하려 한다면, 『호밀밭의 파수꾼』을 읽게 한다. 그들은 우리가 큰 소리로 읽는 과정에서 의사소통의 방법으로서 단어 선택에 관한 담화를 이끄는 기회를 얻는다. 그들이 생활에서의 모든 규칙들에 관하여 토의를 한다면, 『동물농장』을 읽게 한다. 이를 통해 그들은 집단에서 규칙을 어떻게 만들 수 있고 만들 수 없는지에 관하여 경험한다. 연구 논문에 대한 연구를 하는 시간이 오면, 그들은 이미 그들이 함께 의논하여 선택한 주제에 대한 정서적 교감을 가질 것이고, 이는 그들의 논문 진술을 지지하도록 도와주고 그들의 연구를 안내해 줄 것이다.

학생들이 주제를 선택하고 그것을 나에게 제출하면, 나는 공립 도서관으로 가서 선택된 주제들과 관련된 다양한 주제들을 찾아온다. 이것은 그들이 연구를 시작할 수 있도록 하는 힘을 제공하고, 학교도서관의 제한된 자료를 보충하는 나의 개인적인 투자를 보여 주는 것이다. 그리고 학급 안에서 연구하는 3일 동안 나의 학생들은 그들의 주제에 대한 정보를 열심히 찾는다. 그들은 십대의 언행, 우울, 알코올 남용, 그리고 성적 전염병들에 관하여 썼다. 나는 "나는 이런 것들을 책에서 선택할 수 있다는 것을 몰랐어."라고 학생들이 말하는 것을 들었다.

신시아는 그녀의 마지막 편지에 다음과 같이 썼다.

> 저의 가장 기억에 남는 과제는 『호밀밭의 파수꾼』에 관한 연구 논문이었어요. 저는 그 과제를 싫어하지 않았어요. 저는 그 과제가 매우 쉬워서 정말로 그것을 즐겼어요. 우리는 정말 많은 연구를 해야 했고 많은 단계들을 거쳐야 했어요. 하지만 그것은 진정한 나의 첫 번째 논문이었어요.

연구가 쉬운가? 단계를 거치는 것이 즐거운가? 당신이 당신의 수업을 학생들의 흥미와 관련시키는 데 시간이 걸릴 때, 당신은 그들이 자연스럽게 가장 도전적인 과제에 열중하게 되는 것을 알게 될 것이다. 그것이 모든 사람을 위한 승리이다. 브라질에서 온 교환 학생이었던 줄리아는 다음과 같이 썼다.

> 가장 기억에 남는 과제는 우리가 『호밀밭의 파수꾼』을 읽고, 제가 십대들의 자유, 그들의 책임감에 관하여 썼던 것이었어요. 그것은 지금 저에게 일어나고 있는 일이었어요. 저는 다른 나라에서 살고 있고, 문제를 일으킨다면 많은 책임을 지게 돼죠. 저는 혼자서 그것을 해결해야 해요. 그래서 그 과제를 위한 연구는 제가 생활하는 데 도움이 되었어요.

나는 이러한 코멘트가 되풀이되는 것을 좋아한다. 그리고 줄리아는 그 소설과 관련하여 논문 진술의 주제로 발전시켜, 5페이지의 연구 논문을 작성할 수 있었음은 물론, 그녀의 생활을 돌아보는 데 도움을 주는 정보를 실질적으로 발견할 수 있었다.

수업 계획의 융통성

> **실패는 인생의 일부이기 때문에 나는 결코 어떤 과정도 놓치지 않는다.**
>
> **—로잘린드 러셀(Rosalind Russell)**

가끔 학생들은 수업 계획에 우리가 바라는 것보다 더 긍정적으로 반응하기도 하고, 또 어떤 때는 전체를 거부하기도 한다. 이러한 문제 제기는 모든 시나리오를 작성하기 쉽게 한다. 강점과 약점을 위하여 매 수업 계획을 분석하고, 각 학생들마다 자신만의 감정을 갖는다는 점을 명심하라. 두 번째 학기 동안 급상승된 이러한 활동은 세 번째 학기에 쉽게 실패할 수도 있다.

그런 사례는 내가 9학년에서 풍자시에 관하여 가르치고 있을 때 일어났다. 우리는 마크 트웨인의 '한 면접관과의 조우(Encounter with an Interviewer)'를 읽고 있었다. 두 번째 학기 동안 학생들을 풍자시를 좋아했다. 그들은 쉽게 관련 질문을 다루었고 다시 책을 읽기를 바랐다. 그들의 열정 때문에 나는 그들 자신의 풍자의 글을 쓰는 그 다음날의 수업으로 넘어가기로 결심했다. 학생들은 흥분했고 심지어 그들의 급우들 앞에 나와 그들의 풍자를 연기하는 것까지 원했다.

나중에 이것은 내가 이 수업에 관하여 이해할 수 있는 바람을 넣을 수 있었다. 나는 나의 세 번째 학기를 학생들이 어떻게 반응할지 매우 궁금했다. 하지만 그들은 전혀 반응하지 않았다. 그들은 마크 트웨인이 바보같다고 생각했고, 심지어 그의 풍자는 더 바보같다고 생각했다. 그들은 그 이야기에서 조금도 재미를 찾지 못했다. 내가 무슨 말을 할 수 있을까? 무언가가 재미있는 이유를 설명하려고 노력하는 것은 스웨터를 풀어서 뜨개질하는 방법을 설명하는 것과 같다. 결국 아무런 소득도 없이 마치게 되었다.

나는 학생들에게 질문들을 통하여 보조를 맞추어 그들이 독서하는 동안 주의를 집중하도록 확실히 만들 수 있었다. 그들은 어떤 힌트도 없이 모든 질문에 정답을 말했다. 그러나 나는 그날 수업의 휴식 시간에 세 번째 학기의 학생들에게 실시한 풍자시 수업이 실패된 것을 알았고, 실질적으로 풍자시를 쓰는 내일도 역시 실패할 것임을 알게 되었다. 나는 산책하며 생각하는 시간을 가졌고 그리고 나서 곧바로 그들을 위한 새로운 수업 계획을 만들었다.

우리는 밤-시간과 괴물에 관한 애니 딜라드의 구체적인 작품으로 옮겨 갔다. 세 번째 학기에 학생들이 활기를 회복하였다. 이것은 그들이 연관될 수 있게 만들었다. 그들은 나에게 그것이 자신들의 유년시절을 떠오르게 한다고 말하였고, 나는 다음과 같은 새로운 작문 과제를 떠올렸다. 애니 딜라드가 말한 것처럼 여러분의 유년시절의 밤의 괴물에 대하여 말하기.

모든 사람은 무엇인가를 학습하러 왔다. 그들은 내가 그들에게 가르치려고 하는 것이 무엇인지 정확하게 학습할 수 없지만 나는 여전히 새로운 학습 유형을 이해하도록 도와주는 것, 관련된 기술, 환경 조성을 포함하고, 긴장감을 조성하고, 만족스러운 목적을 형성하는 것과 같은 나의 더 큰 목표에 대해 설명할 수 있었다.

나는 중간 수업에서 가진 변화는 이러한 유형들을 허용하는 융통성을 가졌다는 것을 의미한다. 그렇지 않으면 나는 나의 학생들의 관심뿐만 아니라 그들의 신뢰 또한 잃어버릴 수도 있다. 나의 학생들은 그것들을 '읽는 데' 나에게 의존한다. 그들이 수업 중에 어떤 부분과 투쟁하고 있다면, 그들은 내가 학생들의 신체 언어를 해석하는 것과 목소리에 귀를 기울여 학생들이 말하려는 정보를 알아낼 것임을 믿는다. 유연성은 그들에게 내가 관심을 갖고 있으며 걱정한다는 것을 보여 주는 하나의 방법이다.

나는 다시 어떤 학생들은 그렇게 잘 반응하고 또 어떤 학생들은 그렇지 않은지에 대해 예측 가능한 이유들을 분석했다. 첫째, 두 번째 학기의 학생들은 수업에서 정직하게 반응하는 사람들이었다. 반면에 세 번째 학기의 학생들은 그들 사이에서 약간의 마찰이 있었다. 그들은 서로 편안해하지 않았고 이러한 불안정은 그들 자신에게 존재하면서 그들 서로의 관계를 방해했다. 또 다른 중요한 요인은 두 번째 학기는 9학년 영어 수업을 다시 듣고 있는 학생 네 명이 있었다는 것이었다. 이 네 명의 학생은 풍자시를 다루는 첫 수업에서 웃었다. 나는 그들의 성숙 정도를 고려하여 학급에 대해 우호적으로 만들었고, 어떤 학생들이 말을 잘 못하였을 때 비웃음의 대상으로 만들기보다는 풍자시를 즐기도록 도왔다.

내가 이 경험을 다시 분석한 것은 양쪽 학급의 성격에 적절하게 앞으로의 과제를 선택할 수 있게 했다. 이 분석에서 내가 세 번째 학기 동안 그 상황에 감정적으로 반응했다면 성공적인 수업이 불가능했을 것이다. 두 번째 학기와 같이 반응하지 않은 세 번째 학기에 대해 매우 화가 났을 것이고 심지어 그녀의 학생들은 내가 그들을 성공시킬 수 없는 '나쁜' 선생님이라는 생각에 더 쉽게 좌절했을 것이다. 나는 평온하고 좀 더 이성적인 길을 선택했다. 이것은 나에게 나의 궁극적인 객관성(작문 스타일의 서로 다른 유형에 학생들을 노출시키는 것)에 초점을 맞춘 것이다. 평온한 생각은 양쪽 학급 모두에게 선택들을 제공하고, 그들의 학습에서 학생들을 격려하는 동시에 긍정적인 학습 환경을 유지하고, 나 자신의 요구와 마주치게 하여 나를 도와주는 긍정적인 결과를 이끌어 내었다.

반성을 위한 질문

1. 당신은 어떻게 당신의 예술을 가르치는가?
2. 당신은 당신의 학생들이 학습에 다시 관심을 갖게 하기 위해 어떤 단계를 사용하는가?
3. 당신이 학생에게 공감을 보여 준 예를 들고, 그 학생들이 어떻게 반응했는지 설명해 보라.
4. 당신은 당신의 학생들이 적합한 수준에서 수업을 시작할 수 있는 주제에 관하여 이미 알고 있는 것들을 어떻게 평가하는가?
5. 당신은 자신이 선택한 과목에 대한 애정을 어떻게 유지하는가?
6. 당신이 학생들의 삶과 즉각적으로 연결될 수 있도록 고안한 수업에 대해 기술하라.
7. 당신은 학생들이 그것을 얻을 수 없을 때 무엇을 하는가?

에필로그

> **우리가 존재하는 것과 우리가 될 수 있는 것이 되는 것은 유일한 삶의 목적이다.**
>
> **—로버트 루이스 스티븐슨(Robert Louis Stevenson)**

나는 내가 무엇인가를 줄 수 있을 때 공기를 가로질러 나는 것처럼 느껴졌고, 나의 은사들은 감사히 여기게 되었다. 대부분의 사람들처럼, 나는 내가 사람들에게 준 것들이 거절당하지 않을 것이라고 믿을 때 좀 더 많이 주고 싶은 의지가 생기곤 한다. 그래서 나는 주고받는 것이 일상적인 교실환경을 만들려고 노력한다. 나의 학생들은 끊임없이 나의 시간, 힘, 돌봄을 주는 나를 보는 것에 익숙해져 있다. 이런 것들이 학생들로 하여금 나에게 친절하게 반응하게 하는 의지를 형성한다.

나는 또한 학생들이 그들은 모든 것을 수용할 수 있는 장소로서 나의 교실을 보여 주기 위하여 일한다. 나는 그들의 생각, 그들의 행동, 그리고 그들의 모습을 나의 학급에서 결코 낮추어 보지 않는다. 이는 그들이 그들의 친구들을 수용하는 행동을 장려하게 하고, 교육과정에서 그리고 토론에서 소개된 새로운 생각들에 마음을 열기 쉽게 한다. 나는 나를 따르는 나의 학생들은 중요한 과목으로 영어를 높이 평가한다. 만약 학생들이 이러한 동일한 가치의 요소들을 느끼게 된다면 나는 나의 일을 열심히 할 것이다.

가르치는 것은 순조로운 기능을 하는 학급을 가지는 것을 바라면서 시작된다. 전문가로서 당신은 아이들이 기능에 따라 그들의 환경에서 안전을 느끼고 이해하기를 원한다는 것을 알고 있다. 이러한 이유는 나의 학생들이 교재를 학습하는 곳에서 안락한 교육적 환경을 계속하여 유지할 수 있도록 한다. 그리고 그들은 내가 학생들을 돌보고, 이러한 돌봄이 그들을 확고히 만들기 때문에 좀 더 학습하게 할 수 있다는 것을 알고 있다. 나의 네 가지의 지침에 대한 생각과 기술된 문제에 대한 나의 반응은 이러한 돌봄의 뿌리가 되고 논리에 의하여 조직화되었다. 학생들은 그들이 그들을 향한 선생님의 반응에 적절성을 알게 되었을 때 잘 자라고, 그들의 선생님은 그들이 좀 더 나은 인간으로서 존재할 수 있도록 도와주려로 노력하기 때문에 그들에게 반응한다고 느낀다.

학생들에게 당신의 시간, 힘, 돌봄을 주고 전진하라. 독특한 특징을 알아내고 당신은 그것들을 학습에 가져와 경험하게 하라. 마음의 눈으로 사람을 보고, 그 사람을 매 수업에서 지도하라. 당신이 선택한 전문성의 힘은 정말로 중요하며, 진심으로 반응한다면 진전한 변화를 가져올 수 있다는 것을 명심하길 바란다.

찾아보기

〈기타〉

저자 소개

Photo by Kate Weaver

Katy Ridnouer는 민족적 그리고 경제적으로 다양한 학급에 소속되어 있는 5세에서 55세의 다양한 연령대의 학생들을 가르치고 있다. 그녀는 공립고등학교와 공립중학교에서 영어를 가르쳤고, Central Piedmont Community College의 고등학교 교사자격 프로그램, 영어교과 프로그램 개발, 교사훈련 프로그램을 가르치는 학부에 소속되어 있기도 하다. 그녀는 독서 교육 전문가이면서 영어교사이고, 학습장애 학생을 위한 사립학교에서 작문교사로서도 일하고 있으며, Cheyenne River Reservation에서 고등학교 등적 프로그램도 가르치고 있다. 또한 그녀는 튜터링 센터와 민간기관에서 일대일로 학생들을 가르치고 있다. Katy는 영어로 문학사를 취득하였고, 버지니아 주의 Fairfax에 있는 George Mason University에서 교육학 석사를 취득하였다. 그녀는 그녀의 남편과 아들과 함께 노스캘리포니아의 Matthews에 살고 있다. 그녀와의 연락을 원한다면 katy@carolina.rr.com으로 메시지를 남기면 된다.

역자 소개

김미숙

대구대학교 사범대학 특수교육과 학사
일본 동북대학교 대학원 심신장애학 교육학 석사
대구대학교 대학원 특수교육과 문학박사
현재 백석대학교 특수교육과 교수

♣ 저·역서 및 논문

학습장애: 이론, 진단, 그리고 교수전략(박학사, 2005)
놀이의 이해와 지도: 출생에서 8세까지(박학사, 2006)
놀고 싶어요! 그래! 놀아볼까나! 발달을 촉진하는 놀이(박학사, 2007)
최신특수교육학(학지사, 2008)
최신특수아동의 이해(양서원, 2009)
교사 지원을 통한 소꿉놀이 활동이 다운증후군 유아와 또래유아와의 상호작용 활동에 미치는 효과(정신지체연구, 2005)
Change of Perception of Children Without Disabilities toward Those with Disabilities for Full Inclusion(Journal of Asian Special Education, 2005)
근접발달지역과 다매체순환표현을 통한 발달장애아의 그림표현발달지원에 관한 연구(정신지체연구, 2006)
일반학교에 통합되어 있는 경도발달장애아동의 교육 실태와 지원에 관한 조사연구(정신지체연구, 2007)
イタリアのレジオ・エミリア教育と特殊教育(The Journal of Eurasian Studies, 2009)
지적장애인의 자기주장활동에 대한 교사의 인식 정도(정신지체아연구, 2009)

마음으로 학급 관리하기

-청소년 교육을 위한 안내-

발 행 일 2010년 2월 10일 1쇄 발행
저 자 Katy Ridnouer
역 자 김미숙
발 행 인 구본하
발 행 처 도서출판 박학사
주 소 서울시 마포구 서교동 460-26 동아빌딩
전 화 (02)3142-3764~5
팩 스 (02)3142-3766
웹사이트 www.pakhaksa.co.kr
등록번호 제10-2230호

정가 12,000원 ISBN 978-89-91633-72-8